벧엘로 돌아가라

장동찬 지음

쿰란출판사

책머리에

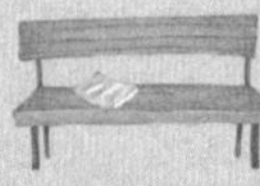

이스라엘 백성이 출애굽하여 광야 생활을 하는 과정을 통해 하나님께서 저들에게 훈련을 시키시고 가르치신 것이 있습니다. 그것은 하나님 중심, 성막 중심의 삶이었습니다. 사십 년 동안 광야 생활을 하면서도 각 지파들이 동서남북에 진을 치고 한가운데 성막을 세워 어디서든지 하나님의 임재의 불꽃을 바라보게 했습니다. 이동할 때와 머물 때도 구름 기둥과 불기둥이 주야로 인도하는 대로 따라갑니다. 앞장선 법궤를 따라가는 삶, 여호와 하나님을 섬기는 예배 중심의 삶을 훈련받았습니다.

야곱이 피신처 밧단아람에서 이십 년을 보내며 가정을 이루고 재산을 증식하는 삶을 열심히 살았지만 하지 못한 일이 있었습니다. 아브라함과 이삭의 하나님을 예배했다는 기록이 없습니다. 집을 떠난 사흘째 되는 날 벧엘에서 만나주신 하나님이 그곳에 돌아올 때까지 함께하시며 보호해주시겠다는 언약의 말씀은 잊지 않고 하나님의 집, 벧엘을 사모했지만 라반의 집에 거하는 동안 예배는 없이 넉넉함은 이루어 안주하기 시작했는지 모릅니다.

그때 하나님께서 라반과 그의 아들들을 통해 환경을 흔드십니다. 본향으로 돌아가라고 하십니다. 그곳은 야곱이 안주할 곳이 아니기 때문입니다. 그곳에서 야곱은 나그네일 뿐입니다. 외삼촌과의 갈등, 아내들끼리의 갈등에 시달리고 재산을 불리기에 분주하여 예배를 드릴 수 없었던 그곳을 떠나 하나님의 집으로 돌아가야 합니다. 베개로 삼았던 돌을 세워 제단을 쌓았던 곳, 벧엘로 돌아갈 때 라반과의 관계도 회복되고 아내들과도 하나가 되었습니다. 하나님의 집은 하나님과 만나는 곳, 예배를 드리는 장소입니다.

우리는 혹시 사업으로, 자녀 일로 분주하거나 모든 일이 형통하여 육신을 만족시키는 일에 안주하고 있지는 않습니까? 이 땅에서 나그네 된 우리의 정체성을 잃어버리지는 않았습니까?

야곱이 가솔들을 데리고 벧엘로 돌아가는 길은 결코 평탄하지 않았습니다. 환난도 있었고 고난도 있었습니다. 그러나 떠나야 했습니다.

우리에게도 뭇 영혼들을 주님 앞에 돌아오게 하는 일을 사명으로 주셨는데 거기엔 어려움이 따릅니다. 그러나 그들을 이끌고 아버지의 품으로 가야 합니다. 이 마지막 때에 과연 내가 무엇을 위해서 살아야 하는지, 삶의 뜻과 목적이 올바르게 바뀌지는 역사가 일어나기를 예수님의 이름으로 축원 드립니다.

주후 2013년 여름

장동찬 목사

Contents

하나님의 약속을 이루는 어머니의 희생

창세기 27:1-17

이삭이 나이가 많아 눈이 어두워 잘 보지 못하더니 맏아들 에서를 불러 이르되 내 아들아 하매 그가 이르되 내가 여기 있나이다 하니 이삭이 이르되 내가 이제 늙어 어느 날 죽을는지 알지 못하니 그런즉 네 기구 곧 화살통과 활을 가지고 들에 가서 나를 위하여 사냥하여 내가 즐기는 별미를 만들어 내게로 가져와서 먹게 하여 내가 죽기 전에 내 마음껏 네게 축복하게 하라 이삭이 그의 아들 에서에게 말할 때에 리브가가 들었더니 에서가 사냥하여 오려고 들로 나가매 리브가가 그의 아들 야곱에게 말하여 이르되 네 아버지가 네 형 에서에게 말씀하시는 것을 내가 들으니 이르시기를 나를 위하여 사냥하여 가져다가 별미를 만들어 내가 먹게 하여 죽기 전에 여호와 앞에서 네게 축복하게 하라 하셨으니 그런즉 내 아들아 내 말을 따라 내가 네게 명하는 대로 염소 떼에 가서 거기서 좋은 염소 새끼 두 마리를 내게로 가져오면 내가 그것으로 네 아버지를 위하여 그가 즐기시는 별미를 만들리니 네가 그것을 네 아버지께 가져다 드려서 그가 죽기 전에 네게 축복하기 위하여 잡수시게 하라 야곱이 그 어머니 리브가에게 이르되 내 형 에서는 털이 많은 사람이요 나는 매끈매끈한 사람인즉 아버지께서 나를 만지실진대 내가 아버지의 눈에 속이는 자로 보일지라 복은 고사하고 저주를 받을까 하나이다 어머니가 그에게 이르되 내 아들아 너의 저주는 내게로 돌리리니 내 말만 따르고 가서 가져오라 그가 가서 끌어다가 어머니에게로 가져왔더니 그의 어머니가 그의 아버지가 즐기는 별미를 만들었더라 리브가가 집 안 자기에게 있는 그의 맏아들 에서의 좋은 의복을 가져다가 그의 작은 아들 야곱에게 입히고 또 염소 새끼의 가죽을 그의 손과 목의 매끈매끈한 곳에 입히고 자기가 만든 별미와 떡을 자기 아들 야곱의 손에 주니

이 세상은 너무도 험난하고 하나님의 복음의 말씀을 가리우는 문화와 세속적인 것이 끊임없이 교회로 침투하여 말씀을 왜곡하고 우리로 하여금 마귀가 좋아하는 세상 문화 가운데 휩쓸리게 만듭니다. '다빈치 코드'란 영화가 있습니다. 인간의 호기심을 충족시켜 흥행을 겨냥하여 쓴 소설을 영화로 만들어 영혼을 사냥하는 일들이 벌어졌습니다. 끊임없이 하나님의 교회를 해하고 구원의 말씀을 왜곡해서 마귀가 원하는 대로 세상 문화를 이끌어가는, 이런 마귀의 궤계는 하나님의 교회가 세워진 이후 지금까지 이천 년 역사를 통해서 계속되고 있습니다. '다빈치 코드'가 영화로 나와서 믿음이 없는 사람들을 혼돈시키는 세상입니다.

《다빈치 코드》라는 소설을 쓴 덴 브라운(Dan Brown)은 이것이 실화라고 말하지만 자기 나름대로의 픽션을 뒤섞어 변조하면서 분명히 마귀에게 쓰임을 받았습니다. 예수님이 막달라 마리아와 결혼을 해서 자식을 낳고 프랑스로 이주하여 프랑스 왕족의 혈통으로 살았고, 또 성경은 인간이 원하는 대로 변조시켰다는 허무맹랑한 이야기를 지어냈습니다. 그는 사람들의 호기심을 자극해서 수천만 부 팔리는 베스트셀러 작가가 되었지만 사람들을 혼돈시키는 결과를 낳았습니다.

언약을 이루는 것은 혈육이 아니라 하나님의 은혜

하나님의 언약의 말씀이 생명을 걸고 지켜져야 되는 이런 시대에 교회는 하나님의 말씀을 선포하고 이뤄가는 일을 계속하고 있지만, 음부의 권세 역시 이 모양 저 모양으로 끊임없이 역사를 합니다.

오늘 본문 말씀을 통해서 하나님 나라는 혈과 육, 우리의 인간적인 방법으로가 아니라 언약의 말씀을 따라서 이루어져가는 것임을 우리에게 분명히 가르쳐주십니다.

오늘 말씀을 보면 이삭이 나이 많아 늙어서 눈이 어두워 잘 보지 못했는데, 맏아들인 에서를 불러서 자신이 좋아하는 별미를 만들어 오면 축복해주겠다고 말합니다. 이스라엘에는 부모가 죽기 전에 자녀를 축복하는 전통이 있습니다. 이삭도 자기의 날이 가까워 오는 것을 알고 자식들을 축복하는 기회를 만듭니다. 큰아들 에서는 들사람으로 활로 짐승을 잡는, 아주 용맹무쌍한 아들이니까 나가서 사냥하여 별미를 만들어 오라는 것입니다.

그런데 이 이야기를 어머니인 리브가가 들었습니다. 리브가는 그 축복이 누구에게 가야 되는지 아이들이 복중에 있을 때에 주님으로부터 이미 계시의 말씀으로 들은 것이 있습니다. 그래서 하나님 나라를 이어가는 이 축복이 첫째인 에서가 아니라 그의 동생인 야곱에게 있음을 알기 때문에 리브가가 야곱에게 이릅니다.

"너는 내가 이르는 말대로 염소 떼에 가서 염소의 좋은 새끼를 가져와라. 그러면 내가 그것으로 아버지를 위해서 맛있는 별미를 만들겠다."

여러분, 남편의 입맛을 누가 잘 압니까? 아내가 압니다. 그래서 염소를 취해 오게 해서 별미를 만들고 야곱에게 맏아들의 좋은 옷을 입히고 그 별미를 들려서 아버지 이삭에게 가게 합니다. 참 위험한 모험입니다. 그러자 야곱이 "형은 털 사람이고 나는 매끈매끈한 사람이라 아버지가 만질 때에 털이 없는 나를 보고 속이는 자라면서 오히려 저주를 하시면 어떻게 합니까?" 하고 걱정합니다. 리브가는 "저주는 내게 돌리라. 너는 내가 네게 이르는 말대로 행하기만 하라"고 명령하고 야곱은 순종하여 그 별미를 갖다 드리고 이삭으로부터 축복을 받게 됩니다.

야곱과 에서는 쌍둥이입니다. 약속의 씨인 이삭을 통해서 낳은 자들입니다. 하나님의 약속의 씨인 이삭을 통해서 낳은 에서와 야곱, 이 들 둘이 투쟁하여 하나님의 축복을 쟁취하는 이 사건을 통해서 오늘 우리에게 주시는 하나님의 메시지가 무엇이겠습니까? 성경은 끊임없이 우리에게 가르쳐주고 있습니다. 하나님 나라를 유업으로 받는 것은 우리의 혈과 육, 즉 인간의 방법이 아닙니다. 이것은 하나님의 언약이고 말씀을 따라서 순종하여 언약을 이루는 일인데, 전적으로 하나님의 은혜에 의한 것임을 우리에게 가르쳐 주고 있습니다.

우리 인류의 맏아들은 아담입니다. 아담, 그는 하나님께서 창조하셔서 보시기에 심히 좋은 존재였습니다. 그런데 그가 하나님의 말씀에 불순종하고 죄를 범했을 때 하나님 나라를 유업으로 받는 자격을 잃어버리게 되고 에덴동산에서 쫓겨나는 신세가 되어버렸습니다. 그런데 하나님께서는 이 일을 회복하는 일을 마지막 아담이 되어 주신 예수 그리스도를 통해서 이루셨습니다.

고린도전서 15장에서 그를 '마지막 아담', '둘째 사람'이라 말씀하고 그는 '살려 주는 영이 되는 분'이라고 하였습니다. 죽음 가운데서 부활하신 예수 그리스도는 첫째 아담이 지은 죄로 말미암아 잃어버린 하나님 나라를 이어받는 유업을 회복하게 하는 둘째 사람, 마지막 아담이시며 살려주는 영이십니다. 그 나라를 이어받는 것은 전적인 하나님의 은혜요, 하나님의 섭리요, 하나님의 계획과 뜻 안에서 이루어지는 것이지, 인간적인 방법으로 얻는 것이 아니라는 것입니다.

가인과 아벨의 제사도 보면 맏아들인 가인이 드린 것은 받지 않으시고 아벨의 제사만 받으셨습니다. 이 땅의 소산을 바친 가인을 받지 않으시고 어린 양, 그 기름을 바친 아벨을 받으셨습니다.

하나님 나라를 이어갈 때 왕국의 대표 격인 다윗 왕국도 보면 그 잘생긴 맏아들을 하나님께서 세우지 아니하시고 맨 말째, 자격도 없는 다윗을 왕으로 세우셨습니다. 이것은 무엇을 상징합니까? 영적 나라를 이어가는 것은 결국 우리의 혈육의 자격으로가 아니라는 사실입니다. 첫째 아들, 인류의 장자인 아담 안에서 잃어버린 것을 예수 그리스도 안에서 회복했기 때문에 예수 그리스도 안에서 부름을 받는 사람들이 영적인 이스라엘의 맏아들로 세움을 받고 바로 하나님 나라를 유업으로 얻는 자가 된다는 것을 성경이 우리에게 가르쳐주는 것입니다.

언약의 말씀을 지켜낸 리브가의 믿음

이것을 전제로 놓고, 가정에서 우리는 무엇을 위해서 어떻게 살아야 하는지를 생각해야 하겠습니다. 이삭의 아내 리브가는 교회의 표상입니다. 그러면 교회의 표상 리브가가 가정에서 한 일이 무엇인지 점검해 보아야 하겠습니다. 우리가 육신적으로만 몰아간다면 리브가도 야곱도 '속이는 사람들'로만 해석될 수 있습니다. 그러나 우리는 이것을 리브가의 사기 사건이 아니라 그녀가 어떻게 하나님의 언약의 말씀을 생명을 걸고 지켜냈는가, 그의 믿음이 어떤 역사를 이루었는가를 살펴보아야 합니다.

첫째, 리브가는 항상 하나님 앞에 묻고 하나님의 음성을 들으며 대화한 사람입니다.

이미 우리가 25장에서 묵상했습니다만 리브가가 잉태를 했을 때에 쌍둥이가 태중에서 서로 싸웠다고 했습니다. 태중에서 심상치 않으니까 리브가가 하나님 여호와께 나아가 물었다고 했습니다.

"이럴 경우에는 내가 어찌할꼬 하고 가서 여호와께 묻자온대 여호와께서 그에게 이르시되 두 국민이 네 태중에 있구나 두 민족이 네 복중에서부터 나누이리라 이 족속이 저 족속보다 강하겠고 큰 자가 어린 자를 섬기리라 하셨더라"(창 25:22-23).

하나님께서 리브가에게 주신 이 말씀을 그는 심중에 깊이 두고 있었습니다. 어떤 사건들이 일어나고 가정에서 어떤 대화가 있어도 늘 리브가는 하나님께서 주신 말씀에 비춰보는 것입니다. 하나님의 사람들은 약속의 말씀을 간직하고 그 하나님의 말씀을 적용하며 그 말씀에 순종하는 사람임을 기억하시기 바랍니다. 오늘 우리 부모들도 마찬가지입니다. 과연 하나님과 대화하고 교제하며 그분에게 물어 하나님의 뜻을 듣고 깨달으면서 간직하고 있는지 확인하고 싶습니다.

둘째, 리브가는 남편 이삭과 대화하는 교제의 사람이었습니다.

남편과 아내 사이에 대화가 없는 가정이 얼마나 많습니까? '왔어', '식사해요', '자자', '일어나요' 등등 이런 것은 대화라고 할 수 없습니다. 자기 속에 있는 것들을 같이 나누어야 대화라고 할 수 있습니다.

"이삭이 그의 아들 에서에게 말할 때에 리브가가 들었더니 에서가 사냥하여 오려고 들로 나가매"(5절)라는 본문 말씀에서, 리브가는 남편 이삭의 말을 귀담아 듣고 그가 의도하는 바가 무엇인지 깨닫게 됩니다. 그리고 그 결과를 내다보며 하나님께서 주셨던 말씀을 이루기 위해 생각하고 행동으로 실천하는 모습을 보게 됩니다.

가정에서 남편이 생각하고 있는 것, 아내가 생각하는 것을 서로 파악할 줄 아는 부부가 되기를 바랍니다. 그런데 때로는 누군가 잘못된 생각도 할 수 있고, 인간적인 생각도 할 수 있습니다. 그때에 믿음의 말씀을 간직한 사람들이라면 어떠한 조치를 취해야 되는지 오늘 말씀 가운데서 교훈을 받으시기 바랍니다.

셋째, 리브가는 자녀들과 더불어 대화하고 그 마음을 읽을 수 있는 어머니입니다.

둘째인 야곱과 대화할 뿐만 아니라 에서의 심중도 깊이 파악하고 있는 어머니입니다. 이삭이 야곱을 축복한 사건이 일어나고 그 형 에서가 와서 동생이 자기 몫인 축복을 받았다는 것을 들었을 때 리브가는 맏아들 에서가 분을 내고 동생 야곱을 죽이겠다고 심중에 품은 것을 알았습니다.

"그의 아버지가 야곱에게 축복한 그 축복으로 말미암아 에서가 야곱을 미워하여 심중에 이르기를 아버지를 곡할 때가 가까웠은즉 내가 내 아우 야곱을 죽이리라 하였더니 맏아들 에서의 이 말이 리브가에게 들리매 이에 사람을 보내어 작은아들 야곱을 불러 그에게 이르되 네 형 에서가 너를 죽여 그 한을 풀려 하니"(창 27:41-42).

말로 표현하지 않고 이렇게 마음에 품은 언어도 있는데, 지금 에서가 하는 심중의 말을 어머니 리브가는 다 눈치챘습니다. 만약 에서의 동생을 죽이겠다는 마음을 깨닫지 못하고 그냥 두었다면 가인과 아벨의 살인 사건과 같은 비극이 이삭의 집안에도 일어날 수 있었습니다. 그것을 하나님 나라의 유업을 받는 것으로 바꿔지게 하는 역할을 감당한 사람이 어머니 리브가입니다.

자녀들과 대화가 끊어진 가정은 없습니까? 또 자녀를 무조건 무시하는 부모는 없습니까? 우리는 자녀들과 대화할 때 우리 차원에서, 우리의 말로, 우리 수준으로 말합니다. 그러니까 아이들이 말도 안 되는 소리를 하고 말을 안 들으려고 하는 것입니다. 항상 엄마 아빠는 왜 우리 얘기를 안 듣느냐고 항의하고, 때로는 아예 말을 하지 않는 것입니다. 말을 들을 줄 아는 부모가 되는 것이 가정을 이끌어 가는 생명줄입니다.

마지막으로 리브가는 하나님의 약속의 말씀을 그 심중에 받은 자이기 때문에 그 말씀에 생명을 겁니다.

오늘 말씀의 포인트가 바로 여기 있습니다. 별미를 만들어서 야곱에게 주어 아버지 이삭에게 들어가게 할 때 야곱이 에서는 털이 많은 사람인데 자신이 별미를 가지고 들어갔을 때 이삭이 만져보고 '너는 야곱이 아니냐' 하면서 축복은커녕 오히려 저주의 말을 하면 어떻게 하느냐고 묻습니다. 이에 대해 리브가는 "내 아들아 너의 저주는 내게로 돌리리니 내 말만 따르고 가서 가져오라"(창 27:13)라며 자기가 말하는 대로 하라고 아들에게 부탁합니다.

하나님의 언약을 간직한 리브가는 만약 저주가 임한다면 아들 대신 자기가 받겠다며 말씀에 자기 자신을 맡깁니다. 자신이 저주를 받을지언정 야곱을 통해 하나님의 약속을 이루어야 된다는 것입니다.

하나님의 말씀에 생명을 걸 수 있는 부모가 되면 그 자녀들은 다 하나님의 인도함을 받을 수 있고, 하나님 앞에 쓰임 받는 도구가 될 수 있습니다.

이 말씀을 묵상하면서 야곱이 어떤 사람이었는지 새로운 발견을 하게 되었습니다. 우리는 야곱이라는 이름을 들으면 '속이는 자', '형의 것을 갈취한 나쁜 사람'이라고만 생각합니다. 그런데 오늘 이 말씀을 잘 읽어 보면 야곱은 절대로 자기 독단으로 그 일을 행하지 않았고 어머니 리브가가 시키는 대로 순종한 것입니다. 보통 엄마 아빠 품에 있는 자녀들, 유치원이나 유아원에 다니는 또래의 아이들은 부모 말에 순종을 합니다. 그러나 초등학교에 들어가면 갸우뚱거리면서 "엄마 그거 아니에요"라고 대꾸하다가 틴에이저가 되면 자기가 엄마 아빠보다 더 많이 안다고 판단하여 이제는 "아니오"라고 하면서 말을 듣지 않고 불순종합니다. 그래서 저도 아마 야곱이 리브가에게 순종하는 이때가 그냥 틴에이저 되기 전인가, 단순히 그렇게 생각한 적이 있습니다. 그러나 말씀의 전후 관계를 살펴보고 성경의 기록들을 보니까 지금 이삭이 눈이 어두워 침침하고 나이 많아 늙어 자식들에게 축복을 베풀 때 그의 나이가 성경적으로 137살입니다. 그때 야곱의 나이 77세입니다. 지금 이 사건이 일어나고 있는 것은 오늘날로 치면 할머니 할아버지 나이 때입니다. 77세인 야곱이 어머니 리브가의 말에 그대로 순종하는 것입니다. 이것이 하나님의 나라를 이어가는 사람들의 특징입니다.

"내가 이르는 말, 너는 그대로 행하라."

가만히 보면 말의 사건은 이미 에덴동산에서부터 계속 내려왔음을 알 수 있습니다. 우리가 불순종해서 하나님으로부터 떠나고 하나님의 저주와 심판이 임하는 것도 말씀의 불순종으로 인한 것입니다. 하나님께서 선악과를 따먹지 말라는 명령을 하셨는데 따먹음으로써 하나님의 말씀을 범하였고 그에 따른 저주가 임하는 것입니다. 하나님 나라, 에덴동산을 잃어버리고 쫓겨나는 것이 바로 말 때문입니다.

말에는 능력이 있습니다. 말이 생각과 마음을 지배합니까? 생각과 마음이 말을 지배합니까? 저는 우리의 생각과 마음이 말을 지배한다고 생각했습니다. 그렇게 생각하니까 온갖 세상적이고 육신적인 일들이 우리를 지배하고 다스리도록 되어 있는 것입니다. 그런데 사실은 우리의 말이 마음과 생각을 지배합니다.

하나님께서 선악과를 먹지 말라고 말씀하셨는데, 그 말씀을 무시하고 먹으니까 사망이 들어오게 되고 모든 불의한 생각과 이 세상의 모든 죄악된 것들이 인간의 마음을 지배하고 생각을 지배하게 되었습니다.

"믿음은 들음에서 나며 들음은 그리스도의 말씀으로 말미암았느니라" (롬 10:17).

하나님의 말씀이 나에게 다가올 때 그 말씀이 내 생각을 지배하고 내 마음을 지배하고 다스리는 것을 보게 됩니다. 내가 누구를 좋아한다, 혹은 미워한다고 할 때 그것을 입으로 한 번 시인해 보면 그것이 내 생각을 지배하고 내 마음을 자꾸 지배하게 됩니다. 그래서 우리는 말을 먼저 다스릴 줄 알아야 됩니다. 하나님은 말씀을 가지고 우리의 생각을 지배하고 우리의 마음을 지배하고 다스리도록 만드셨습니다.

그래서 죄인인 우리 인간들을 그냥 내버려 두면 우리가 생각하는 것, 마음이 역사하는 것은 그대로 세상적인 것, 악한 것이 지배하고 다스리도록 되어 있습니다. 하나님께서 우리 믿는 사람들에게 언약의 말씀을 주시고, 생명의 말씀을 주십니다. 그 말씀이 나로 하여금 이것을 시인하게 하고 믿게 하며 이것이 내 마음과 생각을 지배하는 것입니다. 그러므로 우리 신앙인들은 세상 사람들과는 달리 거꾸로 가는 것입니다.

오늘 여러분이 세상 사람들과는 구별된 영의 사람으로 살기를 원한다면, 우리 말과 삶을 하나님의 말씀이 지배하도록 순종함으로 내드려야 합니다.

그리스도를 통한 의의 옷

야곱은 하나님 나라를 이어받을 수 있는 장자의 그 어떤 권리도 없는 연약한 자입니다. 그가 그 권리를 받을 수 있는 길은 오직 한 가지, 하나님의 약속의 말씀을 따라서 순종하는 그 길밖에는 없었습니다. 어머니 리브가는 이 사실을 너무도 잘 알기 때문에 약속의 말씀을 따라 실행으로 옮기는 것입니다.

별미를 만들기 위해 야곱이 가서 염소새끼를 데려와 잡을 때 가죽이 나옵니다. 리브가는 그 가죽을 야곱의 목과 손목에 붙여준 후 별미를 가지고 이삭에게 들어가게 합니다. 25절의 말씀을 보면 또 포도주를 가져가서 이삭이 별미와 포도주를 먹고 마신 후 야곱을 축복하는 것을 보게 됩니다. 결국 리브가가 야곱에게 행하는 일은 그가 장자가 아니므로 하나님 나라를 기업으로 받을 수 있는 그 어떤 자격도 없지만 그 자격을 갖추도록 만드는 것입니다. 그것은 마지막 아담, 둘째 사람인 예수 그리스도를 통해서 우리에게 이루시는 그 구원의 사역을 예표로 행하는 것입니다. 별미와 가죽은 염소가 희생 제물로 바쳐져 피를 흘린 결과물입니다.

하나님은 전지전능하신 분이지만 죄를 보시고도 그것이 희생의 제물, 피로 덮여졌을 때 우리의 죄를 보시지 않습니다. 왜냐하면 하나님의 언약의 말씀을 믿고 순종하면서 자기가 죽어야 되는 자리에 희생의 제물인 양, 염소의 죽음이 대신하는 죄 사함의 법을 따랐기 때문입니다. 에덴동산에서도 하나님께서 짐승을 잡아서 그 가죽을 입혀 아담의 허물을 가려 주셨고, 아벨의 제사를 받으신 것도 결국 농사를 지은 땅의 소산물이 아니라 어린 양과 그 기름을 바쳤기 때문입니다. 희생의 제물을 드려서 대신 죽어준 그 희생 제물 때문에 죄가 없다고 여겨주시는 것, 이것이 죄 사함의 법칙입니다.

지금 리브가가 하나님의 언약의 말씀을 따라서 야곱에게 행하는 일이 바로 그 일입니다. 장자의 자격이 없는 야곱에게 가죽을 입히고 에서의 좋은 옷, 장자의 옷을 입혔다는 것은 예수 그리스도를 통한 의의 옷을 그에게 입혀주고 축복을 받게 만드는 것과 같은 의미입니다.

이것은 야곱에게는 전적인 하나님의 은혜입니다. 생명을 걸고 하나님의 언약의 말씀을 실행하는 어머니 리브가 때문에 이루어지는 것입니다. 어머니 리브가는 바로 교회라고 했습니다. 오늘 하나님의 구원사, 생명을 이어나가는 하나님의 교회를 보여주는 것입니다. 생명을 걸고 언약의 말씀을 지키는 교회와 성도들을 통해서 하나님 나라는 이어져 갑니다.

사냥꾼인 에서가 사냥한 것을 가지고는 하나님 나라의 축복을 받지 못합니다. 하나님 나라를 이어받는 것은 세상 혈육의 장자가 아닙니다. 하나님 은혜, 하나님의 언약의 말씀을 따라서 이루어지는 것입니다. 그것은 예수 그리스도를 통해서 이루실 그 피 흘림과 생명의 떡이 되셔서 당신 자신을 바치실 바로 그 예수님의 구원 사역의 예표를, 야곱에게 축복을 받게 하는 리브가를 통해 보게 되는 것입니다. 생명을 걸고, 자기가 저주를 받는다고 할지라도 야곱에게 이 일이 이루어지도록 약속의 말씀을 따라서 그로 하여금 축복을 받게 하는 것입니다.

오늘의 교회는 하나님의 언약의 말씀을 따라서 생명을 걸고 그 축복을 전하는 장소입니다. 그래서 예수님이 그 생명을 주셨고 그 생명을 받은 사람들이 리브가나 에스더와 같이 죽으면 죽으리라 결단하고 말씀에 생명을 걸고 그런 사람들을 통해서 하나님의 구원의 역사가 일어나고 하나님 나라가 전파되는 것입니다. 그것을 깨기 위해서 '다빈치 코드'와 같은, 문화를 사용하여 마귀는 이 모양 저 모양으로 역사해서 인간의 상상력을 자극하여 영혼을 사냥하는 것입니다.

우리 부모님들은 믿음 안에 든든히 서서 우리 자녀들이 영혼의 사냥꾼들로부터 구원함을 받는 은혜가 임할 수 있도록 우리 가정을 지켜야 합니다. 하나님의 교회를 통해서 이 일이 일어날 수 있도록 리브가와 같이 "저주는 내가 받을지라도 너는 이 일을 행하라" 하며 생명을 걸고 하나님 나라를 이루는 이 역사에 귀하게 쓰임을 받는 은혜가 임하기를 예수님의 이름으로 축원합니다.

아버지를 통해 주시는 하나님의 복

창세기 27:25 - 29

이삭이 이르되 내게로 가져오라 내 아들이 사냥한 고기를 먹고 내 마음껏 네게 축복하리라 야곱이 그에게로 가져가매 그가 먹고 또 포도주를 가져가매 그가 마시고 그의 아버지 이삭이 그에게 이르되 내 아들아 가까이 와서 내게 입맞추라 그가 가까이 가서 그에게 입맞추니 아버지가 그의 옷의 향취를 맡고 그에게 축복하여 이르되 내 아들의 향취는 여호와께서 복 주신 밭의 향취로다 하나님은 하늘의 이슬과 땅의 기름짐이며 풍성한 곡식과 포도주를 네게 주시기를 원하노라 만민이 너를 섬기고 열국이 네게 굴복하리니 네가 형제들의 주가 되고 네 어머니의 아들들이 네게 굴복하며 너를 저주하는 자는 저주를 받고 너를 축복하는 자는 복을 받기를 원하노라

본문 말씀을 읽고 문자적인 해석만 한다면 우리 믿음의 조상들이 어떻게 이런 식으로 사람을 속일 수 있는지 의문을 품을 수 있습니다. 그러나 하나님께서는 우리에게 문자적인 말씀만 주신 것이 아니라 그 배후에 우리에게 주시고자 하는 당신의 신비한 비밀의 영적 메시지를 담아 주셨습니다. 그래서 우리는 말씀의 내용이 문자적으로

무엇을 의미하는지 잘 살피고 난 다음에, 또 우리에게 주시고자 하는 영적인 메시지가 무엇인가를 생각하며 항상 구속사적인 의미, 구원의 관점에서 볼 줄 알아야 하겠습니다.

오늘 본문은 속고 속이는 내용인데, 여기서 우리에게 가르쳐 주시려고 하는 말씀은 무엇입니까? 성령께 의뢰하고 깨닫기를 소원하는 마음을 가지시기 바랍니다. 저도 우리 성도들에게 주시려고 하는 메시지가 무엇인지 참 고민을 많이 했는데 신비하고 놀랍게도 하나님께서 깨닫게 해주신 말씀을 동일한 성령께서 성도님들의 영혼 영혼을 터치해주시고 감동시켜 주시리라는 소원 가운데 이 자리에 섰습니다.

야곱이 복을 받는 길

이삭이 이제 나이가 많아지고 눈도 흐려져갔습니다. 그는 에서가 사냥으로 잡아오는 고기를 즐겼습니다. 그래서 맏아들인 에서를 축복하기 위해 그를 불러서 사냥을 나가서 짐승을 잡아 자기가 좋아하는 그 별미를 만들어오라고 부탁했습니다. 그런데 어머니인 리브가가 지금 남편이 맏아들 에서에게 축복을 하겠다는 말을 들었습니다.

리브가는 두 아들 중 누가 하나님의 기업을 이어받는 복을 받을 자인지, 그들을 복중에 가졌을 때에 하나님께서 주신 음성을 들은 바 있습니다. 작은 자가 큰 자를 섬기리라는 계시입니다. 그래서 리브가는 늘 마음 가운데 야곱이 하나님 나라를 기업으로 받을 자라고 하는 것을 생각했습니다. 그런데 지금 이삭이 에서에게 이 축복을 한다고 하자 리브가는 야곱에게 염소를 가져오게 하고 그것을 잡아 가죽을 야곱의 팔과 목, 아버지가 만질 수 있는 곳에 두르게 했습니다. 그리고 그 고기를 남편의 입맛에 맞게 별미로 만들고 야곱에게 포도주를 들려서 잘 준비된 상을 이삭에게 들여가게 합니다.

이삭은 18절에서 야곱에게 누구냐고 묻습니다.

"나는 아버지의 맏아들 에서로소이다 아버지께서 내게 명하신 대로 내가 하였사오니 원하건대 일어나 앉아서 내가 사냥한 고기를 잡수시고 아버지 마음껏 내게 축복하소서 이삭이 그 아들에게 이르되 내 아들아 네가 어떻게 이같이 속히 잡았느냐 그가 이르되 아버지의 하나님 여호와께서 나로 순조롭게 만나게 하셨음이니이다 이삭이 야곱에게 이르되 내 아들아 가까이 오라 네가 과연 내 아들 에서인지 아닌지 내가 너를 만져보려 하노라 야곱이 그 아버지 이삭에게 가까이 가니 이삭이 만지며 이르되 음성은 야곱의 음성이나 손은 에서의 손이로다 하며 그의 손이 형 에서의 손과 같이 털이 있으므로 능히 분별하지 못하고 축복하였더라"(창 27:19-23).

야곱이 형 에서로 가장해서 아버지 이삭 앞에 나아가 그를 속이고 축복을 받은 것입니다. 어떻게 이것이 하나님의 복이라고 할 수 있는지 의문이 생길 것입니다. 도대체 성경이 우리에게 무엇을 가르쳐주시는 것입니까?

믿음의 조상인 아브라함과 이삭과 야곱이 하나님을 섬기는 비결인데, 우선 여기서 야곱과 에서가 누구인지, 왜 성경이 적나라하게 이런 스토리를 우리에게 전하는지 생각해보아야 합니다.

이삭은 하나님의 약속으로 말미암아 아브라함에게 주어진 약속의 자녀이며 예수 그리스도의 표상입니다. 하늘의 뭇별과 같이 바닷가의 모래와 같이 창성한 민족을 이루리라고 하신 하나님의 약속을 따라서 사라에게서 난 자입니다. 그에게 하나님께서 야곱과 에서를 아들로 주셨습니다. 이삭의 축복이 베풀어지는 이때는 야곱과 에서가 이미 77세나 되는 때입니다. 아버지는 벌써 135세입니다. 히브리 사람들의 전통에 의하면 아버지가 축복을 베풀 때에 먼저 맏아들을 축복하기 때문에 이 맏아들이라는 것은 아주 중요한 의미를 가지고 있습니다. 이스라엘 백성에게는 맏아들의 축복을 받는다는 것은 천국을 기업으로 받는 것이며, 이것은 하나님이 맏아들에게 주시는 복이라는 인식이 있습니다.

육신의 맏아들인 장자 에서는 행함으로 아버지를 섬기고 있습니다. 그의 특기인 사냥으로 짐승을 잡아다가 아버지를 기쁘게 합니다. 혈통으로 육신적으로 내가 행함으로써 하나님을 섬길 때, 그것이 구원받을 수 있는 하나님이 기뻐하시는 섬김입니까? 성경이 우리에게 말씀해 주시는 것은 혈통으로 육신적으로 아무리 맏아들로 태어난다고 하더라도 그것으로는 하나님을 정말로 기쁘게 해드릴 수 있는 것이 아니고, 그것이 하나님의 장자권을 받을 수 있는 조건도 되지 못한다는 것입니다.

그러면 야곱은 어떤 존재입니까? 야곱은 태어나면서부터 형의 발꿈치를 잡고 나온 자입니다. 발꿈치를 잡고 나왔으니 그때부터 벌써 경쟁입니다. 야곱은 '남을 사취하는 자', '속이는 자' 라는 뜻입니다. 에서와 쌍둥이지만 몇 분 후에 태어났다는 것 때문에 그의 발꿈치를 잡고 태어나고 속이는 자로서 태어나면서부터 가능성이 없는 인생을 상징합니다. 에서는 장자로 태어났기 때문에, 아버지로부터 모든 것을 이어받을 수 있는 놀라운 특권을 가지고 태어난 데 비해 야곱은 속이는 자, 가능성이 없는 자로서 심판을 받아야 마땅하고 이것은 버림받은 자나 마찬가지입니다. 그러나 야곱에게는 "큰 자가 작은 자를 섬기리라"는 하나님께서 그를 복중에 지으실 때부터, 창세 전부터 약속하신 언약의 말씀이 있습니다. 리브가는 이것을 알고 마음에 품었던 것입니다.

리브가는 여인이며 교회의 상징입니다. 여러분 교회가 제공할 수 있는 것, 교회가 준비할 수 있는 것이 무엇입니까? 바로 아버지의 복을 받을 수 있도록 나아가는 길을 만들고 그것을 준비해 주는 일입니다. 야곱에게 이 언약의 말씀은 있었지만 아버지에게 나아가서 복 받을 수 있는 그 길이 막혀 있을 때에, 리브가는 그 길을 예비하고 준비하고 터주는 일을 합니다.

죄를 가리우는 상징은 짐승을 잡아서 그 가죽을 입히는 것이었습니다. 그것은 에덴동산에서부터 죄의 가리움, 용서의 법칙이었습니다. 리브가는 야곱이 아버지의 복을 받고 기업을 받을 수 있는 길로 나아갈 수 있도록 예비합니다. 리브가는 장자 에서의 옷을 취해서 야곱에게 입힙니다.

그리고 별미는 무엇입니까? 요한복음 6장에 보면 예수님이 당신 자신의 살을 찢어서 우리에게 주실 때 그것을 '생명의 떡'이라고 하셨습니다. 장자 에서의 옷을 입히고 떡과 포도주를 들려서 아버지 이삭에게 나아가게 합니다. 성만찬입니다. 야곱이 아버지로부터 복을 받을 수 있는 유일한 길입니다. 속이는 자, 자격이 없는 야곱을 이삭이 물리치지 아니하고 용납하고 축복할 수 있는 유일한 길, 그것은 가죽 곧 피 흘림을 덧입는 것입니다. 그럴 때 하나님께서는 그 피를 보시고 죄를 보지 않으시는 것입니다. 이것이 바로 하나님의 마음입니다.

맏아들로 오신 예수 그리스도

열방의 만민들이 주님이 흘리신 피로 덧입힘을 받아 하나님께서 그 죄를 보지 아니하시고 용서하셔서 예비하신 복을 내려주시는 이 은혜, 이 사랑을 우리가 어떻게 깨달을 수 있겠습니까? 성령 하나님께서 우리 영혼들을 만지셔서 주님의 보혈의 능력, 예수로 말미암아 그의 의의 옷을 우리가 덧입는 의미를 깨닫게 하시기를 기도해야 합니다. 아버지의 기업을 물려받을 수 없는 야곱이 바로 그 피의 옷을 입고 나아갈 때 아버지 이삭이 그를 확인하지만 "음성은 야곱의 음성이나 손은 에서의 손이로다" 하며 축복하는 것입니다.

"너희가 다 믿음으로 말미암아 그리스도 예수 안에서 하나님의 아들이 되었으니 누구든지 그리스도와 합하기 위하여 세례를 받은 자는 그리스도로 옷 입었느니라 너희는 유대인이나 헬라인이나 종이나 자유인이나 남자나 여자나 다 그리스도 예수 안에서 하나이니라 너희가 그리스도의 것이면 곧 아브라함의 자손이요 약속대로 유업을 이을 자니라"(갈 3:26-29).

약속대로 그 유업을 잇는 자는 예수 그리스도에게 속한 자, 그가 아브라함의 자손이 되는 것이며, 장자 에서의 옷을 야곱에게 입혀서 아버지에게 나아가게 하는 것이 바로 그것입니다.

"또 그가 맏아들을 이끌어 세상에 다시 들어오게 하실 때에 하나님의 모든 천사들은 그에게 경배할지어다 말씀하시며"(히 1:6).

"하나님이 미리 아신 자들을 또한 그 아들의 형상을 본받게 하기 위하여 미리 정하셨으니 이는 그로 많은 형제 중에서 맏아들이 되게 하려 하심이니라"(롬 8:29).

예수 그리스도는 맏아들로 오셨습니다. 그분의 대속의 죽음을 통해서 우리가 그분을 믿을 때에 그분의 맏아들 되심이 우리에게 동일하게 주어지는 것입니다. 누가복음에도 "첫아들을 낳아 강보로 싸서 구유에 뉘었으니"(눅 2:7)라고 기록하고 있습니다. 세례로 믿음을 고백해서 예수님과 연합하는 자들에게 줄 유업으로 하나님 나라의 모든 것을 다 이어받는 그것을, 몽땅 안고 맏아들로 오셨다는 것입니다.

리브가, 하나님의 교회를 통해서 하나님께서 예비하시는 것이 바로 이것입니다. 예수 그리스도를 통해서 당신의 살을 찢어 주시고 그 피를 흘려주시고 십자가 위에서 우리를 위한 대속의 죽음을 죽어 주셔서 성만찬을 우리에게 예비해 주셨습니다. 바로 이 일을 통해서 하나님 나라를 잃은 온 인류가 모두 그분을 믿을 때에 그분의 맏아들 되심이 그를 믿어 그와 연합한 모든 자에게 임하게 하시는 그 축복을 누리게 하려고 바로 그 일을 행하셨다는 것입니다. 하나님의 교회는 놀라운 장소입니다. 예수 그리스도의 장자 됨, 그것을 우리가 그대로 물려받는 장소, 그래서 그것을 몽땅 패키지로 우리를 위해서 예비해 주신 장소, 그것이 바로 교회입니다.

이 놀라운 일을 우리 주님이 우리를 위해서 예비해 놓으셨는데, 이것을 연대적으로 본다면 벌써 사천 년 전에 마련해 놓으신 것입니다. 그러니까 예수님이 이 땅에 오시기 전 이천 년 이전에 아브라함과 이삭과 야곱 등 우리 믿음의 조상들이 어떻게 하나님 나라를 유업으로 받는가 하는 것을 우리에게 가르쳐주기 위해서 이 일을 행했습니다.

이 일을 실제로 현실화시킨 분이 예수 그리스도입니다. 이천 년 전에 예수님께서 십자가 위에서 이 일을 실현시키셨는데 바로 그 일을 오늘 우리에게 적용시키는 것은 결국 성령님의 능력입니다. 믿음의 조상들을 통해 일어난 사건들이 예수 그리스도를 통해서 이천여 년 전에 이뤄졌는데, 오늘날에도 그 사건이 시간을 뛰어넘어서 나에게, 그리고 우리에게 이루어집니다. 성령의 증거하심, 역사하심을 통해서입니다. 성령님께서 오늘 우리에게 이 일을 인치시고 보증하셔서 아주 확신을 시키십니다.

에베소서 1장은 창세전부터 하나님께서 독생자 예수 그리스도를 보내시고 또 창세전부터 우리를 어떻게 택하셨는지를 설명합니다.

"그 안에서 너희도 진리의 말씀 곧 너희의 구원의 복음을 듣고 그 안에서 또한 믿어 약속의 성령으로 인치심을 받았으니 이는 우리 기업의 보증이 되사 그 얻으신 것을 속량하시고 그의 영광을 찬송하게 하려 하심이라" (엡 1:13).

예수 그리스도 안에서 얻을 수 있는 하나님 나라의 그 기업의 영광을 우리로 하여금 찬미하게 하시기 위해서 그분이 약속의 성령으로 아주 인치시고 보증을 하셨다는 말씀입니다.

오늘 우리가 확인해야 되는 것이 바로 그것입니다. 성령 받는다, 성령 충만 받는다고 할 때 우리가 외적으로 말하는 그 성령의 충만함,

능력 받는 것도 중요합니다. 하지만 성령님이 우리에게 오셔서 하시는 사역의 요점은 결국 우리가 예수님을 통해서 하나가 되고 그분의 장자 되심, 그 기업을 우리가 어떻게 보증으로 받는지 이것을 우리에게 증거해주시고 인치시고 보증하시는 이 일을 하신다는 것입니다. 또 그 확증을 받은 우리가 다른 사람들에게 증거하게 하는 일을 우리에게 주셨음을 가르쳐줍니다.

자격 없는 자에게 열어주신 길

리브가가 아버지의 축복을 받을 수 없는 야곱을 아버지 앞에 나아갈 수 있도록 모든 것을 준비해줍니다. 아버지 이삭이 그 두른 가죽을 만져보고 별미와 포도주를 먹고 마시고 그에게 축복하는 것은 우리가 하나님 앞에 나아가고 복을 받는 그 영적인 통로, 채널을 말씀해 줍니다. 하나님께서는 이스라엘을 택하셔서 하나님 나라를 기업으로 받는 통로로 삼으셨는데, 그 중에서도 레위 족속들을 택하셨습니다. 그리고 그들을 제사장 삼으셨습니다.

민수기 6장은 제사장이 이스라엘 백성들에게 축복할 때 그 복이 그들에게 임한다고 했습니다. 그래서 하나님께서는 모세를 통해서 아론과 그 아들들에게 백성들을 어떻게 축복하는지 알려주라고 지시하셨습니다.

"여호와는 네게 복을 주시고 너를 지키시기를 원하며 여호와는 그의 얼굴을 네게 비추사 은혜 베푸시기를 원하며 여호와는 그 얼굴을 네게로 향하여 드사 평강 주시기를 원하노라 할지니라 하라"(민 6:24-26).

제사장들이 백성을 그렇게 축복할 때에 "나 여호와가 그들에게 복을 주리라" 하고 약속하신 것입니다. 그러면 영적인 이스라엘인 오늘 우리에게는 어떻게 이 복이 임하겠습니까?

"그러나 너희는 택하신 족속이요 왕 같은 제사장들이요 거룩한 나라요 그의 소유가 된 백성이니 이는 너희를 어두운 데서 불러 내어 그의 기이한 빛에 들어가게 하신 이의 아름다운 덕을 선포하게 하려 하심이라"(벧전 2:9).

이제는 아론과 그 아들들을 통해서 이스라엘 백성들을 축복하는 그것만이 아니라는 말씀입니다. 우리가 택하신 족속이며 왕 같은 제사장으로 불리움을 받았습니다. 아브라함이 이삭을 축복했고, 이삭이 야곱을 축복했고, 야곱이 열두 아들들을 축복한 그 축복권이 누구에게 주어졌습니까? 우리의 영원한 대제사장인 예수 그리스도, 영원한 맏아들이 되셔서 하나님 나라를 기업으로 받으신 예수 그리스도를 믿고 세례 받고 그에게 연합하는 자가 그 복을 자손들에게 선포할 때 그 복, 하나님 나라의 유업이 임한다는 것입니다.

이미 십자가 위에서 예수님께서 이 일을 이루어 놓으셨고 우리 한 사람 한 사람에게 적용되어졌습니다. 이 복이 주어지게 하시기 위해서 스스로의 자격으로 나아갈 수 없는 우리가 하나님 아버지 앞에 나아가는 새롭고 산 길을 열어주시고 자신을 주심으로써 그 기업을 받는 이 복을 우리에게 허락해 주셨습니다. 그래서 하나님께서 미리 우리 믿음의 조상들을 통해서 보여주셨습니다. 자격이 없는 야곱이지만 모든 것을 준비해서 기업을 주시는 아버지 앞에 나아갈 수 있는 길을 열어주신 것입니다.

하나님께서 우리 가정을 세우실 때 가정의 남편, 아버지를 가정의 제사장으로 세우신 이유가 바로 거기 있습니다. 예수 그리스도의 이름을 믿고, 그 생명이 임하신 분들에게 바로 이 장자권, 하나님의 축복권을 하나님께서 주셨습니다. 이 사실을 확신하시고 기회 있을 때마다 자녀를 축복하셔야 합니다.

또한 하나님은 어머니들의 끊임없는 기도를 통해서 가정을 이끌어 가시는 것을 보게 됩니다. 어머니의 기도와 아버지의 축복, 이것이 자녀들에게 계속 주어지게 될 때에, 아브라함과 이삭과 야곱에게 약속하셨던 하나님 나라의 기업의 복이 자손들에게 임하는 것입니다. 이삭이 야곱을 축복할 때 세 가지 축복을 했습니다.

첫째, 물질적인 축복입니다.

"하나님은 하늘의 이슬과 땅의 기름짐이며 풍성한 곡식과 포도주를 네게 주시기를 원하노라"(28절).

이것은 기복신앙이 아닙니다. 하나님께서 말씀으로 약속을 하셨기 때문에 우리 믿음의 조상들도 그 말씀에 의지해서 자녀를 축복할 때 복 주시게 되어 있습니다. 우리 부모가 자녀들에게 베풀 수 있는 길이 무엇입니까? 땅을 물려주거나 집을 물려주거나 자동차, 부동산 등을 물려주는 것입니까? 많은 것들을 물려주었을 때 자녀들이 그 때문에 서로 싸우고 법정에 서고 불화하고 가정이 깨지는 경우가 얼마나 많습니까? 책임감 없는 사람들이 되어버리고, 믿음을 팔아버리고, 세상과 짝하고 어리석게 살아갑니다. 부모가 물려줘야 하는 것은 하나님의 복이 임할 수 있도록 기도하는 신앙입니다. 하나님께서 복 주셔야 복된 생활을 하기 때문입니다.

에서는 잘난 사람이며 남자답고 힘이 셉니다. 세상적으로 본다면 아주 부러워할 사람인데 하나님의 복이 임하지 못하니 어떻게 됩니까?

"네 주소는 땅의 기름짐에서 멀고 내리는 하늘 이슬에서 멀 것이며 너는 칼을 믿고 생활하겠고 네 아우를 섬길 것이며 네가 매임을 벗을 때에는 그 멍에를 네 목에서 떨쳐버리리라"(39-40절).

육신적인 것을 추구하고 육신적인 것으로 어떤 것을 잘해 보려고 하는 것은 이렇게 축복에서 멀어져 버리는 것입니다. 영적인 축복을 받아야 하고 영적인 계열을 통해서 복을 받아야 육신적인 복도 자손들에게 계속해서 내려가는 것입니다.

둘째, 이삭이 야곱에게 베푼 축복은 리더십의 축복입니다.

29절에 보면 “만민이 너를 섬기고 열국이 네게 굴복하리니 네가 형제들의 주가 되고 네 어머니의 아들들이 네게 굴복하며”라고 했습니다. 열방들이 와서 무릎을 꿇고 섬기게 된다는 것입니다. 하나님께서 이 주권과 권세, 능력을 주셔야 하는 것입니다. 영력을 받으면 인력도 받고 물력도 받습니다. 영권 받으면 물권과 인권도 주십니다. 성령의 능력을 받으면 사람도 붙여주시고 물질도 붙여주신다는 말씀입니다. 물질을 좇아다녀 보십시오. 물질이 도망갑니다. 사람도 도망갑니다. 하나님께서 붙여주셔야 합니다.

마지막으로 세 번째는 영적인 복입니다.

‘너를 저주하는 자를 내가 저주하고 너를 축복하는 자를 내가 축복하겠다’라는 놀라운 축복권이 주어진 것입니다.

하나님을 전적으로 의뢰하고 하나님의 영을 받아야 한다고 했습니다. 주님이 붙들고 쓰시는 사람들을 함부로 대하면 자기가 상하는 것입니다. 그러나 그들을 축복하면 그것이 자기에게 임하는 것입니다. 놀라운 일입니다.

그러므로 이제는 아주 결심을 하셔야 합니다. ‘나는 우리 자녀를 축복하고 그들을 위해 기도하고 복을 빌 것이다. 성도들을 축복하고 좋은 말, 긍정적인 말을 할 것이다, 부정적인 말은 입 밖에도 내지 않을 것이다' 하고 결단을 하셔야 합니다. 이것이 하나님의 사람들이 할 일입니다.

이삭은 야곱을 축복했습니다. 이 축복권, 예수 그리스도 안에서 왕 같은 제사장으로 부른 우리에게 하나님께서 동일한 축복을 주셨는데 오늘 우리에게는 더 엄청난 놀라운 일, 예수님을 보내주셔서 예수님을 믿을 때 예수님의 그 놀라운 권세가, 우주 만물을 창조하신 그분의 권세가 우리에게 주어진다는 것입니다.

자격이 없는 우리, 야곱과 같이 나아갈 수 있는 길이 없지만 단 한 가지 하나님의 약속이 있습니다. 이것을 리브가는 알기 때문에 자기의 생명을 내놓고 이 일을 행하는 것입니다. 하나님의 교회는 그런 곳입니다. 우리는 자격이 없지만, 죄로 인해서 멸망받을 자들이지만 예수님 때문에 그의 의의 옷을 입고, 그의 피를 의지하고, 은혜의 보좌 앞으로 나아가는 놀라운 복을 하나님께서 허락해 주셨습니다.

여기는 '예수 그리스도를 생명의 구주로 영접하고 그분을 나의 주님으로 영접했는가? 그래서 내가 세례를 받고 그분과 연합했는가? 하나가 되었는가?' 이것 외에는 조건이 없습니다. 하나님의 복이 여러분들뿐만 아니라 여러분의 가정에 임하는 역사가 일어나기를 예수님의 이름으로 축원을 드립니다.

야곱의 축복과 사역의 시작

창세기 27:41-28:5

그의 아버지가 야곱에게 축복한 그 축복으로 말미암아 에서가 야곱을 미워하여 심중에 이르기를 아버지를 곡할 때가 가까웠은즉 내가 내 아우 야곱을 죽이리라 하였더니 맏아들 에서의 이 말이 리브가에게 들리매 이에 사람을 보내어 작은 아들 야곱을 불러 그에게 이르되 네 형 에서가 너를 죽여 그 한을 풀려 하니 내 아들아 내 말을 따라 일어나 하란으로 가서 내 오라버니 라반에게로 피신하여 네 형의 노가 풀리기까지 몇 날 동안 그와 함께 거주하라 네 형의 분노가 풀려 네가 자기에게 행한 것을 잊어버리거든 내가 곧 사람을 보내어 너를 거기서 불러오리라 어찌 하루에 너희 둘을 잃으랴 리브가가 이삭에게 이르되 내가 헷 사람의 딸들로 말미암아 내 삶이 싫어졌거늘 야곱이 만일 이 땅의 딸들 곧 그들과 같은 헷 사람의 딸들 중에서 아내를 맞이하면 내 삶이 내게 무슨 재미가 있으리이까 이삭이 야곱을 불러 그에게 축복하고 또 당부하여 이르되 너는 가나안 사람의 딸들 중에서 아내를 맞이하지 말고 일어나 밧단아람으로 가서 네 외조부 브두엘의 집에 이르러 거기서 네 외삼촌 라반의 딸 중에서 아내를 맞이하라 전능하신 하나님이 네게 복을 주시어 네가 생육하고 번성하게 하여 네가 여러 족속을 이루게 하시고 아브라함에게 허락하신 복을 네게 주시되 너와 너와 함께 네 자손에게도 주사 하나님이 아브라함에게 주신 땅 곧 네가 거류하는 땅을 네가 차지하게 하시기를 원하노라 이에 이삭이 야곱을 보내매 그가 밧단아람으로 가서 라반에게 이르렀으니 라반은 아람 사람 브두엘의 아들이요 야곱과 에서의 어머니 리브가의 오라비더라

에서가 받아야 하는 아버지 이삭의 축복을 동생 야곱이 받았습니

다. 형 에서는 분이 났고 동생이 미웠습니다. 본문 말씀을 보면 에서가 야곱을 미워하는 것으로 그치지 아니하고 그 심중에 '이제 아버지가 돌아가실 때가 가까웠다. 내가 내 아우를 죽이리라' 하는 마음의 계획까지 세우게 되었습니다. 이때 맏아들 에서의 뜻을 눈치챈 어머니 리브가가 야곱을 불러서 조언합니다.

"네 형 에서가 너를 죽여서 그 원한을 풀려고 하니 너는 일어나 하란으로 가서 내 오라버니 라반에게로 피하거라. 네 형의 분노가 풀리기까지 몇 날 동안이든지 그곳에 거하라. 네 형의 분노가 풀리면 내가 너를 거기서 불러오리라. 어찌 하루에 아들 둘을 다 잃으랴."

아벨의 제사를 하나님께서 받으셨을 때 가인은 시기 질투를 못 이겨서 아우를 쳐죽였습니다. 이 사건은 죄의 결과가 얼마나 무서운가를 가르쳐 주고 있습니다. 야곱이 하나님의 언약의 축복을 받게 되었을 때에 그냥 순탄하게 축복 받은 자의 형통한 삶을 산 것은 아니었습니다. 그 일로 인해서 그 가정에 미움이 일어나게 되었습니다. 아담 하와가 범죄 후에 죄의 결과는 계속해서 이어지고 폭력과 살인이 끊임없이 우리 인간 세상에 일어나게 되었습니다. 약속의 씨 이삭을 통해서 난 자들이 야곱과 에서입니다. 그런데도 그 중에서 또 이 야곱과 에서 둘이 영적으로 보면 완전히 다른 두 사람으로 분리되는 것을 보게 됩니다.

우리가 하나님의 약속의 축복을 받았을 때에 그 언약이 이루어지려면 그것을 이루는 사역이 시작됩니다. 오늘 하나님께서 우리에게 주시는 영적인 의미를 성령님의 임재 가운데 깨닫는 은혜가 있기를 원합니다.

밧단아람을 향해 가라

여러분도 경험하시겠지만 예수님을 영접하고 신앙의 길을 걷기 시작했을 때에 세상이 그냥 내어주지 않습니다. 가정 식구들도 역시 마찬가지입니다. 너 교회 가라, 신앙생활 잘해라, 예배 드려라, 이렇게 순순히 대해 주지 않습니다. 예수 믿는다고 하는 한 가지 이유 때문에, 하나님의 근본적인 약속의 축복이 임했다고 하는 그 이유 때문에 미움을 받을 수 있습니다, 배척을 받을 수 있습니다. 죽이려고 하는 음모까지 있을 수 있습니다.

그런데 그때에 이 리브가는 어머니로서 참 지혜롭습니다. 그녀는 이미 그들을 복중에 두었을 때에 하나님의 약속이 무엇인가를 깨달았습니다. "작은 자가 큰 자를 섬기리라." 다른 사람이 알지 못하는 그런 영적인 음성을 들었습니다. 늘 마음에 두었습니다. 하나님의 언약의 축복이 야곱에게 주어졌을 때에 에서가 미워하고 원한을 품고 죽이리라고 했을 때에 어머니 리브가가 지혜롭게 처신합니다.

본문 말씀을 보면 리브가가 가정의 화목을 위해서 해결책을 제시합니다. 그것은 이 축복의 약속을 받은 야곱이 그 집을 떠나는 방법입니다. 그리고 어머니의 고향, 외삼촌이 있는 밧단아람을 향해서 가는 것이었습니다. 여러분, 우리가 예수 그리스도를 생명의 구주로 영접하고 신앙생활을 시작하면 결국은 신앙 때문에 일어나는 싸움, 미움, 시기, 질투가 있는 그 장소에서 떠나는 것이 순례여행입니다. 오늘 영적인 의미를 깨달을 수 있기를 원합니다.

오늘 우리도 이 영적인 순례의 길을 떠나고 있는데 결국 우리가 계속 집착하며 미워하고 시기하고 질투하는 그곳에서 함께 싸우고, 질투하고 시기하는, 그리고 살인극을 불러일으키는 미움의 절정에 이르는 그 일을 반복하겠습니까? 아니면 일어나라 떠나라 하는 사명, 네가 이루어야 하는 것이 있다고 하는 그 사명을 좇겠습니까? 그래서 리브가는 “내 아들아 내 말을 좇아 일어나 하란으로 가서 내 오라버니 라반에게 피하라”라고 말씀하고 있습니다.

여러분이 예수 믿으면서 그 때문에 일어나는 많은 일들이 있을 수 있습니다. 그런데 이 혈육의 싸움들, 증오심에 대해 예수께서 친히 말씀하셨습니다. “네가 형제를 미워하면 곧 살인하는 자니라” 살인이 어디서 나옵니까? 미움에서 나옵니다. 예수님으로 인해서 하나님의 언약의 축복을 받고 나서도 여러 가지 혈육의 싸움들로 인해서 가정에 이런 다툼들이 있을 수 있습니다.

리브가는 이 약속의 언약을 받은 야곱에게 떠나라, 미움의 장소에서 일어나야 한다고 하는 것입니다. 살인의 장소에서 일어나야 한다고 하며 떠나보내게 됩니다. 오늘 하나님께서 여러분이 떠날 것이 무엇인가, 미워하는 것에서부터 떠날 것이 무엇인가 깨닫게 되시기를 바랍니다.

지금 에서가 야곱을 미워하는 이유가 무엇입니까? 그 축복을 빼앗아 갔다는 것입니다. 오늘날 여러분 형제가 복을 받고 잘되면 내 마음이 기쁘고 즐겁고 축하해 주어야 하는데 그것을 용납하지 못합니다. 우리 신앙은 그 미움의 자리에서 약속을 받은 사람들이 떠나야 하는 것입니다. 야곱은 20년이라고 하는 세월을 종살이하면서 거기서 아내를 얻고 자식을 얻습니다. 그리고는 하나님의 언약의 말씀을 따라서 다시 자기 아버지 집으로 돌아옵니다.

영적으로 보면 우리 모두 순례의 길을 행합니다. 성경의 모든 것이 우리가 믿음의 길을 떠나고 광야와 같은 그 험한 길에서 믿음의 연단을 받고 교회를 이루고 다시 하나님 나라, 본향을 찾아가는 그 길을 말씀하고 있습니다. 믿음을 가졌을 때, 하나님의 언약의 약속을 받았을 때 우리 믿음의 사람들을 보면 모두 이 광야를 거치게 됩니다.

모세도 애굽의 호화로운 왕궁에서 살 때 하나님을 섬기는 삶이 아니었습니다. 미디안 광야에서 40년이라고 하는 긴 세월 동안 훈련을 받게 됩니다. 그리고 다시 애굽으로 돌아가서 그 백성들을 이끌어 옵니다.

요셉이 하나님의 꿈을 받았습니다. 그냥 그 꿈만 받고 황홀에 취해 있는 삶이 아니었습니다. 애굽을 향해서 순례의 길을 떠나게 됩니다. 중요한 차이점이 하나 있습니다. 믿음의 사람들은 하나님께서 주신 언약과 꿈을 가슴에 간직하기 때문에 변함없이 하나님을 섬길 수 있고 상황과 환경의 지배를 받지 않는 그런 믿음을 가지게 됩니다.

일어나서 가라

28장 1절 이하의 말씀을 보면 어머니 리브가가 야곱에게 일어나서 가라고 하는데 이삭도 야곱을 불러 말합니다.

"너는 가나안 사람의 딸들 중에서 아내를 맞이하지 말고 일어나 밧단아람으로 가서 네 외조부 브두엘의 집에 이르러 거기서 네 외삼촌 라반의 딸 중에서 아내를 맞이하라"(창 28:1-2).

그 아들을 축복하고 어떻게 행할 것을 당부합니다. 가정에서 중요한 것은 아버지들의 기도와 축복 가운데 우리 자녀들이 행할 길들을 잘 가르치는 것입니다. 큰아들 에서가 가나안 여인들을 취한 데 대해 어머니 리브가가 얼마나 행복하지 못했는가를 보여주고 있습니다.

46절에서 "내가 헷 사람의 딸들로 말미암아 내 삶이 싫어졌거늘"이라고 표현하고 있음을 봅니다. 하나님께서는 가나안 땅에 거하던 원주민 족속들과 함께하는 것을 싫어하셨습니다. 그들을 진멸하게 하고 몰아내게 하셨습니다. 그런데 약속이 없는 에서는 이 헷 족속의 딸들을 아내로 취해서 벌써 두 명이나 아내를 삼았습니다.

아버지 이삭이 야곱에게 "너는 가나안 여인을 취하지 말고 고향 밧단아람으로 가라, 거기서 아내를 취하라"고 합니다. 이삭과 리브가 모두 야곱에게 '일어나라'고 합니다. 그곳, 미워하고 시기하며 질투하고 싸우는 곳은 우리 신앙의 순례의 길을 떠나는 사람들, 하나님의 약속을 받은 사람들이 머물러 있을 장소가 아니므로 일어나 가라고 하는 것입니다.

아내를 취하라고 하였습니다. 아내는 교회, 즉 에클레시아(ἐκκλεσία)입니다. 뭇 영혼들, 하나님께로 이끌 그 영혼들을 가서 취해라, 자식을 낳아라, 그리고 약속의 땅으로 돌아오라는 것입니다.

"전능하신 하나님이 네게 복을 주시어 네가 생육하고 번성하게 하여 네가 여러 족속을 이루게 하시고 아브라함에게 허락하신 복을 네게 주시되 너와 너와 함께 네 자손에게도 주사 하나님이 아브라함에게 주신 땅 곧 네가 거류하는 땅을 네가 차지하게 하시기를 원하노라"(창 28:3-4).

아브라함에게 주셨던 그 축복의 약속, 또 이삭 자신에게 주셨던 그 축복의 약속, 이 말씀을 다시 아들 야곱에게 확인하면서 축복하는 것입니다.

집에 다시 돌아오게 하는 일, 영원하신 하나님 아버지가 있는 그곳으로 다시 돌아오게 하는 것입니다. 축복을 받은 사람들, 하나님의 언약을 받은 사람들은 그 길을 떠나야 합니다. 그곳에서 아내를 만나, 곧 교회를 이루는 것입니다. 뭇 영혼들을 낳는 역사들이 일어나야 합니다. 그래서 야곱을 통해서 열두 아들들, 열두 지파를 이끌고 돌아오게 만드는 이것이 하나님의 놀라운 은혜입니다.

'일어나서 떠나간다'는 것은 결코 쉬운 일이 아닙니다. 본문 5절은 기록합니다. 지금까지 우리는 야곱에 대해서 잘못 알고 있는 것이 많습니다. 야곱은 얼마나 순종을 잘했는지 그 어머니가 제시하는 모든 것을 한 번도 어긴 적이 없습니다. 길을 떠나던 야곱의 나이가 77세입니다. 77세 된 아들이 어머니 리브가의 말을 그대로 순종하여 즉시 길을 떠나간 것입니다. 그래서 라반의 집에 이르렀습니다.

하란은 8백 킬로미터 떨어진 곳입니다. 혼자 정처 없이 떠나간 그 길, 얼마나 험악하고 외로운 고난과 고통의 길이었겠습니까? 그곳에 가서 종살이를 합니다. 7년, 그리고 7년을 더 살았고 다시 그가 돌아올 때는 20년이 되는 해였습니다. 전적인 순종의 삶을 산 그에게는 단 한 가지 하나님께서 약속하신 언약의 축복이 있었습니다.

우리가 세상 사람들과 다른 것이 있는데 그것은 하나님의 약속의 말씀 때문에 내가 고난과 환난을 이기고 하나님께서 약속하신 그 언약을 이루어 드리기 위해서 내 삶을 투자할 수 있다는 것입니다.

야곱을 통해서 배울 수 있는 것은 하나님의 언약의 말씀 위에 어머니가 부탁하고 아버지가 부탁했을 때에 전적으로 그 약속의 말씀에 자신을 내어 맡기고 자신을 투자한 것입니다. 그래서 하나님께서 야곱에게 이 축복을 베풀어주셨을 때에 하나님의 청사진을 그에게 심어준 것입니다.

"너는 가야 한다. 아내를 얻고 자식을 낳고, 그리고 그들을 이끌고 아버지가 약속하신 이 땅에 다시 돌아올 것이다."

이 청사진입니다. 그는 그것을 안고 간 것입니다. 그것이 바로 우리의 신앙이라는 것입니다.

물이 바다 덮음같이

우리가 때로는 믿음 생활을 하며 하나님이 함께하시기 때문에 모든 것이 다 형통하고 잘 되어야 한다고 생각합니다. 그런데 때로는 어려움과 환난이 옵니다. 그때 '왜 내가 하나님을 믿는데 나에게 이런 어려움이 오고 핍박과 환난이 있습니까?' 하고 하나님께 질문을 하게 됩니다.

하박국서를 보면 갈대아 사람들이 이스라엘을 침범해 들어왔습니다. 그들은 아주 강하고 포악스러웠습니다. 이스라엘 백성을 짓밟고 강포를 행할 때 이스라엘 백성이 하나님 앞에 부르짖습니다.

"여호와여, 우리는 하나님을 섬기는, 하나님이 택하신 백성인데 왜 우리에게 이런 어려운 일이 일어납니까? 도대체 하나님을 믿지 않는 자들과 섬기는 백성의 차이점이 무엇입니까? 도대체 왜 우리가 겪는 이런 어려움을 방관하십니까?"

하박국서 2장에서 하나님은 의외의 대답을 주십니다. 택한 백성이니까 이렇게 해주겠다, 저렇게 해주겠다는 대답이 아니라 "의인은 오직 믿음으로 말미암아 살리라"고 하시며 그 묵시를 달려가면서도 읽을 수 있게 명백히 판에 새기라고 지시하십니다.

믿음이라고 하는 것이 그냥 모든 것이 잘되고 모순도 없고 회의도 없고 한결같이 할렐루야만 나올 수 있는 것이겠습니까?

믿음은 어떤 상황도 극복하고 어떤 어려움도 극복할 수 있는, 어떤 의문이 있는 중에라도 하나님 말씀에 순종할 수 있는 것입니다. 욥이 "하나님이 나를 죽일지라도 내가 부활하여 주님을 찬양하겠다. 하나님께서 나를 쓰러뜨리실지라도, 나를 치실지라도 내가 하나님을 신뢰하고 찬양하리라"고 고백한 것같이 믿음의 사람, 의인은 오직 믿음으로 산다는 것입니다. 이것이 성령님의 도우심이 아니면 무엇이겠습니까?

제가 이 말씀을 묵상하면서 하나님의 사람들은 약속의 말씀을 받았을 때 왜 한결같이 광야로 떠나는가 하는 의문이 들었습니다. 요셉도 하나님께서 꿈을 주셨을 때 떠나게 하시지만 그에게는 그것이 고통의 길이 아니었을 것입니다. 꿈이 있었기 때문입니다. 모세도 그 화려한 바로의 궁을 떠나 미디안 광야에서 40년간 양치기로 살았지만 그에게는 하나님의 약속이 있었습니다. 믿음의 사람들은 오직 믿음으로 말미암아 사는 것입니다.

14절 가운데 주시는 대답은 더욱 희한합니다. 왜 주님을 믿는 사람들에게 이런 어려움이 있습니까? 주님을 향해서 자신을 투자하고 떠났는데 왜 어려움이 있습니까? 하박국을 통해서 주님이 주시는 대답입니다. 우리가 찬양으로도 많이 부르지요.

"물이 바다를 덮음같이 여호와의 영광을 인정하는 것이 세상에 가득함이니라"(합 2:14).

여호와 하나님께서 원하시는 것이 무엇인지 아십니까? 하나님의 뜻이 온 세상을 덮기를 원하시는 것입니다. 그런데 우리는 우리가 원하는 것을 이루기 위해서 나에게 복을 주시고 은총 주시고 나를 위해서 일해 주시는 하나님이시기를 원합니다.

이스라엘 백성들은 어떻습니까? "내가 하나님을 믿으니까 여호와 하나님이여, 내 소원을 들어주십시오, 나 원하는 것을 좀 해주십시오." 그래서 하나님을 나의 위치까지 끌어내립니다. 하나님은 그분이 원하시는 뜻이 우리에게 이뤄지고 거기에 우리가 순종해서 물이 바다를 덮는 것같이 여호와의 영광이 우리를 덮기를 원하심을 가르쳐 주고 계십니다.

오늘 어려운 일을 겪고 계십니까? 자녀에게 어떤 일이 있고, 사업에, 직장에, 우리 가정에 어떤 일이 있습니까? 교회를 나름대로 섬긴다고 하는데 왜 나에게 이런 어려움이 있고 오해가 있어야 합니까? '하나님, 해결해 주세요, 이 장애물을 물리쳐 주십시오' 하고 간구하고 있습니까? 그런데 뜻밖에 물이 바다를 덮음같이 여호와를 인정하는 것이 온 세상을 덮기 원한다는 것입니다. 그런 일들을 통해서 하나님 여호와를 인정하는 것, 의뢰하는 것, 그분에게 나를 맡기는 것, 나를 투자하는 것, 내 몸을 던지는 것, 야곱이 자신을 던져 밧단아람으로 가서 약속의 말씀을 이루는 것처럼, 의인은 오직 믿음으로 말미암아 삽니다.

믿음 때문에 환난도 고난도 환경도 마주하며 그 속에 나를 맡길 수 있습니까? 그래서 우리 자신을 하나님 앞에 조율하라는 것입니다. 우리의 신앙은 하나님께서 나에게 무엇을 해주셔서 내가 원하는 것을 받는 것이 아니라, 내가 하나님께서 원하시는 것을 위해 어떻게 날마다 조율되어질 수 있겠느냐는 것입니다. 악기들을 가끔씩 조율하지 않으면 엉뚱한 소리가 나듯 우리도 마찬가지입니다. 하나님의 말씀으로 조율이 되고 그래서 예수 그리스도의 흘리신 보혈의 피로 말미암아 그런 것들이 십자가에 못 박혀지고 그런 과정을 통해서 하나님 아버지의 품에 돌아가게 하는 것이 우리 신앙의 여정입니다.

28장 6절 말씀을 보면 에서가 다시 또 본즉 야곱이 아버지 이삭의 축복을 받고 또 그 말씀을 따라서 떠나가고, 지금 어머니 아버지가 행복해 하지 않는 것은 자신이 헷 족속의 딸들을 아내로 삼았기 때문이라는 것을 알게 되었습니다. 그러니까 그가 이스마엘의 자식에게 가서 약속이 없는 이스마엘의 딸이요 느바욧의 누이인 마할랏을 아내로 취하였습니다.

성경이 우리에게 계속해서 면면하게 보여주는 것이 있습니다. 약속이 있는 것과 약속이 없는 것을 우리가 구별하는 것입니다.

에서는 어머니 아버지를 기쁘게 해드리려고 무척 노력합니다. 헷 족속의 딸들을 아내로 취하자 그 부모가 기뻐하지 않으므로 이스마엘의 딸이면 같은 혈통을 가지고 있으니 괜찮겠지 싶어서 취한 것입니다. 그러나 약속이 없는 것은 기쁘게 할 수가 없습니다. 성경이 우리에게 계속해서 보여주는 것은 육신의 요구와 영적인 요구, 세상과 신령한 세계의 대비입니다.

가인과 아벨, 야곱과 에서, 사울 왕과 다윗 왕, 이스마엘과 이삭을 보십시오. 약속이 있는 계통과 약속이 없는 계통입니다. 지금 다른 사람들의 이야기를 한 것이 아닙니다. 세상 사람들 이야기가 아닙니다. 하나님의 약속의 씨앗, 그 자식들인데 그 중에서도 또 갈라지는 것입니다. 하나님의 교회 안에 있으면서도 약속의 말씀을 믿고 순종하고 그 말씀에 자신을 던지고 투자하는 사람과, 그렇지 않고 육신대로 행하면서 육신적으로 율법적으로 기쁘게 해드리려고 하는 것, 즉 약속이 없는 것은 인정받을 수가 없습니다.

야곱은 철저하게 말씀에 자신을 던진 사람입니다. 혼자 8백 킬로미터나 떨어진 그 먼 곳을 향해서 발걸음을 옮겼습니다. 하나님은 우리에게 철저한 순종, 철저하게 우리 자신들을 하나님의 말씀에 순종하고 바치기를 원하시는 분입니다.

오늘 여러분과 저는 하나님의 말씀에 얼마만큼 투자를 하고 있습니까? 오늘 우리가 일어나 가서 구해야 할 그 영혼들, 가서 아내를 얻고 자식을 낳는다는 의미입니다. 많은 영혼들을 이끌고 어디로 들어갑니까? 영원한 처소, 하나님의 장막, 바로 그곳에 들어가는 것입니다. 아버지의 장막입니다. 하나님은 이것을 우리에게 약속으로 주셨습니다. 그러므로 우리는 시대를 분별할 줄 알아야 합니다. 때를 읽어야 합니다. 하나님의 때, 하나님의 시간을 우리가 읽을 줄 알아야 합니다.

이 마지막 때 과연 내가 왜 무엇 때문에 살아야 하는지 하나님의 언약을 좀 확인하시고 삶의 뜻과 목적이 바뀌지는 역사가 일어날 수 있기를 바랍니다. 쓸데없는 것에 투자하지 말고 낭비하지 않도록, 우리의 인생을 무엇을 위해 투자해야 하는지 깨닫고 순종하시기 바랍니다. 에서와 같이, 가인과 같이 시기하고 질투하고 그냥 세상 복, 육신만을 만족시키는 그것을 위하여 투자하겠습니까?

주님을 뭇 영혼들을 그분 앞으로 돌아오게 하는 일을 우리에게 사명으로 주셨습니다. 이 일을 하려면 어려움도 있습니다. 환난도 고난도 있습니다. 그러나 우리는 떠나야 합니다. 그럴 때 영혼들이 돌아오게 됩니다. 그들을 이끌고 주님 앞으로 가야 합니다. 아버지의 품입니다. 영원한 하나님의 장막입니다. 바로 이 영혼의 축복이 일어나기를 예수님의 이름으로 축원 드립니다.

아브라함, 이삭, 야곱의 하나님

창세기 28:10-15

야곱이 브엘세바에서 떠나 하란으로 향하여 가더니 한 곳에 이르러는 해가 진지라 거기서 유숙하려고 그 곳의 한 돌을 가져다가 베개로 삼고 거기 누워 자더니 꿈에 본즉 사닥다리가 땅 위에 서 있는데 그 꼭대기가 하늘에 닿았고 또 본즉 하나님의 사자들이 그 위에서 오르락내리락 하고 또 본즉 여호와께서 그 위에 서서 이르시되 나는 여호와니 너의 조부 아브라함의 하나님이요 이삭의 하나님이라 네가 누워 있는 땅을 내가 너와 네 자손에게 주리니 네 자손이 땅의 티끌같이 되어 네가 서쪽과 동쪽과 북쪽과 남쪽으로 퍼져나갈지며 땅의 모든 족속이 너와 네 자손으로 말미암아 복을 받으리라 내가 너와 함께 있어 네가 어디로 가든지 너를 지키며 너를 이끌어 이 땅으로 돌아오게 할지라 내가 네게 허락한 것을 다 이루기까지 너를 떠나지 아니하리라 하신지라

아브라함의 하나님, 이삭의 하나님, 야곱의 하나님이 바로 우리의 하나님이십니다. 형의 장자권, 축복권을 빼앗은 야곱은 이것을 누리기 전에 새로운 여정을 떠나야 했습니다. 야곱은 육의 속성, 곧 죄의 속성을 가진 우리 자신들입니다. 본문은 이 세상에서 우리가 어떻게 주님 안에서 인간적인 죄의 습성을 처리하며 하나님 나라를 향해 가

야 하는가를 가르쳐 주고 있습니다. 야곱이 가는 길은 성령님께서 권고하시고 이끌어 주시며 변화시켜 주시는 훈련 과정입니다. 죄는 우리 안에서 죄의 성품을 만들어 갑니다. 우리 안에 있는 죄적인 요소는 끊임없이 죄의 길을 가게 합니다.

그러나 믿음의 사람은 믿음을 지니는 그 순간부터 다른 길을 가게 됩니다. 하나님의 성품을 따라 성령님의 인도하심을 따라 행해야 하기 때문입니다. 사도 바울도 "오호라 나는 곤고한 사람이로다"라고 고백을 했습니다. 마음으로는 하나님의 법을 섬기기 원하지만 육신적으로는 죄의 법을 섬기고 있는 갈등을 말하는 것입니다.

이러한 고백은 믿음이 없는 사람이나 하나님이 없다고 하는 사람이 한 말이 아닙니다. 죄의 성품을 가진 우리가 어떻게 세상의 길을 따라가지 않고 하나님의 성품을 마음에 지니면서 거룩한 길을 가야 하는가에 대한 고백입니다.

능력의 십자가, 사닥다리

"야곱이 브엘세바에서 떠나 하란으로 향하여 가더니 한 곳에 이르러는 해가 진지라 거기서 유숙하려고 그곳의 한 돌을 가져다가 베개로 삼고 거기 누워 자더니"(창 28:10-11).

야곱이 형의 장자권, 축복권을 빼앗아 차지하게 되었습니다. 그런데 그 축복을 누리기는커녕 형의 분노와 노여움을 피해서 부모님 품을 떠나 한 번도 가보지 못한 곳 하란을 향해 새로운 길을 가게 된 것입니다. 브엘세바를 떠나 새로운 길을 가야 했습니다. 야곱이 태어나고 자라고 살던 곳 브엘세바에서 하란까지는 8백 킬로미터나 되는 먼 거리입니다. 한 번도 가보지 못한 낯선 곳을 향해서 떠난 지 삼 일 길 되는 루스(벧엘의 옛 이름)라는 곳에 이르게 되었는데, 그곳까지는 대략 85킬로가 되는 거리입니다. 삼일 길이라면 기억나는 것이 있습니다. 아브라함이 이삭을 모리아 산에서 제물로 드리기 위해 삼일 길을 갔습니다. 예수님이 십자가에 못 박히시고 무덤에 묻히고 삼일 만에 부활하셨습니다.

야곱이 삼일 길을 가서 정처 없이 돌베개를 베고 누운 그곳이 하나님의 집인 벧엘입니다. 어머니의 사랑을 몽땅 받았던 야곱입니다. 한 번도 떠나보지 않았던 부모의 품과 고향을 떠나 낯선 그곳을 향해 갔을 때 그 심정이 어떠했겠습니까? 그곳은 누구도 반겨주거나 기다려주는 곳이 아니었습니다. 형이 그를 죽일까 도망한 발길에 두려움이 얼마나 엄습했겠습니까? 어머니에 대하여, 형에 대하여, 아버지에 대하여 죄책감이 있었을 수도 있고 불안감, 심지어는 미안함과 수치감에 사로잡힌 외로운 길이었을 수도 있습니다. 아무것도 가진 것이 없습니다. 축복권을 받고 복을 누리는가 했더니 하나님의 언약을 받은 후 그의 길은 바로 외로움과 괴로움이 가득 찬 길이었습니다.

한 곳에 이르러 그는 고단하고 지친 몸을 돌베개에 의지하고 누웠습니다. 중동지역은 낮에는 덥지만 저녁에는 온도가 급강하해서 추워집니다. 몸에 두른 것을 모포 삼아서 덮고 쪼그린 채로 돌베개를 벤 모습을 상상해 보십시오. 여러분, 배부르고 마음이 평안할 때는 별을 바라보면 시도 나오고 찬양도 나오지만 춥고 배고프고 외롭고 불안에 떨고 있는 때에 별을 바라본들 어떻겠습니까? 처량함과 허무감만을 더해줄 것입니다. 어느 누구도 함께하지 않는, 완전히 혼자인 야곱입니다.

"꿈에 본즉 사닥다리가 땅 위에 섰는데 그 꼭대기가 하늘에 닿았고 또 본즉 하나님의 사자들이 그 위에서 오르락내리락하고"(창 28:12).

주님을 만나는 때가 언제이겠습니까? 건강이나 재력, 지위나 지식 등을 다 붙들고 있으면서 "나는 이만하면 잘 살 수 있다" 하는 그때에 주님이 만나주시겠습니까?

"내가 지금 의지하며 누리고 있는 것이 다 내 것이 아닙니다"라고 느껴지고 고백하지 않는 한 주님을 만날 수 없습니다. 자기에게 남은 것이 없음을 느끼며 홀로 외로이 있을 때, 하나님께서 그를 떠나지 아니하시고 그와 함께하심을 확인해 주셨습니다. 지치고 탈진한 상태로 돌을 베개하고 잠을 청하며 눈을 감았습니다.

그런데 꿈을 꾸게 되었습니다. 하늘이 열렸고 사닥다리를 보았습니다. 땅에서 시작해서 하늘까지 닿는 사닥다리에 천사가 오르락내리락하는 것을 보게 된 것입니다. 인간의 힘으로는 도저히 닿을 수 없는 그 하늘에 사닥다리가 있었습니다. 키가 작아서 손이 닿지 않는 곳에 사닥다리를 얹어놓고 올라가서 일을 하는 것입니다. 땅에서 어떻게 하늘로 올라갈 수 있습니까? 하늘에 오르는 사닥다리를 야곱에게 보여주실 뿐만 아니라 하나님께서 말씀하시는 것입니다.

이 사닥다리가 무엇입니까? 하늘에 닿을 수 없는 인간에게 하늘을 연결해 주는 통로가 되어 주시는 예수 그리스도입니다. 예수 그리스도를 통해서 우리 죄의 문제를 해결해 주시고 하나님과 연결될 수 있도록 하신, 바로 그 십자가입니다. 그 능력의 십자가인 사닥다리를 야곱에게 보여주시는 것입니다. 하늘에 올라갈 수 있는 그 놀라운 신비한 비밀을 보여주십니다.

요한복음 1장 51절에 보면 예수님께서 친히 말씀하실 때에 "진실로 진실로 너희에게 이르노니 하늘이 열리고 하나님의 사자들이 인자 위에 오르락내리락하는 것을 보리라"고 하는 똑같은 표현을 사용하셨습니다. 천사가 오르락내리락하는 모습, 바로 야곱이 본 그 모습입니다.

절대로 닿을 수 없던 하늘을 예수 그리스도를 통해서 닿게 하시는 놀라운 일을 이루어주신 하나님께서 바로 지금 야곱에게 보여주시는 것입니다. 사랑하는 성도 여러분, 하나님의 나라가 닿을 수 없는 하늘과 같은 곳으로 느껴지십니까? 예수님이 이루신 이 사닥다리, 그 십자가 때문에 우리가 닿을 수 없는 그곳에 올라갈 수 있다는 것을 보여주시는 것입니다.

약속받은 자의 길

12절과 13절을 통해 세 번이나 "본즉", "또 본즉" 하는 말이 나옵니다. 야곱이 보았을 때에 사닥다리가 보였고 하나님의 사자가 보였고 또 본즉 하나님 여호와가 보였습니다. 우리말로 번역된 '본즉'을 영어 성경에서는 'behold, behold' (보라, 보라) 감탄의 표현을 하고 있습니다. '보라!' 하나님께서 열어주셔서 하나님이 보게 하시는 '사닥다리를 보라, 보라, 저 하나님의 사자들을 보라, 보라 저 하나님을 보라'라는 것입니다.

"또 본즉 여호와께서 그 위에 서서 이르시되 나는 여호와니 너의 조부 아브라함의 하나님이요 이삭의 하나님이라 네가 누워 있는 땅을 내가 너와 네 자손에게 주리니 네 자손이 땅의 티끌같이 되어 네가 서쪽과 동쪽과 북쪽과 남쪽으로 퍼져나갈지며 땅의 모든 족속이 너와 네 자손으로 말미암아 복을 얻으리라"(창 28:13-14).

그런데 야곱에게 자신을 나타내 보여주신 하나님께서 사닥다리 위에서 야곱에게 말씀하고 계십니다. "나는 여호와다. 너의 조부 아브라함의 하나님이며, 너의 아버지 이삭의 하나님이다. 내가 너와 네 자손에게 네가 누운 땅을 주겠다"라고 하시는 것입니다. 지금 하나님 여호와께서 당신 자신을 밝히시는 것입니다. "내가 누구인지 아느냐? 나는 하나님 여호와인데, 너의 할아버지 아브라함의 하나님, 너의 아버지 이삭의 하나님이다"라는 것입니다. 하나님께서 당신을 밝히실 때에 "아브라함의 하나님, 이삭의 하나님, 야곱의 하나님"이라고 밝히고 계십니다. 복음서에서도 예수님께서 친히 말씀하실 때에도 "야곱의 하나님, 이삭의 하나님, 아브라함의 하나님"이라 칭하며 그 믿음의 조상들의 하나님을 말씀하고 있습니다. 하나님께서 우리에게 당신 자신을 밝히실 때에도 "아브라함의 하나님, 이삭의 하나님, 야곱의 하나님"이라고 말씀하실까 묵상해 봅니다.

하나님이 어떤 분이신가를 분명히 깨달아야 합니다. 아브라함의 하나님은 누구입니까? 아브라함은 하나님으로부터 부르심을 받았습니다. 아브라함은 하나님으로부터 택하심을 받았습니다. 그가 갈대아 우르를 떠나고 하란을 거쳐서 가나안 땅에 들어왔습니다. 하나님께서 아브라함을 이끌어 주십니다. 훈련시키십니다. 교훈하십니다. 약속하십니다. 언약을 세우십니다. 모든 근원은 다 하나님 여호와로부터 시작이 되었습니다.

아브라함의 이름은 원래 '아브람'이었고 아브라함이라 바꾸어 주셨는데 '아브'는 '아버지'라는 뜻입니다. 결국은 아브라함이 열국의 아비가 되었습니다. 그가 체험하는 것은 자기 자신이 스스로 존재하는 것이 아니라 하나님 여호와로부터 기원했음을 깨달은 것입니다. 하나님으로부터 시작되었고, 하나님 여호와가 창조주이심을 아는 것입니다.

모든 기원과 시작은 하나님 여호와시라는 것을 철저히 훈련받은 아브라함입니다.

그러면 아브라함의 하나님은 어떤 하나님입니까? 창조주이시고 하나님 여호와가 전부시라는 말씀입니다. 결국 하나님 아버지이심을 가르쳐 주시고 고백하게 하는 것입니다. 우리가 육신적으로도 '아버지'를 부르는 것은 "나 스스로 있는 것이 아니라 기원이 아버지로부터 왔습니다"라는 사실을 인정하는 것입니다. 아버지가 없으면 내가 있을 수 없습니다. 그래서 아브라함의 하나님, 모든 시작의 하나님, 창조의 하나님, 모든 근원의 하나님, 기원이 되시는 하나님입니다.

하나님께서 그를 훈련하실 때에 보는 것을 행하게 하지 않으시고 보이지 않는 것을 행하도록 하셨습니다. 모든 것은 하나님으로부터 왔다는 것을 인정하도록 훈련하셨고 육신의 눈으로 보이는 것은 아무것도 아니고 보이지 않는 하나님을 따라 믿음으로 행하도록 훈련하셨습니다.

이삭의 하나님은 어떤 하나님이십니까? 결국 이삭도 아버지의 것을 받아 누리는 아들입니다. 성경에 보면, 이삭은 한 일이 별로 없습니다. 그는 우물을 파기는 팠는데 아버지 아브라함이 팠던 우물들을 블레셋 사람들이 메우자 다시 파내는 일을 한 것입니다. 아버지로부터 받은 것을 누리는 일만 한 아들이 이삭입니다.

야곱의 하나님은 어떤 하나님이십니까? 야곱의 삶 속에서 그를 훈련시키고 단련시키며 인도해 가시는 하나님이십니다. 고난과 어려움 가운데서도 우리와 함께하시며 이끌어 가시는 분은 성령님이십니다. 야곱이라는 믿음의 조상을 택해서 하나님의 약속을 믿고 인도함에 따라가도록 하시는 하나님이십니다. 그 하나님을 믿고 따라가는 자가 겪어야 되는 과정, 성령의 이끌림을 받아서 죄를 회개하고 육신의 허물을 처리하면서 가야 하는 성화의 과정이 바로 야곱의 인생 여정인 것입니다.

우리가 아브라함의 하나님을 믿으면 다 된 것같이 여겨지십니까? 아버지의 것을 누리기만 한 이삭처럼 그냥 믿기만 하면 다 된 것 같지만 그것이 시작입니다. 축복의 언약을 받고 장자권까지 받은 야곱은 그것을 받음으로 인해서 어떻게 되었습니까? 모든 것을 다 잃어 버렸습니다. 장자권을 빼앗긴 에서는 떵떵거리며 아버지의 재산을 다 받아 소유하고 누리고 있습니다.

전지전능하신 하나님을 믿고, 예수 그리스도의 구원의 십자가의 도리를 믿고, 성령님의 인도함을 받는 우리가 결국 누릴 것은 하나님 나라입니다. 그런데 정작 우리가 누리고 있는 것이 무엇입니까? 마치 에서와 같이 이 땅에서 육신적으로 잘 먹고 잘 사는 것만을 생각하고 있습니다. 그런데 야곱은 축복의 약속을 받고 확인 받은 후 브엘세바를 떠나 홀로 외롭게 그 길을 가야 했습니다.

우리의 신앙생활이 일장춘몽이나 신기루를 잡는 것과 같이 허황된 것만을 좇고 있지는 않습니까? 참 신앙의 길은 야곱이 걸어가는 바로 그 길입니다. 실제로 한 발짝 한 발짝 걸어가는 길입니다. 그 길에서 하나님께서 만나주시고 "땅의 모든 족속이 너와 네 자손을 인하여 복을 얻을 것이니라"고 확인을 해주십니다.

너희 구원을 이루라

우리의 믿음 생활, 성도들의 신앙의 삶에서 아브라함의 하나님만 믿어서도 안 되고 이삭의 하나님, 야곱의 하나님만 믿어서도 안 됩니다. 우리가 믿어야 되는 것은 아브라함의 하나님, 이삭의 하나님, 야곱의 하나님을 믿어야 됩니다. 아브라함의 하나님만 믿으며 모든 것의 근원은 다 하나님 여호와라는 것만 믿는 것으로 우리의 신앙이 바로 설 수 있는 것이 아닙니다. 그러한 믿음은 부분적으로 그치게 됩니다.

이삭의 하나님만 믿는 믿음은 어떠한지 살펴보시길 바랍니다. 예수 그리스도의 십자가를 믿음으로 구원을 받았다고 하는 것으로 믿음이 완성된 것입니까? 아닙니다. 바울 사도를 통해서 하신 말씀이 "그러므로 나의 사랑하는 자들아 너희가 나 있을 때뿐 아니라 더욱 지금 나 없을 때에도 항상 복종하여 두렵고 떨림으로 너희 구원을 이루라"(빌 2:12)고 했습니다. 물론 이 말씀은 예수 그리스도를 통한 십자가의 구원이 불완전하다는 의미가 아닙니다. 십자가의 구원의 능력은 완전한 것이지만 그것을 믿는 사람들은 반드시 걸어가야 하는 길이 있는 것입니다. 성령님의 인도하심을 따라서 우리의 죄와 육신의 허물을 처리하면서 주님의 길을 걸어야 합니다. 계속 이 길을 걸어가는 과정을 통해서 하나님을 믿는 믿음이 비로소 성숙해지는 것입니다.

야곱이 하나님을 직접 체험한 것은 브엘세바를 떠나서 벧엘에 도착한 이때가 처음입니다. 지금까지 야곱은 아버지가 제사를 드릴 때, 예배를 드릴 때 같이 예배를 드려온 것뿐입니다. 우리 자녀들이 부모님을 따라 교회에 나와 예배드리고 성경공부하고 봉사도 했는데 개인적으로 주님을 만난 경험이 없는 것과 같습니다. 아이들뿐만이 아닙니다. 우리도 외적으로는 교회에 나와서 예배드리고 성도들 간의 모임도 가지고 있습니다. 그런데 문제는 무엇입니까? '주님을 인격적으로 만나 주님의 음성을 듣고 그분을 보았다. 보라! 하늘이 열렸다. 보라! 하나님의 사자가 오르락내리락한다. 하나님 여호와께서 말씀하신다' 하는 등 이러한 고백이 일어났는가를 확인하시기 바랍니다.

어떤 모양으로든지 교회에 와서 신앙생활을 하도록 하나님께서 우리에게 허락하신 모든 것이 너무도 감사한 일입니다. 그런데 과연 개인적으로 하나님을 만난 경험이 있습니까? 그분의 음성을 들은 경험이 있습니까? 야곱은 모든 것을 버리고 홀로 길을 떠나 외로이 있을 때 바로 하나님을 만났습니다. 세상적인 모든 것, 재물이나 지위, 권력을 붙들고 하나님보다 더 귀한 것으로 여길 때에 주님을 만날 수 있는 것이 아닙니다. 그것은 주님을 섬기는 도구들로 허락하신 것입니다. 무엇이 선행되어야 하는지, 무엇을 우리가 중요하게 여겨야만 하는지 확인해야 합니다.

야곱이 모든 것을 뒤로하고 떠나야만 하는 여행길에서 홀로 남은 그때 주님을 만나는 경험을 했습니다. 이러한 변화가 어디에서 일어난 것입니까? 주님과의 깊은 만남으로부터 시작되는 것입니다. 우리는 야곱을 형의 장자권을 탈취한 욕심꾸러기로 간주합니다. 그런데 그가 변화를 받고 이스라엘로 불리게 됩니다(창 32:28). 이스라엘 열두 지파의 근원이 되는 축복을 받는 출발이 어디에서 이루어졌습니까? 홀로 떠나 주님을 직접 만나는 그 경험에서부터 일어나게 되었던 것입니다. 하나님을 섬기고 믿는다고 하면서도 끊임없이 갈등하고 있는 이유가 무엇입니까?

"오호라 나는 곤고한 사람이로다 이 사망의 몸에서 누가 나를 건져내랴 우리 주 예수 그리스도로 말미암아 하나님께 감사하리로다 그런즉 내 자신이 마음으로는 하나님의 법을, 육신으로는 죄의 법을 섬기노라"(롬 7:24-25)고 고백했던 사도 바울처럼 육신으로는 죄의 법을 따르고 있기 때문입니다. 이것을 단번에 처리할 수 있는 것이 아니더라도 하나님의 사람으로 바꾸어지고 변화될 수 있는 것은 결국 이 벧엘의 경험에서 시작됩니다. 여호와 하나님이 함께하시며 언약의 말씀을 확인해 주시는 이 만남에서 출발되고 변화받은 야곱입니다.

하나님의 네 가지 약속

"내가 너와 함께 있어 네가 어디로 가든지 너를 지키며 너를 이끌어 이 땅으로 돌아오게 할지라 내가 네게 허락한 것을 다 이루기까지 너를 떠나지 아니하리라 하신지라"(창 28:15).

여호와 하나님께서 외롭고 쓸쓸한 야곱에게 이러한 약속의 말씀을 주셨습니다. 하나님을 만나고 약속의 말씀을 받은 야곱이 얼마나 확신에 차서 기뻐했을까를 생각만 해도 너무 즐거워집니다. 우리가 쓸쓸하고 배고프고 춥고 불안한 것은 육신적으로 약할 때입니다. 내가 힘이 없고 기운이 다 빠져버렸다는 것도 육신적으로 생각하는 때입니다.

그런데 하늘의 이상을 보고 주님을 만났을 때에 어떻게 됩니까? 솟아나는 힘과 능력을 받게 됩니다. 임마누엘의 하나님께서 야곱에게 영원한 하나님의 언약을 해주십니다. 예수님께서 승천하실 때에 그의 사랑하는 제자들에게 "내가 너희와 영원히 함께하리라" 약속하셨던 그 언약의 말씀과 동일한 약속의 말씀입니다.

하나님은 지금 야곱에게 네 가지로 약속의 말씀을 주고 계십니다. 첫째 '함께 하리라'입니다. 지금 상황은 험악하고 야곱은 모든 것을 등지고 홀로 떠나 있습니다. 그런 그에게 여호와 하나님, 그분이 함께 하신다는 것입니다. 연합, 결합의 상태를 말하는데 이것은 절대로 뗄 수 없는 관계라는 말씀입니다. 임마누엘 하나님 여호와께서 확인해주시는 것입니다.

둘째, '너를 지키며'입니다. 지켜준다는 것은 지대한 관심을 갖는다는 것입니다. 임마누엘 하나님께서 관심을 가지고 인도해 주시고 보호해 주시고 정처 없이 가는 길에서 함께해 주신다는 것입니다. 그러므로 두려움이 다 사라집니다.

셋째 '너를 이끌어 이 땅으로 돌아오게 할지라' 하신 약속의 말씀입니다. 일시적으로 야곱이 도피하지만 하나님께서는 언약 백성을 보호하시고 인도하시고 이 땅으로 다시 돌아오게 해줄 것을 약속하십니다.

마지막으로 "내가 네게 허락한 것을 다 이루기까지 너를 떠나지 아니하리라"고 하셨습니다. 이 말씀은 미래완료형 시제를 사용하고 있습니다. 지금 이루어지지 않은 미래를 얘기하고 있지만 이미 이루어진 사실로 야곱에게 말씀하고 있습니다. 사실 하나님의 언약은 놀라운데, 먼 미래에 있는 것 같아도 하나님께서 약속하실 때에는 현재적으로 이루어진 사건과 같이 완료형 시제를 사용하는 것을 봅니다. 미래에 이루어질 약속의 말씀이 지금 현재적으로 이미 내 것이 되어 있는 상태임을 믿으시기 바랍니다. 야곱에게 이 놀라운 약속을 이루십니다.

성령님을 보내주셔서 주님의 제자들과 주님을 증거하는 모든 자들에게 함께하시며 떠나지 아니하실 것을 약속하신 예수님의 약속과 마찬가지로 야곱에게 하나님께서 "내가 너를 떠나지 아니하리라" 하고 말씀하시는 것입니다. 홀로 외롭게 돌을 베개하고 있지만 두려워하지 말라는 것입니다.

성도 여러분, 지금 당하고 있는 고난과 고통 때문에 두렵고 떨리십니까? 함께하신다고 약속해 주신 하나님을 믿으시기 바랍니다. 아브라함의 하나님이 나의 하나님, 이삭의 하나님이 나의 하나님, 야곱의 하나님이 나의 하나님이십니다. 하나님께서 성경에서 계속 확인해 주시는 것이 무엇입니까? 아브라함과 이삭과 야곱의 하나님이 너희의 하나님이시라는 것입니다. 예수님이 이 땅에 오셔서 십자가를 지시고 고난과 고통의 길을 가신 것이 무엇 때문입니까? 아브라함과 이삭과 야곱의 하나님이 내 하나님이 되게 하시기 위해서 바로 그 일을 행하셨습니다. 하나님께서는 아브라함을 택하시고 이스라엘 나라를 택하셔서 하나님의 백성에게 하나님께서 그들의 자녀들을 이끄시는 방법을 가르쳐 주시는 것입니다.

"이러한 일은 우리의 본보기가 되어 우리로 하여금 그들이 악을 즐겨 한 것같이 즐겨 하는 자가 되지 않게 하려 함이니"(고전 10:6).

그들이 걸어간 길이 우리의 거울이 된다는 것은 결국 이스라엘 백성을 모델로 삼으셔서 하나님의 백성들이 어떻게 걸어가야 하는가를 가르쳐 주시고자 함입니다. 아브라함의 하나님, 이삭의 하나님, 야곱의 하나님이 함께하시고 지키시고 이끌어 주시고 영원히 떠나지 아니하신다는 것은 말로만이 아닙니다. 또 이것은 나에게도 동일하게 주신 약속입니다.

"자기 아들을 아끼지 아니하시고 우리 모든 사람을 위하여 내주신 이가 어찌 그 아들과 함께 모든 것을 우리에게 주시지 아니하시겠느냐”(롬 8:32)라고 말씀하신 주님이십니다. 이 언약의 말씀을 친히 이루신 하나님께서 어떤 어려움과 고난과 두려움 가운데서도 우리를 만나 주시고 함께하시고 이끌어 주시는 복된 삶이 되기를 축원 드립니다.

하나님을 만남으로 변화된 삶

창세기 28:16-22
야곱이 잠이 깨어 이르되 여호와께서 과연 여기 계시거늘 내가 알지 못하였도다 이에 두려워하여 이르되 두렵도다 이 곳이여 이것은 다름 아닌 하나님의 집이요 이는 하늘의 문이로다 하고 야곱이 아침에 일찍이 일어나 베개로 삼았던 돌을 가져다가 기둥으로 세우고 그 위에 기름을 붓고그 곳 이름을 벧엘이라 하였더라 이 성의 옛 이름은 루스더라 야곱이 서원하여 이르되 하나님이 나와 함께 계셔서 내가 가는 이 길에서 나를 지키시고 먹을 떡과 입을 옷을 주시어 내가 평안히 아버지 집으로 돌아가게 하시오면 여호와께서 나의 하나님이 되실 것이요 내가 기둥으로 세운 이 돌이 하나님의 집이 될 것이요 하나님께서 내게 주신 모든 것에서 십분의 일을 내가 반드시 하나님께 드리겠나이다 하였더라

야곱은 형의 축복권, 장자권을 모두 획득하고 난 다음에 형의 분노와 노여움을 피하여 집을 떠나게 됩니다. 부모님의 품을 떠나서 한 번도 가보지 못한 곳 하란을 향해서 갑니다. 삼일 길을 가다가 지친 가운데 돌을 베개하고 누웠습니다. 하늘의 문이 열렸습니다. 땅에서부터 하늘까지 사닥다리가 걸려 있고 천사가 오르락내리락합니다. 뿐

만 아니라 그 위에서 하나님께서 말씀하십니다. "나는 여호와니 너의 조부 아브라함의 하나님, 이삭의 하나님이다. 너 누운 땅을 내가 너와 네 자손에게 주겠다. 네 자손이 땅의 티끌같이 되어서 동서남북에 편만하고 땅의 모든 족속이 너와 네 자손을 인하여 복을 받겠다." 하나님께서 야곱에게 언약의 말씀을 주시면서 확인을 해주십니다.

"내가 너와 함께 있어 네가 어디로 가든지 너를 지키며 너를 이끌어 이 땅으로 돌아오게 할지라 내가 네게 허락한 것을 다 이루기까지 너를 떠나지 아니하리라"(15절) 하고 약속의 말씀을 주셨습니다.

지금까지 자기 스스로 하나님을 대면하여 말씀을 듣지 못했던 야곱입니다. 이제 외로운 광야에서 지치고 쓰러진 몸으로 하나님을 대면하게 된 것입니다. 야곱이 하나님을 만나 하나님의 음성을 직접 듣게 되니 얼마나 놀라운 일이었겠습니까?

변화된 삶의 길

"야곱이 잠이 깨어 이르되 여호와께서 과연 여기 계시거늘 내가 알지 못하였도다"(16절).

야곱은 자기 혼자만 있는 줄 알았습니다. 그런데 외로움 가운데 하나님을 만났습니다. 사랑하는 아버지와 형을 속이고 죄 된 몸으로 도망치는 야곱입니다. '아마 하나님이 나 같은 놈은 버리셨을 거야'라고 생각했을지도 모릅니다. 그래서 하나님을 만났을 때 "경건한 부모님이 계신 곳에 있는 하나님이 여기에도 계시거늘 내가 알지 못하였도다" 하는 것입니다. 하나님을 알게 되고 만난 야곱은 두려워하며 고백합니다.

"이에 두려워하여 이르되 두렵도다 이곳이여 이것은 다름 아닌 하나님의 집이요 이는 하늘의 문이로다"(창 28:17).

하나님을 대면하여 경험한 야곱의 반응은 두렵다는 것입니다. 전지전능하신 창조주 하나님, 우리 삶을 이끄시는 하나님을 대면하여 그분의 임재하심을 체험한 자들의 고백이 무엇입니까? "아, 두렵도다" 입니다.

여기서 두려움은 단순하게 무서워서 떠는 두려움이 아니라 그분의 오묘하심, 위대하심, 거룩하심, 존귀하심, 압도적인 하나님 아버지를 대면했을 때 두렵다고 느끼는 것입니다.

예배란 무엇입니까? 결국 하나님의 위대하심과 거룩하심을 체험한 사람들이 그분의 위대하심을 높이고 찬양하며 상대적으로 우리가 얼마나 연약하고 부족한가를 하나님께 표현하는 방법이 경배와 예배로 나타나는 것입니다. 도저히 하나님을 대면할 수 없는 야곱이 하늘이 열리는 놀라운 일을 체험했습니다. 경외심에 가득 찬 야곱은 "바로 이곳은 하나님의 전이다. 이는 하늘의 문이로다" 하고 깨달았습니다. 결국은 하늘의 문이 열렸기 때문에 그곳에 서신 하나님을 뵌 것입니다.

욥은 "내가 주께 대하여 귀로 듣기만 하였삽더니 이제는 눈으로 주를 뵈옵나이다" (욥 42:5)라고 고백했습니다. 야곱도 마찬가지로 지금까지 하나님에 대해 많이 들었습니다. 어떤 분이신지 많이 배웠습니다. 그런데 지금은 체험으로 그분을 뵙는 것입니다. 하나님과의 만남은 진정한 변화를 일으킵니다.

하나님에 대한 어떤 정보를 많이 들었다는 것이 우리를 변화시킬 수 있습니까? 지금까지 신앙생활을 오래 했고 또 직분도 받고 수고도 많이 했습니다. 물론 그러한 일이 헛된 것은 아닙니다. 그런데 중요한 것은 교회에서의 어떤 경력이 나를 얼마만큼 변화시켰습니까? 나의 성품이 변하고 내 안에 죄적인 요소들이 바뀌어져서 예수님의 성품을 닮고 주님을 향해서 나가게 되었습니까? 삶에 진정한 변화가 있었습니까? 하나님에 대해서도, 성경 지식에 대해서도, 교회에 대해서도 많은 것을 아는데도 변하지 않은 나의 모습 때문에 고민을 하는 경우는 없었습니까?

야곱의 진정한 변화가 어디서부터 시작되었는가를 살펴보시기 바랍니다. 바로 하늘이 열리고 사다리가 보이고 그곳에서 말씀하시는 하나님의 말씀을 들은, 바로 그때에 거기서부터 시작되었습니다.

아버지 아브라함을 통해서 우리에게 보여주시는 것은 모든 것이 그분에게서 왔다는 것을 알게 하시고 믿게 하시는 것이었습니다. 아브라함의 아들 이삭을 통해서 우리가 배우는 것은 무엇입니까? 아버지로부터 모든 것을 받고 그 받은 것을 누리고 그것을 이웃에게도 나눠주는 것입니다. 결국 야곱을 통해서 우리가 배우는 것은 무엇입니까? 바로 아들 예수 그리스도를 통해서 받은 아버지의 모든 것을 소유한 자는 성령님의 인도하심을 따라서 하나님께서 기뻐하시는 변화된 삶의 길을 걸어가야 한다는 것입니다.

야곱의 전 생애를 통해서 하나님이 예수를 주로 받은 믿음의 사람을 어떻게 치리하시는지 배우게 됩니다. 또한 거룩한 길을 가는 사람을 하나님께서 어떻게 훈련시키시는지 깨달아 알게 됩니다. 그리고 하나님께서 우리의 성품도 변화를 일으키셔서 은혜의 도구로 전환시켜 가는 과정을 보여주시는 것입니다.

닿을 수 없는 땅과 하늘을 이어주고 있는 것이 이 사다리의 역할입니다. 이 사다리가 바로 예수 그리스도 십자가의 상징입니다. 야곱이 어떻게 변화가 일어난 것입니까? 결국 그 사다리 경험을 통해서입니다. 예수 그리스도입니다. 구약에서의 예수 그리스도입니다. 혼자서는 도저히 도달할 수 없는 하늘 아버지의 세계에 내가 도달할 수 있는 길은 바로 사다리 한 길입니다. 바로 십자가이고, 바로 예수 그리스도입니다. 예수 그리스도의 죽으심과 예수 그리스도의 부활과 예수 그리스도의 승천하심을 내가 믿음으로 말미암아 예수님께서 이루셨던 모든 것이 나에게 현재적인 사건으로 이루어지는 것을 경험하게 되는 것입니다. 진정한 우리의 변화는 어디서 일어납니까? 이 예수 그리스도가 이루신 예수님의 십자가의 죽으심과 부활을 믿고 보내주신 성령을 체험하는 사람에게 변화가 일어나는 것입니다. 지금까지는 남을 속이고 사랑하는 식구들까지도 속이는 길을 갔던 야곱이지만 이제부터는 변화 받고 훈련을 받는 과정을 겪어가는 것입니다.

하늘이 열리는 경험

하나님께서는 예수 그리스도 안에서 우리를 부르시고 그 안에 하나가 되게 하셨습니다. "너희는 하나님으로부터 나서 그리스도 예수 안에 있고 예수는 하나님으로부터 나와서 우리에게 지혜와 의로움과 거룩함과 구속함이 되셨으니"(고전 1:30)라고 했습니다. "내게 사는 것이 그리스도니"(빌 1:21)라고 하였습니다. 또 "내가 그리스도와 함께 십자가에 못 박혔나니 그런즉 이제는 내가 사는 것이 아니요 오직 내 안에 그리스도께서 사시는 것이라"(갈 2:20)고 했습니다. 우리에게 변화가 일어날 수 있는 요소가 무엇입니까? 결국 내 안에 그리스도가 들어와 계시고 그리스도가 사셨기 때문입니다. 내가 주님 안에 주님이 내 안에 거하는 것입니다.

"나는 포도나무요 너희는 가지라 그가 내 안에, 내가 그 안에 거하면 이 사람이 열매를 많이 맺나니 나를 떠나서는 너희가 아무 것도 할 수 없음이라"(요 15:5).

결국 성령의 열매, 하나님이 기뻐하시는 열매를 맺을 수 있는 사람은 누구입니까? 내가 주님 안에 있고 주님이 내 안에 있는 경험을 가진 사람입니다. 그러면 내가 주님 안에 거하고 주님이 내 안에 거하는 경험은 어떻게 이루어집니까? 예수님의 죽음과 부활과 승천하셔서 보내신 성령의 경험을 통해서 내가 주님 안에 거하는 경험을 합니다. 십자가의 예수님을 믿음으로 말미암아 그 안에 거하고 그분이 내 안에 거하실 때에 하나님께서 예수 그리스도 안에 계획하시고 섭리하신 모든 일들이 결국 나의 것이 된다는 것을 믿으시기 바랍니다.

놀라운 일입니다. 야곱이 하늘이 열리는 사다리의 경험, 거기서 말씀하시는 하나님의 음성을 듣고 누가 시키지 않아도 하나님의 위대하심을 스스로 고백하는 것입니다. 참예배의 원동력이 어디서 나옵니까? 높고 위대하시고 거룩하신 사랑의 하나님이시라는 고백이 저절로 내 마음속에서 나오는 것이 예배의 원동력이요, 찬양의 원동력입니다. 내가 그분께 사랑과 감사를 고백하고 찬양하며 손을 들고 나아가기 원하는 간절한 마음이 주님을 만나는 경험을 통해서 우러나오는 것입니다.

야곱이 주님을 만나는 경험을 통해서 놀라운 예배가 드려지게 됩니다. 그가 고백하는 것이 "이에 두려워하여 가로되 두렵도다 이곳이여 다른 것이 아니라 이는 하나님의 전이요 이는 하늘의 문이로다" 하는 것입니다. 결국 야곱에게 하늘의 문이 열렸습니다. 하늘의 문이 어떻게 열리는 것입니까? 지금 우리에게는 예수 그리스도를 통해서 하늘의 문이 열리는 것입니다.

"거룩하고 진실하사 다윗의 열쇠를 가지신 이 곧 열면 닫을 사람이 없고 닫으면 열 사람이 없는 그이가 이르시되 볼지어다 내가 네 앞에 열린 문을 두었으되 능히 닫을 사람이 없으리라"(계 3:7-8).

열린 문이 되신 예수 그리스도입니다.

"내가 문이니 누구든지 나로 말미암아 들어가면 구원을 얻고 또는 들어가며 나오며 꼴을 얻으리라"(요 10:9).

양의 문이 되신 예수님을 통해서 꼴을 얻고 풍성함을 얻는다고 했습니다. 예수님과 연합되어 그분 안에 거하고 그분이 내 안에 거하시는 경험을 한 사람들에게만 하늘이 열리는 일이 일어나는 것입니다. 스데반이 하늘이 열리고 보좌 우편에 서신 주님을 바라보았습니다.

"보라 하늘이 열리고 인자가 하나님 우편에 서신 것을 보노라"(행 7:56).

이사야도 열린 하나님의 보좌를 바라보았습니다.

"내가 본즉 주께서 높이 들린 보좌에 앉으셨는데 그의 옷자락은 성전에 가득하였고"(사 6:1).

에스겔도 환상 중에 하늘이 열린 그 세계를 바라보았습니다.

"하늘이 열리며 하나님의 모습이 내게 보이니"(겔 1:1).

"하늘에 있는 하나님의 성전이 열리니 성전 안에 하나님의 언약궤가 보이며"(계 11:19).

예수님을 통해서 하늘이 열리는 것입니다. 하늘이 열리는 경험, 땅과 하늘이 닿는 그 경험, 진정한 예배의 경험은 하나님의 현존을 경험하는 것입니다. 이 자리에 성령님이 임재하시고 예수님의 놀라우신 십자가에서의 구속 사건과 부활과 성령님을 보내주신 그 놀라우신 은혜가 충만함을 믿습니다.

우리의 예배가 하늘이 열리는 바로 그 예배가 되기를 원합니다. 우리는 성경을 통해서 하늘 문이 열리는 방법을 배워야 합니다. 아무리 복 받기 원한다고 해도 하늘 문이 닫혔다면 받을 수가 없는 것입니다. 하늘 문이 어떻게 열립니까? 결국 예수 그리스도를 통하지 않고는 그 문이 열릴 수 없습니다. 예수 그리스도를 생명의 구주로 영접하신 분들, 내 심령 속에 예수님이 나의 구세주이시고 나의 주인이신 것을 믿는 사람들에게는 하늘 문이 열리는 역사가 일어납니다.

혹시 이 체험이 없으신 분들은 지금 이 순간이라도 이 예수님을 믿으시면 바로 거기에 하늘이 열리는 역사가 일어나는 것입니다. 매일매일 우리의 삶 가운데서 하늘이 열리고 그의 예비하신 은혜와 복을 받으면서 그분을 섬기는 자가 될 수 있기를 바랍니다. 우리의 마음의 상태는 어떻습니까? 내 마음을 하늘의 보좌를 향해서 열어드리길 바랍니다.

예배에 성공한 자가 되어야 한다는 말은 끊임없이 많이 들었습니다. 사실 우리의 예배가 삶의 전부라고 말할 수 있습니다. 하나님을 대면하고 그분을 체험한 사람들은 모든 삶이 예배의 삶이고 찬양과 경배의 삶입니다. 주일날 예배를 드리는 것은 일주일 동안 우리의 삶이 예배의 삶이 된 결과 주님 앞에 산제사를 드리는 예배로 나타나야 합니다.

예배를 우리 인생의 목표로 중요하게 여겨야 합니다. 세상 어떤 것이 바뀌어진다고 해도 예배를 드림이 믿는 사람들에게는 의무입니다. 그러나 의무감에 앞서서 주님을 만난 감격 때문에, 야곱은 "이곳이 하늘의 문, 하나님의 전"이라고 하면서 그곳을 벧엘(하나님의 집)이라고 이름을 지었습니다. 예배는 다른 어떤 것으로 바꾸거나 대체할 수 있는 것이 아닙니다. 지금까지의 삶이 어떠하든지 예배를 중요하게 여기시길 바랍니다. 예배에 최선을 다하시기 바랍니다.

이 땅으로 돌아오게 할지라

"야곱이 아침에 일찍이 일어나 베개로 삼았던 돌을 가져다가 기둥으로 세우고 그 위에 기름을 붓고 그곳 이름을 벧엘이라 하였더라 이 성의 옛 이름은 루스더라"(창 28:18-19).

루스라고 한 곳은 그가 돌베개를 하고 누웠던 곳입니다. 그런데 그 곳 이름을 벧엘이라고 했습니다. 일찍 일어나 베개했던 돌을 기둥으로 세우고 그 위에 기름을 부었습니다. 기름을 부었다는 것은 거룩하게 구별한다는 상징적인 행위입니다. 돌을 베개하고 누웠다는 것은 고난과 슬픔의 표시입니다. 그런데 이제는 돌베개같이 딱딱하고 차가운 고통이 소망과 구원의 하나님의 전으로 바뀌어졌다는 것입니다. 그곳에 성령님의 기름 부으심이 있는 것입니다. 여러분의 가정에 성령님의 기름 부으심이 임하고 여러분들의 힘든 인간 관계 속에 성령님의 기름 부으심이 임하시기를 바랍니다.

똑같은 돌이지만 같은 돌이 아니라 기름 부음을 받은 돌로서 하나님의 전이 되고 주님이 임재하시는 곳이 된 것입니다.

성령의 기름부음 받은 하나님의 사람들은 어떻게 되었습니까? 목동이 기름 부음을 받으니 다윗 왕이 되었습니다. 죄를 짓고, 속이고 속임 당하고, 그저 짜증을 내고, 어렵고 힘들고, 좌절하고 낙망하던 아무것도 아닌 우리의 삶이 지난 과거가 되고 바뀌어질 수 있는 것은 주님과의 만남과 기름 부음으로 가능합니다.

"야곱이 서원하여 이르되 하나님이 나와 함께 계셔서 내가 가는 이 길에서 나를 지키시고 먹을 떡과 입을 옷을 주시어 내가 평안히 아버지 집으로 돌아가게 하시오면 여호와께서 나의 하나님이 되실 것이요 내가 기둥으로 세운 이 돌이 하나님의 집이 될 것이요 하나님께서 내게 주신 모든 것에서 십분의 일을 내가 반드시 하나님께 드리겠나이다 하였더라"(창 28:20-22).

하나님께서 야곱에게 "내가 너와 함께 있어 네가 어디로 가든지 너를 지키며 너를 이끌어 이 땅으로 돌아오게 할지라 내가 네게 허락한 것을 다 이루기까지 너를 떠나지 아니하리라"(15절)고 약속해 주셨습니다. 야곱은 그 약속을 다시 확인하면서 하나님 앞에 기도로 아뢰고 있습니다. 서원하는 것입니다. 야곱은 먹을 양식, 입을 옷, 이것만 주시면 족하다는 것입니다. 아무것도 없는 광야에서 먹을 것도 입을 것도 없고 거할 곳도 없는 처지입니다.

"우리가 먹을 것과 입을 것이 있은즉 족한 줄로 알 것이니라"(딤전 6:8).

그외의 모든 것은 하나님이 더하시리라 말씀하셨습니다. 모든 것이 하나님께로부터 왔다고 하는 고백 속에서 "나의 먹을 것, 입을 것까지 책임져 주시는 하나님, 나를 지키시는 하나님, 그러면 내가 십분의 일을 반드시 주님께 드리겠습니다" 하는 것입니다. 십일조는 나에게 먹을 것과 입을 것을 주신 하나님이 나의 전부가 되신다는 고백입니다. 나는 주님의 것으로 주님을 섬기기 원한다는 고백입니다. 이제 모든 것이 하나님의 것이라는 표로 십분의 일을 주님 앞에 드리는 것입니다. 조부 아브라함이 어떻게 했습니까? 하나님의 백성으로 부름받아서 그 길을 걸어갈 때 십분의 일을 하나님 앞에 드렸습니다.

"너희의 온전한 십일조를 창고에 들여 나의 집에 양식이 있게 하고 그것으로 나를 시험하여 내가 하늘 문을 열고 너희에게 복을 쌓을 곳이 없도록 붓지 아니하나 보라"(말 3:10).

저는 우리 교회 성도님들이 하늘이 열리는 것처럼 영이 열려서 풍성한 하나님의 은혜를 받는 성도들이 되시기를 바랍니다. 또한 육신적으로 이 땅에 사는 동안에 물질을 하나님께서 책임져 주셔서 하나님의 일을 넉넉히 할 수 있는 하나님의 사람들과 하나님의 교회가 되길 기도합니다. 하나님을 섬기는데 우리의 삶이 메마른 상태에서 하나님을 섬기기도 합니다. 그런데 성경은 풍성하게 많은 열매를 맺는다고 하셨고 하늘 문을 열고 복을 붓지 아니하나 보라고 하였습니다.

"온전한 십일조를 창고에 들여 나의 집에 양식이 있게 하고 그것으로 나를 시험하여 내가 하늘 문을 열고 너희에게 복을 쌓을 곳이 없도록 붓지 아니하나 보라"(말 3:10).

하나님께서 당신 자신을 시험해 보라고 용감하게 말씀하셨습니다. 십일조라는 것이 무엇입니까? "심는 자에게 씨와 먹을 양식을 주시는 이가 너희 심을 것을 주사 풍성하게 하시고 너희 의의 열매를 더하게 하시리니"(고후 9:10) 하는 말씀을 나눌 때에 씨와 먹을 양식을 구별해야 한다고 했습니다. 종자까지 먹는 사람은 미련한 농부라는 것입니다. 결국 십일조가 이 씨앗입니다. 하나님 앞에 심는 것입니다.

'주님, 내 삶 전체가 온전히 주님의 것입니다'라는 고백이 온전한 십일조입니다. 내 신앙의 온전한 고백이 이루어지길 바랍니다. 그래야 온전한 하늘나라가 임하는 것이고 하늘 문이 열리는 것입니다.

신앙생활을 하면서 생명으로 여겨야 할 것이 예수 그리스도입니다. 그 안에 모든 부요함이 다 들어 있습니다. 거룩하심과 의로우심, 모든 지혜와 지식이 모두 그분 안에 들어 있습니다. 전적으로 예수님께 고백하고 헌신할 때에 그 사람을 하나님께서 붙들어 주시고 책임져 주시는 것입니다.

야곱이 아침에 일찍이 일어나 베개했던 돌을 세워 놓고 기름을 부었다고 했습니다. 하나님의 사람들은 아침에 일찍 일어나 주님과 교제하고 대면하는 성실하고 근면하고 부지런한 사람입니다. 아침에 우리가 구하는 것을 들으시는 하나님이십니다. 아침은 새로운 시작입니다. 우리는 날로 새로워지는 사람들입니다. 야곱이 약속의 말씀을 받고 정처 없는 길을 가지만 여호와 하나님께서 한걸음 한걸음을 인도해 가시는 복된 발걸음이었습니다. 하나님을 만나고 이제는 주님께 다 맡긴 확신 있는 발걸음으로 달라진 것입니다. 형을 속이고 아버지를 속였던 그가 아닙니다.

"그리스도 안에 있으면 새로운 피조물이라 이전 것은 지나갔으니 보라 새것이 되었도다"(고후 5:17).

새 출발의 경험입니다. 사랑하는 성도 여러분, 지금까지 육신에 속했던 것, 죄악에 속했던 것, 그리스도를 만나기 이전의 것이 나를 붙들고 있었다고 해도 그것은 지난 과거로 돌리시길 바랍니다. 하늘에 닿게 한 사다리를 오르락내리락하는 영적인 교통과 교제의 경험과 하나님을 의지하는 고백이 끊임없이 이어지고 변화된 삶으로 후손들에게 이 믿음을 전달하는 은혜가 있기를 예수님의 이름으로 축원합니다.

성령의 통제와 영혼의 성숙

창세기 28:16-29:1

야곱이 잠이 깨어 이르되 여호와께서 과연 여기 계시거늘 내가 알지 못하였도다 이에 두려워하여 이르되 두렵도다 이곳이여 이것은 다름 아닌 하나님의 집이요 이는 하늘의 문이로다 하고 야곱이 아침에 일찍이 일어나 베개로 삼았던 돌을 가져다가 기둥으로 세우고 그 위에 기름을 붓고 그곳 이름을 벧엘이라 하였더라 이 성의 옛 이름은 루스더라 야곱이 서원하여 이르되 하나님이 나와 함께 계셔서 내가 가는 이 길에서 나를 지키시고 먹을 떡과 입을 옷을 주시어 내가 평안히 아버지 집으로 돌아가게 하시오면 여호와께서 나의 하나님이 되실 것이요 내가 기둥으로 세운 이 돌이 하나님의 집이 될 것이요 하나님께서 내게 주신 모든 것에서 십분의 일을 내가 반드시 하나님께 드리겠나이다 하였더라
야곱이 길을 떠나 동방 사람의 땅에 이르러

신앙생활에는 여러 고비가 있습니다. 어려움이나 고난과 고통의 시기에 어떻게 하나님을 체험하고 경험하는가는 각자의 반응에 달려 있습니다. 창세기를 묵상하면서 아주 중요한 신앙의 분기점에 서 있습니다. 본문 말씀을 통하여 신앙생활을 이해하고 발전시키고 성숙시켜서 하나님을 기쁘게 해드리고 우리 자신은 행복한 신앙생활을 할

수 있도록 깨달아지는 역사가 있기를 바랍니다.

이스라엘은 하나님 나라의 모형

'나는 구원의 확신이 있습니다.' '나는 분명히 천국 가는 확신을 가진 믿음생활을 합니다.' '천국과 지옥이 있다는 것을 믿고 있고 나는 영생을 받았습니다.' 그리고 '나는 성령도 받았습니다' 하는 확신의 고백들을 하는 분들이 많습니다. 그런데 문제는 왜 아직도 육신적인 삶에 있어서 해결되지 못한 갈등을 안고 있는가, 왜 어려움과 고난의 문제들이 끊임없이 다가오고 있는가 하는 것입니다.

사도 바울은 "저희에게 당한 이런 일이 거울이 되고"(고전 10:11)라고 했습니다. '저희에게 당한 이런 일'이 무엇입니까? 애굽의 종 되었던 이스라엘 백성들이 출애굽하여 홍해를 건너고 광야 생활을 하면서 겪는 모든 일들입니다. 이스라엘 백성이 왜 광야에서 환난과 어려움을 겪어야 했습니까? 한두 주일이면 가나안으로 직행해서 들어갈 수 있는 길을 왜 오랜 세월 동안 광야 훈련을 받아야 했습니까?

이것이 하나의 거울이 된다는 것입니다. 거울이 무엇입니까? 나를 비추어 보는 것입니다. 거울은 남을 위해 있는 것이 아니라 그 거울을 보는 나 자신을 위해서 있는 것입니다. 성경도 거울이 된다고 말합니다. 성경 속에서 하나님을 보는데 하나님을 볼 때 보이는 것은 나 자신이라는 것입니다. 신약과 구약의 말씀을 통해서 옛날이나 지금이나 한결같이 하나님께서 행하시는 사역의 원칙은 동일합니다. 그래서 이스라엘의 역사는 우리의 거울이 되어서 하나님께서 당신의 백성을 다루시는 방법을 확인할 수 있습니다.

이스라엘은 하나님께서 믿음의 조상인 아브라함과 이삭과 야곱을 통해서 이루신 하나님 나라의 모형입니다. 하나님께서 이스라엘이 어떠한 나라가 되기 원하셨고 어떤 백성이 되길 원하셨습니까? 이스라엘을 통해서 그것을 알게 되면 영원한 하나님의 나라 백성이 된 우리가 어떤 훈련을 받아야 되는지 깨닫게 됩니다. 또한 하나님의 백성으로서 어떤 요소들을 갖추어야 되는가 알게 해주는 교훈이 됩니다.

신앙을 이해하는 데 두 가지 출발점이 있습니다. 하나는 아브라함입니다. 그리고 다른 하나는 이스라엘 나라입니다. 하나님께서는 아브라함을 택하셔서 출발점으로 삼으시고 하나님의 백성이 걸어가야 되는 본질적인 요소가 무엇인가를 가르쳐 주셨습니다. 그리고 야곱에게 '너는 이스라엘이다' 하시고 이스라엘 나라의 기초를 근본적으로 세우신 것입니다. '아브라함과 이삭과 야곱의 하나님'이라고 말씀하셨는데 아브라함에서 출발해서 하나님의 나라의 중요한 본질적인 요소를 야곱인 이스라엘, 바로 그 안에서 이루게 하신 것입니다.

"나 이제 주 안에 살아가리라"는 찬양으로 신앙의 고백들을 합니다. 내가 주 안에 살아가고 있다는 진실한 고백이 이루어지려면 아브라함과 이삭과 야곱을 통해서 이루고자 하시는 하나님 나라 백성의 근본적인 성품과 요소들을 이해해야 하고, 이스라엘을 하나님 나라의 모형으로 삼으시며 어떻게 하나님 나라를 이루어 가시는지 이해해야 합니다. 그래야 이 시대를 살고 있는 우리가 어떠한 사람이 되어야 하는지 알 수 있게 됩니다.

아브라함과 이스라엘 나라, 이 두 시점 속에 들어 있는 것이 누구입니까? 결국은 아브라함으로 시작해서 이삭과 야곱입니다. 하나님의 백성이 되기 위해서는 아브라함만 있어도 안 됩니다. 이삭만 있어도 안 됩니다. 야곱만 있어도 안 됩니다. 하나님 나라의 백성이 되려면 아브라함과 이삭과 야곱, 이 세 분의 인격과 인품, 그들의 믿음과 그들이 걸어온 삶의 요소들이 함께 있어야 합니다. 이 말씀은 하나님 나라 백성으로서 하나님을 기쁘게 해드리는 신앙이 되고, 그 나라의 일원이 되어 하나님 나라 확장을 위해서 복음을 전파하는 사람이 되려면 아브라함의 체험이 있어야 하고, 이삭의 체험이 있어야 하고, 야곱의 체험이 있어야 한다는 것입니다. 아브라함과 이삭과 야곱이 믿은 믿음 그리고 그들이 체험한 체험이 있어야 합니다. 그래서 구약에서도 '아브라함과 이삭과 야곱의 하나님'이라고 하고, 예수님도 '아브라함과 이삭과 야곱의 하나님'이라고 하시면서, 그 나라 백성을 이루기 위해서 친히 오셔서 사역을 하시는 것임을 복음서 가운데 말씀하셨습니다.

"너희는 하나님으로부터 나서 그리스도 예수 안에 있고 예수는 하나님으로부터 나와서 우리에게 지혜와 의로움과 거룩함과 구속함이 되셨으니" (고전 1:30).

내가 주님 안에 있고 주님이 내 안에 거하실 때 주님이 가지고 계신 모든 것이 내 안에 들어와 나의 것이 되었다는 말씀입니다. 예수 그리스도를 생명의 구주로 영접하였을 때 그분이 주인이 되시고 예수님 안에 있는 모든 요소들이 내 것이 되었다는 것입니다. 그것은 아브라함의 모든 것이 아들 이삭의 것이 되었다는 것과 같은 의미입니다.

그러면 예수님 안에 있는 요소들이 무엇입니까? 구원, 의롭다 함을 얻는 것, 승리, 죄 사함, 죄로부터의 해방 등 얼마나 좋은 것들을 누릴 수 있습니까? 그 안에 있는 모든 것이 다 그를 믿는 자의 것이 됩니다. 얼마나 놀라운 일입니까? 하나님의 모든 것이 아브라함의 것이었는데, 아브라함의 모든 것이 아들 이삭의 것이 되었습니다. 예수님을 믿으면 예수님의 모든 것이 내 것입니다.

"너희는 그 은혜에 의하여 믿음으로 말미암아 구원을 받았으니 이것은 너희에게서 난 것이 아니요 하나님의 선물이라 행위에서 난 것이 아니니 이는 누구든지 자랑하지 못하게 함이라"(엡 2:8-9).

하나님이 가지고 있는 모든 것이 그 아들을 믿음으로 나에게 선물로 주어졌다는 것입니다. 그 결과 우리로 하여금 새로운 위치에 서게 하시고 새로운 주님의 권세를 우리에게 허락하셨습니다. 하나님의 기업을 받을 수 있는 아들 됨의 위치까지도 허락해 주신 것입니다. 죄와 허물로 죽었던 우리입니다. 마귀의 자식이었고 마귀의 종 노릇 했었던 자들입니다. 에덴동산에서 하나님 말씀을 듣지 않고 죄를 지음으로써 마귀의 종이 되어 마귀의 속성을 따라 죄악 가운데 태어나 마귀의 자식 노릇을 했었습니다. 그러던 우리가 하나님의 자녀로 다시 태어나는 것입니다. 이것은 우리의 힘으로, 우리의 노력으로 얻어지는 것이 아니라 믿음으로 주어지는 것입니다.

이삭은 약속의 아들이었기 때문에 아버지의 것을 다 가질 수 있었습니다. 약속의 아들이 아닌 이스마엘은 먼저 태어났어도 아버지의 것을 물려받을 수 없었습니다. 예수 그리스도를 통해서만 하나님 나라를 기업으로 얻고 그분의 모든 것이 내 것이 된다는 것을 이삭을 통해서 배웁니다.

고난은 하나님의 통제 장치

성경은 많은 분량을 야곱의 생애에 대해 할애하고 있습니다. 우리는 야곱이 아버지와 형을 속인 교활하고 못된 성품을 가지고 있다는 선입견이 있습니다. 이런 좋지 않은 성품과 기질을 가지고 있는 야곱인데 '아브라함과 이삭과 야곱의 하나님'이라고 하고, 우리가 그의 영적인 자손이라고 하는 것을 이해하기 어렵습니다. 그러므로 그 영적 의미를 분명히 깨달아야 됩니다.

우리가 구원받고 승리하는 능력을 받았지만 이것이 우리에게 지식으로만 남아 있어 힘이 없는 이유가 무엇입니까? 실제적인 능력으로 나타나 죄악을 이기고 육신의 약함을 이길 수 있는 힘이 없는 이유가 무엇입니까? 야곱이 승리의 주님을 만나 자기 육신을 처리한 하나님의 방법을 우리가 경험하지 않고 단순히 머리로만 믿기 때문입니다. 야곱의 하나님을 경험한 그 요소가 없다는 것은 결국 자아가 처리되지 못하고 육신적이고 죄적인 요인이 처리되지 않은 상태로 갈등하는 신앙생활을 하는 것입니다. 많은 분들이 고민하는 것이 바로 이 문제입니다.

구원의 확신이 있고 하늘나라의 소망이 있는데도 삶에 있어서 육신적인 갈망, 죄적인 요소가 해결되지 못한 내가 여전히 살아있다는 것이 고민입니다. 그런데 야곱의 삶에서 하나님은 어느 한 순간만이 아니라 야곱의 전 생애를 이끌어 가시는 능력으로 그의 삶을 만지시고 있는데 바로 이것이 성령님의 사역입니다. 야곱의 삶의 과정 과정을 다루시는 성령님이 우리의 삶도 이끌어 가시고 다루십니다.

우리 삶의 과정에 성령 하나님이 어떻게 개입해서 통제하고 조정하고 지배하고 다스리시면서 이끌어 가시는지 야곱을 통해서 우리에게 보여주십니다. 결과적으로 아브라함을 통해서 성부 하나님을, 아들 이삭을 통해서 성자 하나님을, 야곱을 통해서 성령 하나님의 역사하심을 볼 수 있습니다.

태어날 때부터 야곱은 똑똑했고 약삭빠르며 총명했습니다. 그러한 야곱의 꾀 많은 성품은 누구라도 속일 수 있었습니다. 형도 속였고 아버지도 속였고 나중에는 외삼촌까지 속였습니다. 마음먹은 대로 움직이고 어떤 것이든지 경험해 보면서 인간적인 방법을 동원해서 원하는 것을 다 이루는 그였습니다. 세상에서도 어떤 사람이 기를 쓰고 무엇인가를 획득하려고 작정을 하면 수단과 방법을 가리지 않고 동원해서 다 이루고야 맙니다. 야곱이 그런 사람이었습니다. 수완이 다른 사람보다 뛰어난 사람입니다.

이삭은 아버지 아브라함의 것을 가지고 살았던 사람이었으나 야곱은 그가 집을 떠날 때 빈손으로 나왔습니다. 그런 그가 돌아올 때는 풍성하게 안고 돌아왔습니다. 아버지 이삭과는 전혀 다른 사람이 야곱입니다. 야곱이 우리에게 주는 교훈이 무엇입니까? 성령님의 통제함을 받는 자가 되어야 한다는 것입니다. 야곱이 돌베개 하고 누웠던 벧엘에서 주님을 경험하는 그때부터 야곱이 걸어가는 길은 성령님의 통제를 받는 길이었습니다.

아주 계략이 있고 교활한 생각도 있고 뛰어난 계획도 있고 남을 어떻게든지 속일 수 있는 야곱이지만, 벧엘의 경험을 하고 나서 외삼촌 집에 갔을 때에 기다리고 있던 것이 무엇입니까? 지금까지 당할 자가 없다고 호언장담할 수 있었던 야곱인데, 그는 외삼촌 라반에게 속기만 했습니다. 그는 남을 속이는 자였는데 그를 속이는 자가 나타난 것입니다. 지금까지는 아버지를 속여 형의 장자권을 차지할 수 있었고 그를 당할 자가 없었는데 벧엘에서 하늘이 열리는 경험을 한 후에 그는 속는 자가 되었습니다.

우리가 신앙생활을 하면서 속이면 쉽게 속아주는 사람들만 있으면 좋겠지요? 하나님을 경험하지 않고 육적으로만 살 때에는 '무식이 용감'이라고 달려들면서 이길 수 있습니다. 철없는 아이들은 엄마 아빠도 다 이길 수 있고 할아버지 수염도 잡습니다. 아직은 미성숙하기 때문에 그런 일들을 하는 것입니다. 신앙적으로 성숙하지 않으면 자기 외에는 없는 것입니다. 그런데 철이 들면서 바뀝니다. 하나님께서 그러한 과정을 통해서 야곱을 성숙시키십니다. 하나님께서는 야곱의 그러한 성품을 라반을 통해서 훈련시키셨습니다. 성령님이 우리를 다루시는 과정이 얼마나 신비한지 모릅니다.

주님을 만난 사람들은 그때부터 하나님께서 다루어 가십니다. 주님 손 안에서 잘 다루어질 수 있는 사람은 신앙이 성숙하고 성장해 갈 수 있습니다. 주님의 심정을 이해할 수 있고 깨달을 수 있으며 그분을 섬길 수 있는 은혜의 도구들이 되는 것입니다. 성령님이 우리를 통제하실 때 자꾸 벗어나길 원하고 인정하지 않고 뿌리칠 때에는 그 기간이 길어지는 것입니다.

욥기를 묵상하면 계속해서 고난과 고통의 문제를 다루게 됩니다. 결국 고난은 하나님께서 우리를 통제하시는 통제 장치입니다. 자동차에 브레이크가 없다면 아무리 비싼 차라고 해도 파멸로 치닫게 됩니다. 우리 인생에도 통제 장치가 없고 삶에 어떤 제어 장치가 없다면 사람이 제 역할을 하지 못하게 될 것입니다. 자기 멋대로 하는 것은 동물입니다. 그냥 뛰어다니다 배고프면 먹고 자기 욕구대로 행하는 것입니다.

그러나 우리 인생은 달라야 하고 다릅니다. 통제하는 통제 기능 장치가 우리 안에 있기 때문입니다. 우리에게는 마음이 있고 양심이 있습니다. 그리고 믿는 사람들에게는 성령님이 그 안에 있습니다. 하나님께서 계셔서 통치하십니다. 내 마음대로 하면 참 좋겠지만 그렇다면 하나님께는 버림받은 사람입니다. 자동차로 말하면 브레이크 없는 차입니다. 신앙생활을 잘하려면 이 브레이크 장치가 좋아야 합니다. 하나님께서 제동을 거실 때에 딱딱 걸려야 합니다.

브니엘의 경험

야곱의 전환점은 결정적으로 브니엘의 경험(창 32:30)입니다. 브니엘은 하나님과 대면해 얼굴을 뵈었다는 뜻으로 하나님과 겨루어서 이긴 바로 그 경험입니다. 그런데 그 경험에서 야곱은 환도뼈가 부러졌습니다. 환도뼈는 인간이 힘을 쓸 수 있도록 받쳐주는 중요한 곳입니다. 힘을 쓸 수 있는 근본 요소인데, 하나님께서는 얍복 강가의 사건을 통해서 그것을 처리하신 것입니다.

우리에게는 태어날 때부터 가지고 있는 육신적인 소욕이 있습니다. 우리를 부도덕으로 끌고 가는 세상적이고 육신적인 요소들이 있습니다. 결정적인 순간에 야곱이 경험한 브니엘의 경험과 같이 우리도 그 경험을 하도록 하시는 하나님이십니다. 야곱이 벧엘의 경험을 했지만 아직까지 환도뼈는 부러지지 않았습니다. 외삼촌을 속이고 어떻게든지 자기 방법을 이루려고 무던히 애를 쓰면서 이십 년의 세월을 그대로 살아온 야곱입니다.

그러나 얍복 강가에서의 경험으로 환도뼈가 부러졌을 때에 자연적으로 생명 가운데서 오는 육신적인 소욕의 요소가 처리된 것입니다.

그를 교활하게 만들고 인간적인 방법을 쓰게 하고 남을 속이면서 성취를 이루려고 했던 것들을 하나님께서 쳐버리신 것입니다. 그래서 그날부터 그는 다리를 절었습니다.

브니엘의 경험을 한 야곱은 지난 과거의 야곱이 아니었습니다. 새로운 출발을 하는 야곱은 다리를 절며 사는 인생이 되었고 그에게는 절며 사는 인생이 복된 인생이었습니다. 다리를 절면서 걸을 때마다 야곱은 하나님을 경험하는 것입니다. 하나님께서 육신적인 소욕을 깨뜨리시고 '너는 이스라엘이다'라고 이름까지 바꿔주신 것을 기억하는 것입니다.

하나님의 백성이 이루어 드릴 성품은 어떤 것입니까? 내가 태어날 때부터 가지고 있는 자연적인 요소로는 하나님을 기쁘게 해드릴 수 없습니다. 그것은 끝까지 자기를 세우는 요소이기 때문에 하나님께서는 이것을 부러뜨리고 깨뜨리시며 '이제는 네 힘으로 걸어갈 수 없고 나를 의지해야만 한다'고 하시는 것입니다. 다리를 절며 걸을 때에 하나님과 함께 걸어야 하는 것을 깨닫고 내 인생이 누구에게 속한 것인가 깨닫는 것입니다.

야곱도 하나님을 만나고 그의 음성을 듣는 일대일의 대면을 벧엘에서 경험했습니다. 그런데 그것은 출발이었습니다. 그 후 이십 년의 세월을 외삼촌 라반의 집에 거하면서 속기도 했습니다. 또 어떻게 하면 외삼촌에게 속거나 지지 않을 수 있는가 몸부림을 치면서 소유도 얻게 되었습니다. 그러나 하나님께서는 그곳에 그대로 두지 않고 아직 해결하지 못한 다른 문제를 그 앞에 두셨습니다.

그의 형 에서가 야곱을 죽이려고 사백 명의 군사를 이끌고 오고 있었던 것입니다. 라반보다 더 센 적이 앞에서 기다리고 있습니다. 군사를 이끌고 죽이려고 달려오는 원수를 하나님과 같이 여기도록 그의 마음을 변화시킬 수 있었던 것이 무엇이었습니까? 내가 힘을 쓸 수 있도록 받쳐주는 환도뼈가 부러졌을 때 이 일이 일어나는 것입니다.

누가 나를 분노하게 합니까? 고난을 주고 있습니까? 누가 원수와 같이 보입니까? 내 환도뼈가 부러지면 해결됩니다. 환도뼈를 그대로 가지고 있는 한, 강한 적이 끊임없이 나를 괴롭힙니다. 주장하면 주장할수록, 내 뜻을 이루려면 이룰수록 더 강한 적이 기다리고 있습니다. 구원을 확신하는 신앙이 있어도 말년에 비참하고 행복하지 못한 신앙생활을 하게 되는 것은 이 야곱의 하나님의 원리를 깨닫지 못했기 때문입니다.

야곱의 하나님을 묵상하면서 여러분과 제가 해결하지 못한 요소들을 해결하는 은혜가 있기를 바랍니다. 우리에게도 반드시 브니엘의 경험이 있어야 합니다. 하나님께서 바울 사도에게 찌르는 가시를 일생 동안 그대로 두신 것도 마찬가지입니다. 매 순간마다 하나님의 일을 하면서 자신을 찌르는 가시를 경험하면서 하나님이 나와 함께하신다는 고백을 하는 것입니다. "내 은혜가 네게 족하도다"라고 하신 하나님을 믿고 의지하는 것입니다. 하나님께서 주시는 힘으로 모든 것이 가능하다는 것을 믿고 자신의 방법이나 확신, 자신의 힘으로가 아니라 하나님께서 인도하시는 길이 하나님의 길인 것입니다.

아직도 처리해야 되는 많은 것들이 우리 안에 있습니다. 내 자아, 죄적인 품성, 육체적인 소욕들, 타고난 본성 등 야곱의 기질들과 같이 버려야 하는 것들이 있습니다. 비단 야곱의 문제만이 아닙니다. 우리는 야곱보다도 더한 기질들을 우리 안에 가지고 태어났습니다. 그러나 우리는 주님을 만났습니다. 성령님께서 교훈하시고 책망하시고 때로는 우리를 안으시고 이끌어 가시면서 브니엘의 경험을 하게 하십니다. 교활했던 야곱의 기질이 다 사라집니다. 야곱은 당시 세계의 지배자 역할을 하던 바로 왕 앞에 가서 그를 축복했습니다. 그의 담대함이 승리하게 하는 능력입니다. 우리가 그런 사람들임을 믿으시길 바랍니다.

야곱의 하나님이 나의 하나님이십니다. 우리가 갈 길이 야곱의 길입니다. 우리에게는 벧엘의 경험도 필요하지만 반드시 브니엘의 경험이 있어야만 합니다. 놀라우신 주님의 은혜가 함께하셔서 하나님이 다루시는 대로 순종함으로 환도뼈가 부러져 하나님께서 나와 함께하시는 표로 삼으시기를 축원 드립니다.

야곱의 새로운 출발

창세기 29:1-20

야곱이 길을 떠나 동방 사람의 땅에 이르러 본즉 들에 우물이 있고 그 곁에 양 세 떼가 누워 있으니 이는 목자들이 그 우물에서 양 떼에게 물을 먹임이라 큰 돌로 우물 아귀를 덮었다가 모든 떼가 모이면 그들이 우물 아귀에서 돌을 옮기고 그 양 떼에게 물을 먹이고는 우물 아귀 그 자리에 다시 그 돌을 덮더라 야곱이 그들에게 이르되 내 형제여 어디서 왔느냐 그들이 이르되 하란에서 왔노라 야곱이 그들에게 이르되 너희가 나홀의 손자 라반을 아느냐 그들이 이르되 아노라 야곱이 그들에게 이르되 그가 평안하냐 이르되 평안하니라 그의 딸 라헬이 지금 양을 몰고 오느니라 야곱이 이르되 해가 아직 높은즉 가축 모일 때가 아니니 양에게 물을 먹이고 가서 풀을 뜯게 하라 그들이 이르되 우리가 그리하지 못하겠노라 떼가 다 모이고 목자들이 우물 아귀에서 돌을 옮겨야 우리가 양에게 물을 먹이느니라 야곱이 그들과 말하는 동안에 라헬이 그의 아버지의 양과 함께 오니 그가 그의 양들을 치고 있었기 때문이더라 야곱이 그의 외삼촌 라반의 딸 라헬과 그의 외삼촌의 양을 보고 나아가 우물 아귀에서 돌을 옮기고 외삼촌 라반의 양 떼에게 물을 먹이고 그가 라헬에게 입맞추고 소리 내어 울며 그에게 자기가 그의 아버지의 생질이요 리브가의 아들 됨을 말하였더니 라헬이 달려가서 그 아버지에게 알리매 라반이 그의 생질 야곱의 소식을 듣고 달려와서 그를 영접하여 안고 입맞추며 자기 집으로 인도하여 들이니 야곱이 자기의 모든 일을 라반에게 말하매 라반이 이르되 너는 참으로 내 혈육이로다 하였더라 야곱이 한 달을 그와 함께 거주하더니 라반이 야곱에게 이르되 네가 비록 내 생질이나 어찌 그저 내 일을 하겠느냐 네 품삯을 어떻게 할지 내게 말하라 라반에게 두 딸이 있으니 언니의 이름은 레아요 아우의 이름은 라헬이라 레아는 시력이 약하고 라헬은 곱고 아리따우니 야곱이 라헬을 더 사랑하므로 대답하되 내가 외삼촌의 작은 딸 라헬을 위하여 외삼촌에게 칠 년을 섬기리이다 라반이 이르되 그를 네게 주는 것이 타인에게 주는 것보다 나으니 나와 함께 있으라 야곱이 라헬을 위하여 칠 년 동안 라반을 섬겼으나 그를 사랑하는 까닭에 칠 년을 며칠같이 여겼더라 우리는 모두 새로운 출발을 원합니다. 또 새 출발을 위한 결단을 하기도 합니다.

"누구든지 그리스도 안에 있으면 새로운 피조물이라 이전 것은 지나갔으니 보라 새것이 되었도다"(고후 5:17).

벧엘에서 하나님을 경험한 야곱도 새로운 출발을 합니다. 야곱은 집을 떠나 잠잘 곳도 없고 먹을 것도 없고 의지할 것도 없이 외로운 처지가 되었습니다. 그럴 때 하나님께서 그를 만나주신 놀라운 일이 일어났습니다.

그냥 하나님을 믿는다는 것과 그분을 개인적으로 만난다고 하는 것은 다른 차원입니다. 야곱이 지금까지는 부모의 믿음을 따라 여호와 하나님을 섬기는 신앙이었습니다. 그러나 이제 부모 곁을 떠난 그가 벧엘에서 하늘이 열리는 경험을 하고 하나님을 만난 신앙을 소유하게 되었습니다. 그 인생에 잊지 못할 놀라운 변화가 야곱에게 일어난 것입니다.

그는 부모를 속이고 형을 속이고 도망친 자인데 하나님께서는 야곱을 책망하지 않으셨습니다. 오히려 그를 위로하시고 힘을 주시면서 격려해 주신 하나님이셨습니다. 믿음의 선조들인 아브라함과 이삭도 실수와 잘못을 행했지만 하나님께서는 저들을 만나 주시고 저들에게 언약의 말씀을 주실 때에도 책망을 하지 않으셨습니다. 그런데 그들이 주님을 만나고 주님의 임재를 체험할 때는 자신들이 어떤 잘못을 범했는지, 또 어떻게 살아야 되는지 되돌아보는 것입니다. 새로운 출발을 하면서 새로운 결단을 하고 그들의 삶을 하나님 앞에 바칩니다. 하나님께서는 어렵고 힘든 상황, 어디 머리 하나 기댈 데가 없는 이런 환경에서 야곱을 만나주시고 격려해 주셨습니다.

야곱의 변한 자세

내가 변화를 받으면 세상이 변해 보이고 남도 달라진 것으로 생각하게 됩니다. 세상이 다 변해도 내가 변하지 않으면 여전히 세상은 그대로라고 느끼는 것입니다.

야곱은 하나님을 만나 다른 인생이 되었습니다. 하란을 향해서 떠났던 무거운 발걸음, 8백 킬로미터나 되는 머나먼 길이 본문 말씀 1절의 표현으로는 “야곱이 길을 떠나 동방 사람의 땅에 이르러”라고 간단히 표현된 것으로 보면 단숨에 도착한 그런 느낌입니다. 당시에 걸어서 한 달 이상 걸리는 머나먼 길이었는데 말입니다. ‘길을 떠나’는 원어로 ‘그의 발을 들어 올리다’라는 뜻이 있습니다. 하나님께서 그를 만나주셨을 때 그에게 새로운 힘, 새로운 용기, 새로운 소망이 생겼습니다. 무거워 떨어지지 않던 그의 발걸음을 하나님이 들어 올리셔서 사뿐사뿐 가벼운 발걸음이 되었던 것입니다.

혹시 지금 걸어가는 발걸음이 무겁습니까? 발걸음이 차마 떨어지지 않습니까? 주님과의 관계 속에서 그분을 만나 힘을 얻고 주님의 격려와 위로를 받으십시오.

"동방 사람의 땅에 이르러 본즉 들에 우물이 있고"(창 29:1-2).

야곱에게는 독특한 표현이 있는데 '본즉'입니다. 앞서 28장 12절 이하에도 꿈에 '본즉' 사다리가 놓였고, 또 '본즉' 하늘의 사자들이 오르락내리락하고, 또 '본즉' 여호와께서 그곳에 서셔서 말씀을 하셨다는 구절에서 여러 번 '본즉'이 나옵니다. 야곱은 하늘이 열리는 것을 본 사람입니다. 그 은혜가 있을 때에 본 것입니다. 사다리를 보았고, 하늘의 사자가 오르락내리락하는 것을 보고, 그곳에 서서 말씀하시는 여호와 하나님을 본 것입니다. 그리고 가볍고 힘이 있고 지치지 않는 발걸음으로 하란에 이르러 또 '본즉' 우물이 보였습니다. 사막의 우물, 얼마나 좋은 것입니까?

우물은 보통 여인을 표현합니다. 성경에서 여자는 교회의 상징입니다. 결국 하나님의 교회를 통해서 시원케 하는 생수의 강이 흘러나오는 것입니다. 야곱이 사막에서 우물을 만나고 그 우물에서 아내감인 라헬을 만납니다. 여러분, 그 우물이 어떤 우물인지 아십니까? 조부 아브라함이 종을 보내서 그 종이 야곱의 어머니 리브가를 만났던 그 자리입니다. 바로 그곳이 아브라함의 종이 약대 열 마리, 금은보화,

혼숫감을 가득히 싣고 가서 만난 곳입니다.

지금은 야곱이 혼자 몸으로 그 우물가에 가게 되었습니다. 성령님과 함께하는 삶이 외로운 것 같지만 우물에서 생수의 강이 흘러나듯이 하나님의 교회를 통해서 회복이 일어나고 소성이 되고 치유가 임하고 새 힘과 능력을 얻는 역사가 일어나는 것입니다. 예전에는 멀게만 느꼈던 길이 언제 당도했는지 알지 못할 정도로 꿈과 소망의 길이 되었습니다. 하나님을 만나면 인생이 변하고, 자세가 바뀌고 길도 달라집니다.

우리 교회는 먼 거리에서 오시는 분들이 많이 계십니다. 펜실베이니아 알렌타운, 포코노, 남부 뉴저지, 롱아일랜드, 업 스테이트 뉴욕 등 이렇게 먼 데서 오시는 분들의 하는 말씀이 '기쁘다'고 합니다. 먼 데서 오시느라고 얼마나 수고가 많으시냐고 물으면 "아닙니다, 괜찮습니다, 은혜의 길입니다"라고 한결같이 고백하십니다.

주님을 만나는 벧엘의 경험을 하고서 달라진 그 발길로 야곱이 우물을 보고 거기에서 양을 치던 사람들을 만납니다. "하란에서 오셨으면 나홀의 손자 라반을 아십니까?" 야곱이 물으니 "알고 말고요. 저기 그 딸이 양을 치다가 양 떼를 데리고 오는군요" 하는 것입니다. 얼마나 놀라운 일입니까? 머나먼 길을 왔는데 우물가에서 만난 사람이 야곱이 가려고 목적한 곳을 아는 사람들이고, 그의 딸 라헬이 양을 데리고 우물로 오는 것입니다. 하나님의 인도하심을 따라서 이렇게 만나고 이끌림을 받는 은혜가 우리에게도 임하길 바랍니다.

우물은 하나님의 교회입니다. 생명수가 있는 곳에 오시면 이렇게 놀라운 역사들이 일어납니다. 내가 상상할 수 없고 알지 못하는 놀라운 일들이 일어납니다. 라반의 집을 목적하고 왔지만 그가 어떤 상황인지 모르고 묻는 것인데, 그 대답을 듣고 얼마나 안심이 되었겠습니까? 어둡고 힘들고 좌절하고 낙망하고 포기할 수밖에 없는 가시밭길에서 주님을 만나고 난 후에 이렇게 변하고 바뀐 것입니다.

그런데 야곱의 대화를 통해서 보면 자기 것만 챙기고 욕심만 부리던 이기적인 야곱이 아니라 달라진 태도를 보게 됩니다. 돕기를 원하는 마음이 생겼습니다. 야곱은 지금까지 양을 치지 않았습니다. 남의 것을 내 것으로 삼고 섬김을 받는 자세로 살았던 야곱이었습니다. 그런데 벧엘의 경험을 하고 자세가 달라진 것입니다. 그곳에 이르러서는 목자들과 라헬을 도우려고 돌로 덮어놓은 뚜껑을 거두고 양 떼에게 물을 먹이도록 합니다.

해설한 것을 보니까 우물을 막아놓은 돌을 혼자 옮기기는 불가능하다고 합니다. 그래서 우물 주위에 양 떼들을 먹이던 목자들이 함께 이 돌을 옮기고 물을 마시게 했다는 것입니다. 이후의 말씀을 보면, 야곱은 외삼촌 라반의 집에 들어가서 양들을 먹이는 목자가 됩니다. 하나님께서는 야곱을 이끌어서 외삼촌 집에 가게 하시고 목자의 훈련을 시키시는 것입니다.

고통을 이기는 사랑의 힘

성경의 많은 인물들을 보면, 하나님 앞에 쓰임을 받을 때에 목자로 훈련받는 것을 봅니다. 다윗도 모세도 아모스도 에스겔도 목자 훈련을 받았습니다. 양들을 이끌고 섬기면서 지도력을 배우는 훈련을 하나님께서 시키셨습니다. 이것은 꾸준한 인내가 필요합니다. 마음으로 섬기는 자세가 필요한 것입니다. 축복을 빼앗은 야곱이 외삼촌 집에 가서 양치는 종이 된 것입니다.

우리는 양을 생각하면 평화로운 초원을 그리게 됩니다. 그런데 당시에 베드윈(Bedouin, 유목민들)은 양과 함께 사는 사람들로서 사회에서 최하위급의 취급을 받는 사람들이었습니다. 하나님께서 야곱을 그렇게 훈련시키시는데, 그런 그에게는 기쁨이 되는 것입니다. 욕심꾸러기인 야곱이, 집에서 쫓겨나듯이 피할 수밖에 없었던 그가 얼마나 마음에 상처와 괴로움이 가득했겠습니까?그런데 벧엘의 경험으로 주님을 만남으로써 치유가 되었을 때에 모든 것이 긍정적으로 변한 것입니다. 앞날을 보고 모든 것을 자원하는 마음으로 자발적으로 일을 하게 되는 것입니다.

가정에서도 부모들이 건강해야 합니다. 육신적인 건강뿐만 아니라 영, 혼, 육이 모두 건강해야 합니다. 정신도 영도 건강해야 자녀들에게 건강한 본을 보입니다. 또 나라를 이끌어가는 사람에게 문제가 많으면 나라에도 문제가 많습니다. 교회도 마찬가지입니다. 교회 목회자가 상처가 많고 마음에 상처가 있다면 그 상처가 그대로 전달되기 때문에 성도들에게도 상처를 주는 일이 일어나는 것입니다. 그래서 여러분들이 목회자가 항상 주 안에서 기쁨을 소유하고 평강을 소유한 자가 되도록 기도 많이 해주셔야 합니다.

셀을 맡은 셀 리더가 셀을 인도할 때에도 주님 만나서 치료를 받고 주의 은혜 가운데 계속 힘을 공급받아야지, 그렇지 않은 상태로 사역을 하게 되면 많은 어려운 일이 발생하는 것을 봅니다. 중요한 것은 주님을 만나, 성령 안에서 이끌림을 받으면 이것이 치유된다는 사실입니다. 야곱이 그런 경우입니다. 주님을 만나고 발길이 달라지고 사역에 임하는 자세가 달라진 것입니다. 자기가 최고이고 모든 것을 가졌다고 생각하던 야곱이 라반의 종이 되었을 때에 좌절하고 낙망하면서 보냈다면 오늘 우리가 말하는 야곱은 없을 것입니다.

"라반이 그의 생질 야곱의 소식을 듣고 달려와서 그를 영접하여 안고 입맞추며 자기 집으로 인도하여 들이니 야곱이 자기의 모든 일을 라반에게 말하매 라반이 이르되 너는 참으로 내 혈육이로다 하였더라 야곱이 한 달을 그와 함께 거주하더니 라반이 야곱에게 이르되 네가 비록 내 생질이나 어찌 그저 내 일을 하겠느냐 네 품삯을 어떻게 할지 내게 말하라"(창 29:13-15).

야곱은 외삼촌 집에 이르러 한 달을 지냈습니다. 외삼촌 라반이 만만하지 않은 사람이잖습니까? 아침부터 저녁까지 열심히 일하는 야곱을 한 달을 지켜보다가 "네가 친척이라고 하지만 그냥 어떻게 공으로만 일하겠느냐? 네 보수를 무엇으로 줄까?" 하고 묻습니다. 오히려 자원해서 외삼촌이 무엇을 주고 싶다고 말하는 것입니다. 야곱이 외삼촌 집에서 먹고 놀고 잠이나 자면서 지냈다면 언제 쫓겨날지 모르게 되었을 것입니다. 어디서든지 공동생활을 할 때도 섬길 때에도 계산하면서 일하지 마십시오. 직장생활을 하시는 분들도 시간 따져서 일하지 마시고, 오히려 남보다 더 일찍 출근하고 남보다 더 늦게 퇴근하면서라도 일을 하고, 남이 하지 못하는 것도 내가 자원해서 일한다면 필요한 존재로 인정을 받을 것입니다.

라반에게 인정을 받은 야곱이 보수를 준다고 하자 돈이 아니라 외삼촌의 둘째 딸 라헬을 신부로 청했습니다. 우리가 바라고 소망하는 것이 다른 사람들과 달라야 합니다. 일시적으로 먹고 마시고 없애는 소모품들이 우리의 소망이 되어서는 안 됩니다. 야곱은 라헬을 원했습니다. 사랑하는 사람을 원한 것입니다. 신부는 교회라고 했습니다. 다른 것은 다 사라져도 아내인 교회는 사라지지 않습니다.

그런데 야곱이 라헬을 위하여 칠 년 동안 라반에게 봉사하였으나 라헬을 연애하는 까닭에 칠 년을 수일같이 여겼다고 했습니다. 라헬을 사랑하기 때문에 수고롭지 않았습니다. 고통이 고통으로 여겨지지 않았습니다. 우리의 사역이 힘들고 어렵습니까? 발길이 무겁습니까? 사랑이 식은 것은 아닌지 점검을 해야 합니다.

사랑하는 사람에게는 놀라운 힘이 생깁니다. 어머니에게는 다른 여인이 가지지 않은 사랑이 있기 때문에 수고가 수고로 여겨지지 않는 것입니다. 사랑에는 고난을 이기는 힘이 있습니다. 고통을 이기는 힘이 있습니다. 예수님은 사랑이시기 때문에 십자가의 고통을 이기는 능력이 있었습니다. 주위 환경이 문제가 아닙니다. 사람도 문제가 아닙니다. 사실 문제는 나에게 사랑의 능력이 있느냐, 주님을 만난 만남이 있느냐는 것입니다. 고난을 덮을 능력과 사랑이 있습니까?

야곱은 종입니다. 비록 조카이지만 지금 생활이 양치는 목자로 전락했습니다. 그러나 소망이 있어서 기쁩니다. 아내를 얻는 기쁨이 있어서 수고롭지가 않습니다. 그를 사랑함으로 칠 년을 수일같이 여겼다고 했습니다. 마음이 고통스러우면 며칠도 몇 년같이 여겨지는 것입니다. 야곱의 삶의 가치관이 달라졌고 방향도 달라졌습니다. 사랑은 세월의 고통도 이겨낼 수 있는 능력이 있고 불합리를 초월하는 능력도 있습니다. 아담과 하와의 범죄 이후에 인간은 모순투성이고 불합리적입니다. 그 모순과 불합리를 이길 수 있는 것이 사랑입니다. 사랑은 허다한 허물을 덮습니다.

주님을 만나면 놀라운 능력 가운데 비전이 열립니다. 삶이 바뀌지는 역사가 일어납니다. 주님을 향한 사랑과 주님을 만난 감격과 기쁨이 현재적인 것으로 더욱더 충만하게 되시기를 기도합니다.

허물과 약점이 보이지 않고 오히려 기쁨으로 섬길 수 있는 야곱과 같이 그런 섬김이 되길 바랍니다. 야곱이 벧엘을 출발해서 하란에 도착했습니다. 그의 삶의 중심단어는 섬김입니다. 어떻게 섬김을 받기만 하던 야곱이 섬기는 자가 되었습니까? 어떤 변화가 그의 가치관을 바꾼 것입니까? 우리는 변화될 일들이 많습니다. 남이 변하길 바란다면 우리에게 행복이 없습니다. 야곱에게 있던 열등감이 사라지고 남을 섬길 수 있고 사랑을 줄 수 있었던 것은 주님을 만난 새로운 출발이 이루어졌기 때문입니다.

“그런즉 누구든지 그리스도 안에 있으면 새로운 피조물이라 이전 것은 지나갔으니 보라 새것이 되었도다”(고후 5:17).

새로운 출발이 이루어지려면 결심도 필요하고 결단도 필요합니다. 그러나 그에 앞서서 그리스도 안에서 그분을 만나고 그분을 대면하는 일이 선행되어야 합니다. 그래서 그리스도 안에서 꿈을 지닌 사람은 발길이 달라지는 것입니다. 놀라운 일입니다. 야곱의 여정을 통해서 점검하기를 원합니다. 우리의 발길이 가볍습니까? 무겁습니까? 교회 오는 발길들이 기쁨이 됩니까? 사역이 기쁨이 됩니까? 나의 섬김이 부담이 됩니까? 기쁨이 됩니까? 여러분의 교구나 셀 목장에서 섬기는 것이 어떤 모습으로 다가오고 있습니까? 그것이 내 마음의 거울입니다. 그것이 나의 모습입니다.

이 말씀들을 통해서 야곱의 샘솟는 힘을 느끼게 됩니다. 남을 돕고 섬기며 정열적으로 움직입니다. 저도 하나님 앞에 기도합니다. “하나님, 이 열정을 회복하게 하시고 사랑의 정열을 회복하게 해주세요.” 사랑에는 항상 열정이 있습니다. 뜨거운 힘이 동반됩니다. 교우 여러분, 섬김에 열정을 느끼기 어렵습니까? 힘이 없습니까? 무엇 때문입니까? 주님의 사랑을 체험하셨습니까? 지금 이 시간에 임재하시는 주님과 더불어 정열적으로 사랑하며 섬기시길 바랍니다.

주님이 주시는 꿈을 품고 자원하는 마음과 능동적인 마음으로 섬길 수 있는 것은 은총입니다. 우리에게 하늘이 열리는 역사가 일어나

삶에 새 출발이 시작되길 바랍니다. 사랑하기 때문에 기쁨으로 하나님을 영화롭게 해드리는 은혜의 도구들이 되어 주님 앞에 섰을 때에 잘했다고 칭찬받는 종이 되길 축원합니다.

아내를 얻기 위한 대가 지불

창세기 29:21~30

야곱이 라반에게 이르되 내 기한이 찼으니 내 아내를 내게 주소서 내가 그에게 들어가겠나이다 라반이 그곳 사람을 다 모아 잔치하고 저녁에 그의 딸 레아를 야곱에게로 데려가매 야곱이 그에게로 들어가니라 라반이 또 그의 여종 실바를 그의 딸 레아에게 시녀로 주었더라 야곱이 아침에 보니 레아라 라반에게 이르되 외삼촌이 어찌하여 내게 이같이 행하셨나이까 내가 라헬을 위하여 외삼촌을 섬기지 아니하였나이까 외삼촌이 나를 속이심은 어찌됨이니이까 라반이 이르되 언니보다 아우를 먼저 주는 것은 우리 지방에서 하지 아니하는 바이라 이를 위하여 칠 일을 채우라 우리가 그도 네게 주리니 네가 또 나를 칠 년 동안 섬길지니라 야곱이 그대로 하여 그 칠 일을 채우매 라반이 딸 라헬도 그에게 아내로 주고 라반이 또 그의 여종 빌하를 그의 딸 라헬에게 주어 시녀가 되게 하매 야곱이 또한 라헬에게로 들어갔고 그가 레아보다 라헬을 더 사랑하여 다시 칠 년 동안 라반을 섬겼더라

야곱이 아내를 얻기 위해서 대가를 지불한 것같이 저희가 주님을 섬길 때 영혼들을 얻기 위해서 어떤 대가를 지불해야 하는가를 말씀을 통해서 같이 확인하고, 우리가 앞으로 남은 때를 정말 주님이 기뻐하시는 삶으로 드리는 은혜가 있기를 원합니다.

레아, 라헬과 신·구약 교회

야곱이 밧단아람 하란에 도착했습니다. 외삼촌 집에 이르러서 그들이 반갑게 만났습니다. 그곳에는 라반의 아리따운 작은딸 라헬과 큰딸 레아가 있었습니다. 전에 집에서는 아들로서 귀하게 있었지만 이제는 품꾼으로서 양을 치는 종살이로 한 달을 열심히 섬겼습니다. 외삼촌이 열심히 섬기는 것을 보고 보수를 주겠다고 했습니다. 야곱이 그때 제안을 합니다. 라헬을 자신의 아내로 주면 칠 년을 봉사하겠다는 제안입니다. 그렇게 칠 년을 봉사하였습니다. 칠 년을 며칠같이 여기면서 사랑 때문에 세월이 어떻게 가는지도 모르고 섬겼습니다.

"야곱이 라반에게 이르되 내 기한이 찼으니 내 아내를 내게 주소서 내가 그에게 들어가겠나이다"(창 29:21).

"내 기한이 찼으니 내 아내를 내게 주소서"라고 했는데, '라헬을 내게 주소서'라고 하지 않고 '내 아내를 내게 주소서'라고 했습니다. 여기에 어떤 의미가 있습니까? 기한이 찼다고 했습니다. 때가 차매 여인에게서 아들을 낳게 하시고 이 땅에 구세주를 보내주셔서 우리를 구원하시고 하나님의 교회를 이루는 놀라운 일을 행하신 하나님이십니다. 때가 찼을 때 주님은 다시 오실 것이고 영원한 하나님 나라 새 예루살렘 성, 그 나라가 임할 것입니다.

본문에서 지금 야곱이 아내를 얻는 내용을 자세히 보여주고 있습니다. 그런데 야곱이 아내를 얻는 과정을 보면, 오늘날 우리가 겪는 아주 복잡한 가정생활의 어려움들이 그대로 묘사되고 있습니다. 자기가 열심히 칠 년을 일한 대가로 라헬을 아내로 얻기 원했는데, 그 형 레아를 밤에 들여보낸 것입니다. 칠 년이나 같이 한 집에서 살았는데 결혼식 날 밤에 레아가 들어왔다는 것이 우리 생각으로는 도무지 이해하기 어렵습니다.

중동의 결혼식을 보면 밤중에 결혼식이 치러집니다. 그리고 신부는 신랑에게 자기를 보여주지 않고 감쪽같이 변장을 합니다. 얼굴은 눈만 보이게 하고 온몸을 다 치장하고 결혼을 합니다. 한국의 전통적인 혼례 예식은 신랑에게 신부를 보여주지 않다가 예쁘게 치장한 후 결혼 예식 때에 등장시킵니다. 이스라엘의 고대 결혼 예식은 밤중 내내 잔치를 벌이다가 신부를 신랑의 방에 들여보내는 의식을 행합니다.

외삼촌 라반은 라헬보다 그 형인 레아를 먼저 시집보내기 위한 계획을 세웠던 것 같습니다. 거기에 여러 가지 복잡한 사연이 있었을 것입니다. 라헬은 자기가 시집가는 줄 알고 있었는데, 형 레아를 치장시켜 얼굴을 가리고 밤중에 들여보낸 것입니다. 야곱이 자기 형 에서에게서 장자권을 빼앗을 때에 아버지를 어떻게 속였습니까? 감쪽같이 변장하고 목소리까지 바꾸어 아버지를 속인 것과 마찬가지로 자기도 감쪽같이 속은 것입니다. 심는 대로 거둔다는 말이 있습니다.

성경이 왜 우리에게 이렇게 놀라운 말씀을 하고 있는지 의구심을 가져봅니다. 야곱이 아내를 얻는 복잡한 과정 가운데 속고 속이는 이런 일들을 왜 성경에 기록해 놓았겠습니까? 아내는 교회의 상징입니다. 아브라함의 아내, 이삭의 아내, 또 야곱이 사모하면서 얻기를 원하는 라헬도 다 아름답고 예쁘다고 하는 특징입니다. 어째서 아브라함과 이삭과 야곱의 아내가 모두 예쁜 얼굴들이었겠습니까? 성경에서 아내는 교회를 상징하는데 완전한 교회는 곱고 아리따운 것입니다.

그런데 왜 여기서 레아와 라헬을 말하고 있습니까? 레아는 눈이 좋지 않았습니다. 그녀는 안력이 부족하고 라헬은 곱고 아리땁다고 했습니다. 교회를 크게 나누면 구약적인 교회와 신약적인 교회가 있습니다. 이스라엘 백성들이 출애굽해서는 광야교회로 불리고, 가나안 땅에 들어가서는 가나안교회라고 말하고 있습니다. 교회의 큰 모습입니다. 구약시대에는 오실 메시아를 사모하고 또 사모했습니다. 레아는 계속해서 야곱의 사랑을 사모하는 것입니다. 그런데 그 사랑이 채워지질 않고 있습니다.

"우리가 지금은 거울로 보는 것같이 희미하나 그때에는 얼굴과 얼굴을 대하여 볼 것이요 지금은 내가 부분적으로 아나 그때에는 주께서 나를 아신 것같이 내가 온전히 알리라"(고전 13:12).

'거울로 보는 것과 같이 희미하다' 결국 야곱을 향한 레아의 사랑이 안력이 약해서 온전하지가 못한 것입니다. 왜냐하면 완전한 신랑을 사모하지만 현재 완전히 소유한 것이 아닙니다. 신약교회에 와서 예수 그리스도를 통해서 그의 흘린 보혈의 피, 그의 살을 찢어 주심으로 말미암아 우리에게 완전한 교회의 모습으로 주어진 것입니다. 완전한 교회는 예수님의 신부입니다. 완전한 회복은 요한계시록 19장에서 말씀한 대로 어린양의 신부로 새 예루살렘 성에서 아름다움, 흠과 티나 주름 잡힌 것이 없는, 바로 그 모습으로 등장하는 아름다움입니다. 하나님께서 우리에게 회복되기 원하는 것이 무엇입니까? 아름답고 고운 신부의 모습입니다.

야곱이 칠 년과 칠 년을 합한 십사 년, 그리고 나중에 그곳을 떠날 때까지 육 년을 더해서 이십 년 세월을 수고하고 애쓰면서 섬길 수 있었던 이유는 아름다운 아내를 얻기 위한 것입니다. 신부가 누구입니까? 신랑을 사모하며 신랑을 맞이하기 위한 여인입니다.

교회의 회복과 어린양의 혼인잔치

"자기 앞에 영광스러운 교회로 세우사 티나 주름 잡힌 것이나 이런 것들이 없이 거룩하고 흠이 없게 하려 하심이라"(엡 5:27).

신랑 되신 예수님을 사모하는 아리따운 교회를 이루기 위해서 우리 자신들이 이루어 나가야 하는 것이 무엇입니까? 주름 잡힌 것이나 티가 없는 자로서 신랑을 만나기 원하고 소원하는 마음을 갖고 섬기는 것입니다.

타락한 교회가 온전하게 회복되기 위해서 예수님이 오셔서 그 피를 흘려주셨고 그 살을 찢어주셨습니다. 완전한 교회상은 창세기 2장과 요한계시록 19장부터 22장 말씀에 그려져 있습니다. 창세기 2장에서 하나님께서 그 아내 하와를 지으실 때 그리스도의 표상인 아담이 깊이 잠들었을 때 그의 갈빗대를 빼서 만드셨다고 했습니다. 왜 죽었다고 하지 않고 깊이 잠들었다고 했습니까? 아직 그는 죄가 없는 상태였기 때문에 잠든 상태라고 말한 것입니다.

아담이 죄를 지은 것은 창세기 3장에서 나옵니다. 결국 그리스도의 표상인 아담을 통해서 교회의 표상인 아내 하와가 나옵니다. 죄를 짓기 전에 아담에게서 하와가 나왔고 타락하기 이전의 교회의 모습입니다. 그런데 하와가 사탄의 속임수로 선악과를 따먹고 죄를 범하고 타락하게 됩니다.

레아가 야곱을 사모하는데 안력이 약한 것입니다. 야곱의 사랑을 받기 원하고 있지만 완전한 회복이 일어나지 않습니다. 타락한 교회가 회복되는 것은 예수 그리스도가 몸과 피를 내어주심으로 말미암아 회복되는 것입니다.

하와는 흙으로부터 나오지 않고 아담의 갈빗대를 통해서 나왔습니다. 인간적인 방법이나 세속적인 방법으로, 혹은 세상의 것들을 통해서 교회가 이루어지는 것은 하나님의 방법이 아닙니다. 아담의 갈비뼈에서 하와가 나오듯이 교회는 예수 그리스도로 인해 세워지는 것입니다. 모든 피조물들을 흙으로 빚어서 만드셨습니다. 그러나 하와는 흙으로 지은 존재가 아닙니다. 아담의 갈빗대로 지어져 "이는 내 뼈 중의 뼈요 살 중의 살이로다"라고 고백한 것입니다. 이 고백은 교회의 아름다운 모습을 말합니다. 그리스도를 통해서 나올 수 있는 것만이 교회의 순수한 모습입니다. 오늘날 마귀는 어떻게 작용하고 있습니까? 그리스도로부터 나오는 순수함을 유지하지 않고 끊임없이 타락시키려고 합니다. 수단과 방법을 다하여 하나님의 교회에 티와 주름이 잡히게 하는 것입니다.

에베소서 5장을 보면, 남편과 아내의 모습을 말하며 교회의 모습을 말하고 있습니다. 바울 사도를 통해서 이 말씀을 주실 때에 예수 믿는 사람들이 어떤 가정생활을 해야 하는지, 또 교회 생활을 어떻게 하는지 도움을 주는 말씀일 수 있습니다. 그러나 교회를 말씀하시면서 남편과 아내에 대해서 말씀하시는 이유는 이것이 예수 그리스도로 세워진 교회의 모습을 말씀하는 것이기 때문입니다. "티나 주름 잡힌 것이나 이런 것들이 없이 거룩하고 흠이 없게 하려 하심이니라"고 했는데 이 말씀이 무슨 말씀입니까?

티나 주름 잡힌 것이 있는 것은 창세기 3장에서 타락한 하와의 모습이고 구약 교회의 모습입니다. 우리가 티와 주름 잡힌 것이 씻음을 받기 원하는데, 무엇으로 씻을 수 있습니까? 물로 씻어 말씀으로 깨끗하게 하고 거룩하게 하신다는 것입니다. 이 일을 하신 분이 마지막 아담이 되신 예수 그리스도입니다. 그분을 통해서 티나 주름 잡힌 것이 없는 교회의 모습을 회복해 주신다는 의미입니다.

완전한 회복이 일어나는 어린양의 혼인잔치에 대해서는 요한계시록 19장부터 말씀하셨습니다. 새 예루살렘 성에서의 놀라운 천국잔치가 일어나는 그 모습을 말씀하시는 것입니다.

레아를 통한 사랑의 훈련

야곱이 곱고 아리따운 라헬을 얻기 위해서 사모하면서 칠 년에 또 칠 년을 기다렸습니다. 일곱이라는 수는 완전수로 칠 년은 완전한 기간입니다. 야곱이 사모하고 기다리면서 그의 아내 라헬을 기다린 것과 같이 아름다운 교회로 이루어가기를 원하는 것이 주님의 마음입니다. 그것을 위해서 대가를 기꺼이 지불한 야곱입니다.

예수 그리스도는 교회를 회복하기 위해서 기꺼이 십자가에서 대가를 지불하셨습니다. 아름다운 교회로 주님의 신부 된 우리가 신랑을 만날 때에 티나 주름 잡힌 것이 없는 존재로 그 앞에 설 수 있기를 원하면서 우리의 할 일이 무엇이겠습니까? 예수의 증인이 되기 위해서 우리가 지불해야 하는 대가가 무엇이겠습니까? 주님의 몸 된 교회를 이루기 위해 지체가 되어야 하는 수많은 영혼들을 어떻게 전도하겠습니까?

라헬을 얻기 위해서 대가를 지불할 때 야곱은 기쁜 마음으로 했습니다. 예수님은 십자가를 통해서 대가를 지불하셨습니다. 그러면 이제 우리가 대가를 지불하는 방법은 무엇입니까?

"나를 따라오려거든 자기를 부인하고 자기 십자가를 지고 나를 따를 것이니라"(마 16:24).

주님께서 이미 말씀하셨습니다. 높아지고자 하면 낮아지라는 것이고 섬김을 받고자 하면 섬기라는 말씀입니다. 야곱은 귀한 아들로 자랐지만 아내를 얻기 위해서 종으로 섬겼습니다. 온전한 그리스도의 아내 되기 위해서 주님의 몸 된 교회의 지체를 얻는 일에 쓰임을 받으려면 우리도 대가를 지불해야 한다는 것입니다.

그런데 하나님께서 야곱에게 이러한 훈련을 통해서 아내를 얻게 하실 때에 자기가 원하는 이상형을 바로 택하지 못하도록 하셨습니다. 우리에게도 우리 마음에 그려둔 사람과 같이 일하고 같이 섬겼으면 좋겠다는 생각이 있습니다. 그런데 왜 하나님께서는 야곱보다 한 수 위인 라반을 붙여주셔서 한두 달이 아니라 이십 년의 세월 동안 훈련시키셨는지 생각해 보십시오.

직장생활을 하면서 많은 분들이 겪는 일이 무엇입니까? 상사이든지 동료이든지 그 사람 때문에 힘들어서 직장생활 못하겠다고 하는 사람이 있을 것입니다. 그 사람을 통하여 나를 찌르는 가시 역할을 하게 하여 나를 온전히 만들어 가십니다. 결국 하나님께서 나를 위해 사용하시는 도구입니다. 하나님 손 안에서 다루어지고 만들어져 가는 야곱을 보십시오. 야곱의 삶은 벧엘의 경험을 하고 출발해서 성령님의 인도하심을 따라 거룩한 길을 가는 과정입니다. 하루아침에 야곱이 야곱으로 된 것이 아니라 성령님의 인도하심을 받는 과정의 열매입니다.

그가 브니엘의 얍복 강가에서 환도뼈가 부러지는 일이 일어났습니다. 천연적인 자기 생명의 가장 중심의 힘인 환도뼈가 부러질 때에 결국 원수도 하나님의 얼굴과 같이 보이고 하나가 되는 역사가 일어난 것입니다.

때로 하나님께서 내 성격에 맞지 않는 사람, 내가 좋아할 수 없는 사람들을 가까이 두시는 이유가 무엇이겠습니까? 야곱의 첫날밤에 사모했던 라헬을 허락하시지 않고 레아를 주시는 이유가 무엇입니까? 사무엘의 어머니 한나를 보아도 그렇습니다. 남편 엘가나에게 다른 여인 브닌나가 있었습니다. 브닌나는 아기도 잘 낳고 남편을 사모하는 자였습니다. 그런데 엘가나의 관심은 한나에게 있었지만 그녀는 아이를 낳지 못했습니다. 성경이 왜 인간적으로 얽히고설킨 삼각관계로 보이는 이런 문제들을 기록하는가 생각해 보십시오.

삼손의 경우도 마찬가지입니다. 삼손이 블레셋 여인 데릴라를 좋아하고 연애에 빠졌습니다. 그런데 데릴라는 삼손을 사랑하는 것이 아니고 그를 이용해서 돈벌이를 합니다. 왜 이러한 복잡한 관계가 성경에 나오고 있습니까? 인생에서 우리가 싫어하고 피하면 피할수록 전보다 더 나빠지는 상황들이 계속되는 이유는 하나님께서 우리를 훈련하시기 때문입니다. 자신의 성향과 반대되는 사람들을 만나게 하시는 이유가 있습니다. 이기적이고 자신만 생각하는 사랑을 넘어서서 조건을 초월하는 주님의 사랑을 훈련하시는 것입니다. 주님의 마음을 품고 주님의 눈을 가지고 섬길 수 있는 사람으로 우리를 높여 주시고 우리의 사랑을 업그레이드하기를 원하시기 때문입니다.

"너희를 사랑하는 자를 사랑하는 것은 이방인들도 하는 일"이라고 하신 주님이십니다. 그러나 티나 주름 잡힌 것이 없는 아름다운 주님의 지체가 되어 주님을 함께 섬길 수 있는 사랑을 하려면 반드시 이러한 훈련을 통해서 업그레이드된 사랑을 해야 한다는 것입니다.

내 주위에 항상 나를 좋아하고 인정해 주는 사람만 있으면 내가 그렇게 좋은 사람인 줄 착각하게 됩니다. 상대방을 통해서 내 속에 시기와 질투, 원망과 분냄이 있다는 것을 확인하며 훈련을 받는 것입니다. 만약에 이 훈련 받기를 거절하면 그 기간이 더 길어질 뿐입니다.

수년 전 일이지만 인간관계 때문에 마음고생을 한 적이 있었는데 목회를 하면서 저도 배운 것이 있습니다. 하나님께 그러한 관계에서 오는 아픔이 있을 수밖에 없는 이유는 무엇인지, 어떻게 하면 그 어려움에서 해방되는지에 대해서 물은 적이 있습니다. 그때 하나님께서 주시는 말씀이 있었는데 "그 사람은 너의 훈련자다. 나는 그 사람도 사랑한다"라는 것이었습니다.

그 사람이 저를 그렇게 미워하니까 하나님도 그를 미워하시는 줄 알았지만 하나님께서 그를 사랑하신다는 말씀에 저는 깜짝 놀랐습니다. 그렇게 생각해보니 그분이 바로 나의 선생님이었습니다. 그때부터 그를 보는 저의 눈이 달라졌습니다. 그를 긍휼과 자비의 눈으로 볼 수 있게 되고 오히려 불쌍히 여기며 위해서 기도할 수 있게 되었습니다. 만약 우리에게 어려움을 주는 사람을 눈앞에서 치워달라고 기도한다면 그것은 하나님의 훈련을 받지 않겠다고 하는 것입니다.

티나 주름 잡힌 것 없는 하나님의 교회를 이루어가려면 우리가 대가를 지불해야 한다는 것입니다. 사랑할 수 없는 사람을 사랑하는 것보다 더한 대가가 어디에 있습니까? 나를 괴롭히고 어려움을 주는 사람인데, 그를 사랑한다는 것은 내가 죽지 않고 내 존재 그대로는 불가능한 일입니다. 나를 미워하는 사람을 어떻게 선대할 수 있습니까? 나를 모욕하는 사람을 위해서 어떻게 기도할 수 있습니까?

내가 십자가에서 죽어야 됩니다. 우리가 이것을 받아들이지 않고는 주님의 성만찬을 헛되게 하는 것입니다. 주님은 우리를 위해서 생명까지 내어 주시면서 대가를 지불하셨습니다. 주님의 보혈, 주님의 몸을 먹는 성만찬이 무엇입니까? 주님의 몸을 이룬다는 것이 무엇이겠습니까? 생명의 대가를 살과 피로 지불하신 것을 묵상하시기 바랍니다.

야곱이 대가를 지불함으로 사랑하는 아내를 얻은 것과 마찬가지로 하나님의 교회의 지체를 얻으려면 우리가 죽어야 합니다. 우리가 대가로 지불되어야 합니다. 미워할 수밖에 없는 그를 내가 용서하는 것으로 대가를 지불해야 합니다. 그 일이 십자가를 지는 것입니다. 그 대가를 지불하기를 원하고 결단하는 사람들이 성만찬을 받을 수 있는 것입니다. 여전히 미워할 사람 미워하는 사람들이 어떻게 주님의 성만찬을 받을 수 있겠습니까?

예수님이 친히 반문하셨습니다.

"너희가 너희를 사랑하는 자를 사랑하면 무슨 상이 있으리요 세리도 이같이 아니하느냐"(마 5:46).

야곱이 받은 훈련의 목표가 사랑하는 라헬을 얻기 위함과 마찬가지로 우리도 교회의 몸 되신 예수님께 그의 지체를 소개하기 위해서 이 훈련을 받고 있음을 깨닫고 주님의 사랑을 실천하는 그 은혜가 있기를 바랍니다.

하나님의 보석 같은 지파들

창세기 29:31-35

여호와께서 레아가 사랑 받지 못함을 보시고 그의 태를 여셨으나 라헬은 자녀가 없었더라 레아가 임신하여 아들을 낳고 그 이름을 르우벤이라 하여 이르되 여호와께서 나의 괴로움을 돌보셨으니 이제는 내 남편이 나를 사랑하리로다 하였더라 그가 다시 임신하여 아들을 낳고 이르되 여호와께서 내가 사랑 받지 못함을 들으셨으므로 내게 이 아들도 주셨도다 하고 그의 이름을 시므온이라 하였으며 그가 또 임신하여 아들을 낳고 이르되 내가 그에게 세 아들을 낳았으니 내 남편이 지금부터 나와 연합하리로다 하고 그의 이름을 레위라 하였으며 그가 또 임신하여 아들을 낳고 이르되 내가 이제는 여호와를 찬송하리로다 하고 이로 말미암아 그가 그의 이름을 유다라 하였고 그의 출산이 멈추었더라

제사장이 양쪽 어깨 견대 그리고 가슴 흉패에 열두 보석을 달고 하나님 앞에 나아갈 때 열두 보석은 열두 지파, 하나님의 백성을 상징합니다. 이것은 늘 하나님의 자녀들을 마음에 품고 어깨에 메고 다니시는 주님의 마음을 표현하고 있습니다. 부모가 자녀를 항상 마음에 품고 다니는 것 이상으로 우리 하나님은 졸거나 쉬지도 아니하시

며 순간순간 이렇게 우리를 마음에 품고 인도하시는 분임을 기억하시기 바랍니다.

우리 인간은 어딘가에 소속되고 연결되고 싶은 욕망 가운데 살아갑니다. 누구나 사랑하고 싶은 마음, 또 사랑을 받고 싶은 영혼의 강렬한 욕구를 가지고 있습니다. 더 나아가서 우리를 지으신 하나님과 하나가 되고 싶은 영혼의 그 간절함, 마치 우리 몸에 공기와 물이 필요하고 음식이 필요한 것만큼, 아니 그것보다도 훨씬 더 근본적으로 주님과 하나 되기를 원하고 연합되기 원하는 영혼의 강렬한 욕구가 있습니다. 이러한 욕구는 요람의 어린아이들부터 몸을 움직이기 힘든 양로원의 노인들에 이르기까지 모두가 가지는, 하나가 되고자 하는 마음, 소속되고 사랑받고 사랑하기를 원하는 그런 마음입니다.

하버드대학교 의과대학 수석 교수인 에드워드 할로웰은 우리 인간의 근본적인 관계성을 '연결'이라는 단어를 사용해서 공동체를 이루고 싶어 하는 기본 욕구라고 설명했습니다. 사랑을 주고받기를 원하며, 어떤 공동체에 함께 소속이 되기를 원하고, 그래서 서로의 얼굴을 맞대고 교제할 수 있고, 서로를 알고 섬기고 싶어 하는 근본적인 마음이 있다는 것입니다.

이런 연결, 공동체라고 하는 것은 서로 상대방이 있다는 것을 전제로 하고 있습니다. 이런 욕구가 충족되지 못할 때 사람들이 때로는 자연을 통해서나 운동을 통해서, 심지어는 애완동물들을 키우면서라도 그 어떤 관계 맺기를 그토록 원하고 있는 것입니다.

‘연합하리로다’

오늘 본문에 야곱과 결혼하게 된 첫째 부인 레아가 나옵니다. 결혼을 하긴 했지만 불행하게도 남편의 사랑을 받지 못합니다. 그가 남편의 사랑을 받기 위해서 얼마나 간절히 사모하고 노력하는가를 알 수 있습니다. 31절 말씀을 보면 “여호와께서 레아에게 총이 없음을 보시고 불쌍히 여기셔서” 그의 태를 열어주셨다고 말씀하고 있습니다.

다음 32절에서 레아는 남편의 사랑을 받지 못해서 “레아가 잉태하여 아들을 낳고 그 이름을 르우벤이라 하여 가로되 여호와께서 나의 괴로움을 권고하셨으니 이제는 내 남편이 나를 사랑하리로다 하였더라”고 했습니다. 첫째 아들 르우벤은 ‘아, 아들이다’라는 뜻입니다. 본문에 말씀한 대로 자신의 괴로움을 하나님께서 들으셔서 아들을 낳았으니 남편이 이제는 자기를 사랑할 것이라는 의미입니다. 자식이라도 낳으면 사랑을 받을 것이라는 그런 간절한 마음이 레아의 마음입니다. 적극적으로 노력하면 남편의 사랑을 받을 것이라는 마음이 상처를 받고 아무리 노력해도 남편 야곱의 마음을 돌이킬 수가 없어 갈수록 절망하고 좌절하고 한이 쌓여가는 것입니다.

그러나 인간의 절망은 하나님의 희망이라는 말이 있습니다. 남편에게 상처 받고 절망했기 때문에 레아는 하나님께 호소하고, 그래서 자기를 향한 하나님의 뜻을 깨달아가는 과정을 밟습니다. 그 과정이 오늘 본문 말씀에 나옵니다. 네 아들을 낳을 때 그 이름들을 짓는 데서 볼 수 있습니다. 갈수록 하나님을 의지하며, 하나님을 찾고 그분 앞에서 어떻게 살아가야 하는지 고민하는 모습을 성경에서 찾아볼 수 있습니다. 끊임없이 사랑을 추구하고 사랑받기 위해서 노력하고 있는 레아의 모습은 이 땅 위에 태어난 우리 모두의 모습입니다.

"또 여자에게 이르시되 내가 네게 임신하는 고통을 크게 더하리니 네가 수고하고 자식을 낳을 것이며 너는 남편을 원하고 남편은 너를 다스릴 것이니라 하시고"(창 3:16).

창세기에서 하나님의 말씀에 불순종하고 여인이 죄를 범했을 때 하나님이 여인에게 하신 첫 번째 말씀입니다. 이것이 죄를 지은 인간, 사랑을 잃은 존재의 근본적인 욕구, 욕망이 되었습니다. 사랑을 추구하는 존재, 그로 하여금 하나님과 연합하고 하나님을 찬양하는 자가 되게 하는 것, 바로 이것이 하나님께서 열두 지파를 이루게 하시면서 어떻게 이런 사랑받지 못한 존재들이 사랑을 받고 하나님과 연합하고 찬양하는 존재들이 될 수 있는지 우리에게 가르치신 것입니다.

하나님은 그의 고통 소리를 들으시고 그의 신음과 간구를 들으십니다.

33절에서 자신이 사랑받지 못했다고 절규하고 부르짖는 것을 하나님께서 들으셨으므로 둘째 아들을 낳았을 때 "내게 이도 주셨도다" 하고 이름을 시므온이라 했습니다. 그 다음 절입니다.

"그가 임신하여 아들을 낳고 이르되 내가 그에게 세 아들을 낳았으니 내 남편이 지금부터 나와 연합하리로다 하고 그의 이름을 레위라 하였으며"(창 29:34).

자신의 간절한 소원에 셋째 아들에게는 레위, '연합'이라는 뜻의 이름을 지었습니다. 실제로 이 열두 지파 가운데 레위 지파는 하나님 여호와를 성전에서 섬기는 지파가 되었고 제사장들이 나왔습니다. 제사장의 근본 사역은 하나님 여호와 앞에 나아갈 수 없는 백성들을 대신해서 그 죄를 짊어지고 나아가서 백성들의 죄를 용서받고 백성들과 하나님을 연합하는 역할을 하게 됩니다.

연합이라는 것은 분리라는 말을 전제로 하고 있습니다. 분리되어 있지 않으면 연합이라는 말도 사용할 필요가 없습니다. 지금 분리되어 있기 때문에 그것을 연합한다는 것입니다. 남편과 아내 사이가 사랑하고 사랑받지 못하는, 분리된 사이라면 어떻게 연합이 될 수 있겠습니까? 성경에서 말씀하는 '남편과 아내'는 물론 우리의 남편과 아내의 삶이 어떠해야 한다는 것을 말씀하고 있지만 그러나 그 배후에 담긴 영적인 의미를 우리는 꼭 기억해야 합니다.

남편 된 아담은 그리스도의 표상이고, 아내인 하와는 교회를 말합니다. 교회의 지체는 우리 성도들입니다. 하나님께서 원하시는 것, 그리스도께서 원하시는 것은 무엇입니까? 완전한 교회입니다. 레아는 구약의 교회, 광야교회를 상징합니다. 라헬은 신약의 교회, 회복된 교회상을 말합니다. 야곱이 라헬의 사랑을 위해서 대가를 지불한 것과 같이 그리스도께서 무엇을 위해서 간절하게 사모하고 대가를 지불하고 수고하고 애쓰셨느냐는 것입니다.

"자기 앞에 영광스러운 교회로 세우사 티나 주름 잡힌 것이나 이런 것들이 없이 거룩하고 흠이 없게 하려 하심이니라"(엡 5:27).

물로 씻어 거룩한 교회로 회복하기 위해서입니다.

"또 내가 보매 거룩한 성 새 예루살렘이 하나님께로부터 하늘에서 내려오니 그 준비한 것이 신부가 남편을 위하여 단장한 것 같더라"(계 21:2).

새 예루살렘, 바로 회복된 교회를 그리스도께서 원하시는 것입니다. 그것을 위해서 대가를 지불하시고 오셔서 고초를 겪으신 것인데, 결국 분리된 것을 연합하기 위함입니다. 타락하기 전의 교회 모습은 창세기 2장의 모습입니다. 아담의 갈빗대를 취해서 하와를 만드셨을 때 "이는 내 뼈 중의 뼈요 살 중의 살이라"고 감탄하는 바로 그 모습입니다.

그러나 3장에서 타락함으로써 '내 뼈 중의 뼈요, 살 중의 살'인 아내가 어떻게 변했습니까? 죄를 범한 후 하나님 앞에서 아담은 "하나님께서 주셔서 나와 함께 거하게 하신 저 여자가 나로 먹게 했습니다"라고 말합니다. '뼈 중의 뼈요 살 중의 살'인 그 아내가 '저 여자'로 바뀌어졌습니다. 가정에서도 서로 싸울 때는 '저 여자', '저 남자'라고 칭합니다.

'뼈 중의 뼈요 살 중의 살'로 하나 된 아담과 하와같이 하나님의 교회와 그리스도의 관계가 하나였던 것이 죄로 인해 분리된 것입니다.

레아가 레위를 낳고 '연합하다', '하나가 되게 하겠다'라는 뜻을 지닌 이름을 지었는데 하나님은 이렇게 하나 되기를 원하시는 것입니다.

교회는 결국 그리스도에게서 나온 것이어야 합니다. 세상으로부터 나온 것이 아닙니다. 흙으로부터 나온 것이 아닙니다. 그리스도로부터 나온 것만이 교회의 요소입니다. 그런데 타락했고 세상적이 되었습니다. 사랑받을 수 없는 존재가 되어 그 사랑을 얻기 위해 절규하며 사랑을 추구하는 것입니다.

레아가 다음에 또 아들을 낳습니다.

"그가 또 임신하여 아들을 낳고 이르되 내가 이제는 여호와를 찬송하리로다 하고 이로 말미암아 그가 그의 이름을 유다라 하였고 그의 출산이 멈추었더라"(창 29:35).

연합된 상태에서 유다를 낳으면서 어디로 발전하고 있습니까? 유다, 여호와를 찬송하는 예배자로 바뀌었습니다. 우리가 찬송하고 예배하려면 연합되어야 합니다. 하나님 앞에 찬양의 예배를 드림이 연합해서 이루어집니다.

"보라 형제가 연합하여 동거함이 어찌 그리 선하고 아름다운고"(시

133:1).

하나님이 기뻐하시는 것은 '연합', '하나 됨'입니다. 하나님을 찬양하고 경배하는 예배를 올려드릴 때에 제각기 흩어진 마음을 가지고 주님을 찬양한다면 하나님께서 기뻐하실 수가 없습니다. 우리가 연합해서 찬양을 할 때 하나님께서 하늘 문을 여시고 기뻐 받으시면서 모든 예배자들에게 어떠한 은혜를 주시겠는가를 상상해 보시기 바랍니다. 사랑받지 못할 자가 사랑받는 존재가 되고 서로 연합해서 하나님을 찬양하는 자가 되었습니다. 그래서 그의 이름을 유다라고 했다는 말씀입니다. 이 유다 지파에서 예수 그리스도가 태어납니다.

이스라엘 백성의 열두 지파를 이루는 데 있어서 레아를 통해서 난 네 아들들을 말씀하고 있습니다. 이것이 무슨 의미를 가지고 있습니까? 우리와 같은 존재들이 어떻게 하나님을 찬양하는 자로 발전할 수 있겠는가 하는 것입니다. 아직도 사랑을 받지 못하는 자들, 사랑을 추구하는 자들이 사랑을 얻기 위해서 헤매고 있습니다. 그래서 돈을 구하기도 하고 명예를 찾기도 하고 스포츠나 오락 가운데서 찾아 헤매는 '총이 없는(unloved) 사람들'이 많이 있습니다. 그리스도로부터, 하나님의 사랑으로부터 분리된 그들을 전도해서 주께로 이끌어 그리스도와 연합하게 하고 그들을 찬양하고 경배하는 예배자로 만드는 것이 얼마나 놀라운 일인지 모릅니다.

'있는 그대로' 꼬리표

우리는 성경에 나오는 인물들이 윤리 도덕적으로 볼 때에 특출한 분들로 생각하기 쉽습니다. 그러나 성경에 나오는 분들을 살펴보면 거의 모두 하자가 많은 사람들입니다. 아브라함, 이삭, 야곱의 가정들, 믿음의 조상의 가정들을 보고 있지만 인간적으로 부족하고 약점이 얼마나 많은 가정인지 모릅니다. 야곱의 집안만 보더라도 야곱이 열두 지파를 이루어 가는데 야곱의 두 아내 레아와 라헬 그리고 하녀들까지 실제로 아내가 넷인 가정입니다. 그러한 상황에서 사랑받기 위해서 일어나고 있는 복잡한 문제들을 보면 불을 보듯이 뻔한 것입니다.

노아도 의인이라고 하지만 그도 포도주에 취해서 벌거벗고 누워 부끄러움을 드러내고 자녀를 저주하는 일이 일어났습니다. 다윗 또한 높임을 받는 왕이지만 그러나 그도 간음죄를 범하고 살인죄를 지은 사람이었습니다. 왜 성경이 이렇게 죄의 모습들을 솔직하게 말하고 있습니까? 성경에 등장하는 분들도 살펴보니 정상인 사람이 별로 없습니다.

시카고 윌로우크릭 커뮤니티 교회에서 교육담당목사로, 후에 캘리포니아 주 멘로파크 장로교회 담임목사로 섬기고 있는 존 오트버그(John Ortberg)의 책 내용 중에 '고슴도치 딜레마'라는 것이 있습니다.

우리가 상점에 가면 클리어런스 세일이 있습니다. 거기에는 'as it is'(현 상태대로)라고 표기되어 있고, 아주 싸게 팝니다. 그리고 그 물건은 보통 환불 불가, 교환 불가입니다. 그 물건들을 살 때 전제되어야 하는 것은 이 물건들은 하자가 있을 수 있다는 것입니다. 단추가 떨어졌거나 지퍼가 망가졌고 한쪽에는 뭔가 묻어 있기도 합니다. 있는 그대로 판다는 것입니다. 이 존 오트버그 목사님이 앞에 언급한 책에서 말하기를, 우리 모두가 'as it is' 세일 코너와 같이 생각하고 살면 된다고 했습니다. 지극히 성경적인 것이 무엇인지 아십니까?

"의인은 없나니 하나도 없으며"(롬 3:10), "우리는 다 양 같아서 그릇 행하여 각기 제 길로 갔거늘"(사 53:6), "모든 사람이 죄를 범하였으매 하나님의 영광에 이르지 못하더니"(롬 3:23).

그래서 저도 꼬리표를 달았습니다. "저에게 하자가 있습니다. 저는 화를 냅니다. 저는 게으릅니다. 저는 우유부단합니다. 저는 함부로 말할 수 있습니다. 때로는 고집도 셉니다" 등등 꼬리표를 붙여놓습니다. 제가 그런데도 마음에 드십니까? 그래서 제 아내가 이렇게 하자가 많은 저를 그대로 용납해서 지금까지 물리지 않고 사니 할렐루야입니다.

세상에는 정상적인 남자도 없고 정상적인 여자도 없다는 것입니다. 성숙한 인간 관계가 회복되려면 반드시 보아야 되는 것이 'as it is' 태그(tag)입니다. 우리가 이것을 받아들이면 행복합니다. 그런데 나 스스로를 명품이라고 생각하면 교만할 수밖에 없고 남을 용납할 수도 없는 것입니다. 우리가 진정한 그리스도인의 공동체를 형성하려면 이런 환상적인 것을 헐어버려야 합니다.

독일의 순교 신학자 디트리히 본회퍼(Dietrich Bonhoeffer, 1906~1945)는 "우리는 나름대로 공동체에 대한 이상과 환상을 품은 채 관계를 맺고 있다"고 했습니다. 물론 상대방이 나쁜 사람이 아니고 정상적이고 온전한 사람이라고 기대하는 것이 어떤 의미에서는 좋기도 합니다. 그런데 그렇게 기대하기 때문에 항상 실망하고 낙담하는 것이 아닙니까?

자신은 항상 정상적인 사람이라고 생각하고 남들은 비정상적이라고 생각하니까 행복이 성립되지 않는 것입니다. 성경이 말하는 것이 무엇입니까? 의인은 없다. 모든 사람이 죄를 범했다는 것입니다. 야곱이 레아와 라헬, 실바와 빌하 이 네 여인을 통해서 열두 아들을 낳을 때 얼마나 어려운 일들이 많았겠습니까. 그들 가운데 암투와 싸움들이 얼마나 많았겠습니까? 그런데 하나님께서는 이 사람들이 낳은 열두 명의 자식들을 통해서 열두 지파를 형성하고 하나님의 백성, 하나님의 민족을 형성합니다. 그래서 저들로 하여금 하나님과 연합하고 하나님 여호와를 찬양하는 자들이 되게 하십니다.

주님을 찬양하는 자들이 되려면 서로 용납함이 있어야 합니다. 이렇게 하자가 많은 우리인데, 하나님은 놀라운 사랑으로 잃었던 것을 회복시켜 주셨습니다. 그래서 티나 주름 잡힌 것이 없는 존재로 만들어 주시면서 하나님을 찬양하는 찬양의 공동체를 형성하십니다. 제사장들이 하나님 여호와 앞에 나아갈 때에 에봇이라는 것을 입고 나아가는데 흉패에 가장 값진 열두 보석이 박혀 있습니다. 열두 지파를 상징하는 보석들입니다. 양 어깨 견대에 그 보석들이 달려 있습니다. 하나님께서 하자가 많은 우리를 보석과 같이 여겨주시며, 항상 하나님의 마음에 두시고 마음에 짊어지고 다니시는 것입니다. '총'이 없던 저들을 이제는 주님이 사모하는 자, 회복된 교회, 새 예루살렘 바로 그런 교회의 모습으로 회복시켜 주님을 찬양하고 경배하도록 하십니다.

우리는 모두가 다 부족하고 정상이 아니고 하자가 있는 존재로, 죄를 지었기 때문에 근본적으로 하나님의 사랑에서 떠난 자들입니다. 그래서 마귀가 우리를 분리시켰던 것입니다. 그런데 예수님으로 인해서 하나로 연합되게 하시고 당신 가슴에 항상 품고 다니시는 보석 같은 존재들로 삼으셨습니다. 영원히 품고 영원히 함께하시는 교회 지체들로, 사랑받는 성도들이 되었습니다.

교회를 통해서, 사역 공동체를 통해서 부족한 것이 있어도 서로 용납할 수 있고 이해하고 받아들이고 연합하여 하나 될 수 있는 예배 공동체가 되기를 바랍니다. 우리가 매일, 매주 드리는 찬양이 하나님께서 기뻐 받으시는 찬양이 되게 하려면 주님의 마음에 합하는 것, 하나 됨의 연합이 있어야 합니다. 이 연합의 조건은 'As it is' 있는 그대로 받아들이고 용납하는 것입니다.

"우리가 아직 죄인 되었을 때에 그리스도께서 우리를 위하여 죽으심으로 하나님께서 우리에 대한 자기의 사랑을 확증하셨느니라"(롬 5:8).

내가 연약할 때, 죄인 되었을 때, 원수 되었을 때에도 그가 먼저 우리를 사랑하셔서 우리를 위해서 화목제물이 되어 주신 그 은혜 때문입니다. 조건을 넘어서 용납하고 사랑할 수 있는 것이 바로 그 은혜 때문입니다. 하나 될 수 있는 비결, 그리고 그분을 찬양할 수 있는 비결은 바로 예수 그리스도에게 있습니다. 천국의 백성으로 열두 지파를 형성하게 하는 하나님의 놀라우신 은혜와 사랑이 가정과 섬기시는 교회에서 흘러 넘쳐, '총'이 없는 자들에게 이 사랑이 회복되고 함께 주님을 섬기는 기쁨의 공동체가 되기를 간절히 축원합니다.

믿음을 잃으면 질투한다

창세기 30:1-8

라헬이 자기가 야곱에게서 아들을 낳지 못함을 보고 그의 언니를 시기하여 야곱에게 이르되 내게 자식을 낳게 하라 그렇지 아니하면 내가 죽겠노라 야곱이 라헬에게 성을 내어 이르되 그대를 임신하지 못하게 하시는 이는 하나님이시니 내가 하나님을 대신하겠느냐 라헬이 이르되 내 여종 빌하에게로 들어가라 그가 아들을 낳아 내 무릎에 두리니 그러면 나도 그로 말미암아 자식을 얻겠노라 하고 그의 시녀 빌하를 남편에게 아내로 주매 야곱이 그에게로 들어갔더니 빌하가 임신하여 야곱에게 아들을 낳은지라 라헬이 이르되 하나님이 내 억울함을 푸시려고 내 호소를 들으사 내게 아들을 주셨다 하고 이로 말미암아 그의 이름을 단이라 하였으며 라헬의 시녀 빌하가 다시 임신하여 둘째 아들을 야곱에게 낳으매 라헬이 이르되 내가 언니와 크게 경쟁하여 이겼다 하고 그의 이름을 납달리라 하였더라

죄 중에 가장 무서운 죄가 무엇이겠습니까? 그것은 질투로 말미암은 것입니다. 질투는 자기도 망하고 남도 망하게 만듭니다. 질투는 가장 가까운 사람들의 관계까지도 회복할 수 없을 정도로 금이 가게 만들고 파괴하는 경우가 많습니다.

"분은 잔인하고 노는 창수 같거니와 투기 앞에야 누가 서리요"(잠 27:4).

투기와 질투 앞에 설 자가 없다는 말씀입니다. 질투의 무서움을 말하고 있습니다.

본문 말씀을 보면 라헬이 남편 야곱에게 "나로 자식을 낳게 하라 그렇지 않으면 내가 죽겠노라"고 했습니다. 이 말씀이 나오게 된 배경을 상상해 보십시오. 한 여인의 질투심에서 나온 아주 앙칼진 모습이 보입니다. 라헬이 죽어버리겠다면서 남편에게 달려들었는데, "라헬이 자기가 야곱에게 아들을 낳지 못함을 보고 투기하여" 그렇게 했다는 것입니다.

'질투'의 뜻은 '열성적이다' 혹은 '붉다'라는 말로 얼굴에 핏발이 설 정도로 흥분한 모습이라는 의미입니다. 여인만 질투하는 것은 아니겠지만 질투하는 여인들 얼굴에 핏발 선 붉은 모습을 상상해 보십시오. 질투는 사르는 불과 같이 파괴적인 폭력성을 일으키는 감정입니다. 질투나 투기하는 마음은 불신앙의 마음에서 옵니다. 믿음을 잃어버리면 결국은 투기와 질투의 마음이 생겨납니다. 하나님의 신실하신 약속을 믿는다면 과연 이러한 격정의 마음들이 일어나겠습니까?

질투가 품은 독성

우리는 라헬과 같은 처지에 있던 한나를 기억합니다. 그녀의 남편 엘가나에게는 브닌나라는 또 다른 부인이 있었는데 그녀는 아기를 잘 낳았습니다. 한나는 아기를 낳지 못해서 놀림을 받았고 라헬과 마찬가지로 질투를 할 수밖에 없는 상황이었습니다. 그러나 한나는 하나님 앞에 눈물과 통곡으로 아뢰었습니다. 반면 라헬은 마음의 파괴적인 질투를 남편에게 쏟아 붓고 있습니다. 결과는 엄청나게 다릅니다. 한나를 통해서는 하나님께서 주신 응답으로 사무엘을 낳았습니다. 사무엘은 이스라엘의 역사를 바꾼 놀라운 하나님의 아들입니다. 모두가 다 같은 일들을 당할 수 있는데 어떻게 자신들의 마음을 표현하고 나타내는가에 따라 엄청난 차이가 있습니다.

질투는 원망을 낳습니다. 질투는 눈을 흐리게 합니다. 바로 보아야 하는데 볼 것을 보지 못하게 만듭니다. 문제는 자기 자신에게 있음에도 불구하고 자신을 보지 못하게 만드는 것이 질투입니다. 이기적인 자신에게 온통 마음이 향하도록 하는 것이 질투입니다. 그 질투의 표현들이 품은 독성이 얼마나 강력합니까? 질투는 한 가정을 파괴로 이끌고 공동체를 불화하게 만들어서 결국 해체되게 하고 파괴하는 독소를 가지고 있습니다.

만약 가정에서 부모들이 이러한 갈등을 하면서 자기의 분냄을 표현하고 있다면 자녀들에게 매일 독약을 먹이는 것과 같습니다. 우리는 감정 표현을 말로 하고 있습니다. 바로 이 언어 생활이 온 가정의 분위기를 형성합니다. 그런데 이런 질투심과 시기심으로 누군가를 투기하고 있다면 그 가정의 분위기는 마귀가 좋아하는 파괴적인 요소로 채워지게 됩니다.

믿는 가정에서 기도와 찬송 소리가 끊이지 않고 부부가 함께 하나님 말씀을 소리 내어 읽는다면 그 가정에는 생기가 넘칠 것입니다. 그래서 우리 가정에서도 매일 아침마다 식사를 하기 전에 찬송을 소리 내어서 부르고 성경을 소리 내어서 같이 읽습니다. 우리 두 사람에게 좋을 뿐만 아니라 가정 전체에 악한 독소를 제거하고 가정을 하나님의 영광으로, 주님의 말씀의 생명으로 가득 채우는 역사가 일어납니다. 가정에서 입을 열어서 마음을 열어서 찬송을 부르십시오. 말씀도 큰 소리로 읽고 통성으로 기도하면 엄청난 사탄의 권세를 파괴하는 능력이 임합니다. 자녀들이 엄마의 기도소리, 아빠의 찬송소리를 들으면서 자란다면 얼마나 엄청난 하나님의 능력이 임하겠습니까?

자녀들이 가장 두려움에 빠져서 떨게 되는 것이 무엇 때문입니까? 부모들이 불화하고 싸울 때 자녀들은 어찌할 바를 모르게 됩니다. 정서가 불안해지고, 마음에 상처를 입고 독극물을 마시는 것이나 마찬가지입니다. 가장 가까이에 있는, 꼭 믿어야 할 사람도 믿지 못하게 만드는 것이 질투입니다. 전혀 잘 모르는 사람들이나 관계가 먼 사람들은 질투할 필요도 못 느끼게 마련입니다. 사실은 가장 가까이 있는 친구들이나 함께 일하는 사람들에게 질투를 느끼게 됩니다. 그래서 질투와 시기는 가장 가까운 관계를 파괴시키는 능력이 있습니다.

창세기에서도 가인과 아벨이 하나님 앞에 제사를 올려드렸는데, 가인은 응답을 받지 못했으나 동생 아벨이 응답을 받자 질투가 발했습니다. 그 질투심은 동생을 돌로 쳐 죽이게 합니다. 질투와 시기의 엄청난 파괴력이 살인에까지 이르게 한 것입니다. 죄를 지은 인간 속에 가지게 된 것이 질투심이고 이 질투심은 경쟁심리를 불러 옵니다.

선한 의미에서의 경쟁은 향상과 발전으로 열매 맺지만 이기적인 자신에게서 나오는 투기나 질투로 인한 경쟁심리는 공동체를 파괴시키는 결과를 낳습니다. 시기와 질투를 품고 경쟁할 때 거기는 반드시 마귀가 역사하며 파괴의 영이 들어가게 됩니다. 될 것을 되지 못하게 만들고 갈라지게 만듭니다.

질투를 몰아내는 믿음

레아와 라헬이 자기들의 몸종까지 동원해서 자식 낳기 경쟁을 하고 있습니다. 물론 하나님께서는 하나님의 방법으로 선하신 뜻으로 그들을 통해서 열두 지파를 형성하며 하나님의 백성을 만드십니다. 그러나 질투심 때문에 일어나고 있는 경쟁 속에서 큰 갈등으로 인한 아픔들이 표현되고 있습니다. 질투는 힘과 에너지를 낭비하게 만듭니다.

질투하고 시기할 때 어떻습니까? 온갖 생각들이 거기에 총집중을 하게 됩니다. 그러니까 정작 중요한 일들, 우리가 힘을 쏟아서 섬기고 사랑하고 봉사하고 세워야 하는 데 써야 할 힘을 낭비하는 것입니다. 집중해야 하는 것으로부터 초점이 흐려지게 만듭니다. 결과는 무엇이겠습니까? 쓰라린 후회만 남게 만듭니다. 필요 없는 경쟁을 해서 힘을 쏟고 그 독소가 계속 작용하게 됩니다. 마치 암 덩어리가 커져서 죽음으로 몰아넣는 것처럼 삶을 망가뜨리는 것입니다.

라헬이 질투 때문에 몸종을 남편에게 들여보낸 결과가 무엇입니까? 빌하를 통해서 아들 단을 낳게 됩니다. 그리고 납달리를 낳았습니다. '단'이라는 뜻은 '판단한다', '판결한다'는 뜻이고 '납달리'는 '싸움', '경쟁'이라는 뜻입니다.

"단은 이스라엘의 한 지파같이 그의 백성을 심판하리로다 단은 길섶의 뱀이요 샛길의 독사로다 말굽을 물어서 그 탄 자를 뒤로 떨어지게 하리로다"(창 49:16-17).

놀라운 것은 요한계시록에 보면 그 택함 받은 백성 십사만 사천이 나오는데, 그 십사만 사천 가운데 단 지파가 빠졌습니다. 우연이 아닙니다. 질투하고 시기할 때 결과가 어떻게 나타납니까? '단'이 가진 뜻과 같이 '판단', '판결'을 받게 됩니다.

다윗은 사울 왕의 사위입니다. 사울 왕과 다윗이 서로 경쟁의 대상이 됩니까? 하지만 질투심이 들어가니까 사위도 없습니다. 정상적인 사람이라면 만약 사위를 하나님께서 택하셔서 기름을 부으셨다면 기쁨으로 여기고 잘 돌봐주고 양육을 시켜주고 좋은 왕이 되도록 인도를 했어야 합니다. 만약 그랬다면 어떻게 되었겠습니까?

하지만 사울은 다윗을 죽이는 데 온 힘을 기울이고 군사를 풀었습니다. 나라 일은 돌보지 않고 사위를 죽이는 데 세월을 보내는 것입니다. 이에 하나님께서 그를 왕으로 세운 것을 후회하셨습니다. 우리가 받아야 할 교훈입니다. 시기하고 질투하고 경쟁하는 가운데 빠져 하나님 앞에 순종하지 않으면 사울과 같이 됩니다. 주님의 뜻 안에서 주님의 손 안에서 다루어지며 쓰임 받으려면 질투심 때문에 경쟁하고 싸워서 결국 자기 자신을 파괴시키지 말아야 합니다. 어느 공동체나 마찬가지입니다. 교회만이 아니라 사회에서도 마찬가지입니다. 쓸데없는 경쟁으로 인해 주어진 위치나 직분에서 내쳐지는 것이 세상입니다. 하나님도 그렇게 하셨습니다. 질투의 결과는 엄청납니다. 문제는 어떻게 이 질투를 극복할 수 있을까에 있습니다. 불신앙은 질투를 생산합니다. 그러나 믿음은 질투를 몰아냅니다. 믿음은 어두움을 물리칩니다. 그러므로 믿으시기 바랍니다.

이렇게 생각해 보십시오. 라헬의 언니인 레아가 아들을 넷이나 잘 낳아줬습니다. 그러나 라헬은 남편의 사랑을 독차지하고 있습니다. 하나님의 약속은 야곱을 통해서 자식들을 낳아서 하나님의 백성들을 이루는 것이기 때문에 만약에 라헬이 믿음을 굳게 지키면서 '나는 야곱의 사랑을 받는 자이기 때문에 하나님께서 나를 통해서도 분명히 자식을 주실 것이다'라고 여긴다면 언니 레아를 축하해 줄 수 있었을 것입니다. 어렵습니까? 그러나 바꿔 생각해 보십시오. 이것이 믿음입니다. 믿음의 행동입니다. 만일 그랬다면 그 가정의 분위기가 어떻게 되었을까 상상해 보십시오.

세계적인 리더십의 대가인 존 맥스웰의 《함께 승리하는 신뢰 법칙》이라는 책에는 '친구의 성공을 진심으로 축하해라'라는 챕터가 있습니다. 가까운 사람이 성공했을 때 진심으로 축하해 주는 일이 의외로 어렵다는 것입니다. 맥스웰 목사님이 자신의 경험을 이야기하면서 잘 알려진 아버지 덕분에 다른 사람들보다 빨리 성공을 누리게 되었는데, 의외로 자신의 성공을 축하해 주고 기뻐하는 사람들이 없더라는 것입니다. 실패의 아픔들을 경험할 때에 서로 동정심을 가지기는 쉽습니다. 그러나 남이 성공했을 때에 마음이 합해져서 진심으로 축하하고 기뻐해 주는 일은 보통 건강한 마음이 아니면 하지 못합니다. 왜 남의 성공을 진심으로 축하하지 못합니까? 우리 속에 있는 정서적인 불안, 편협한 사고방식, 내적인 상처 등 쉽게 말하면 질투심이나 시기심의 발로로 그렇게 된다는 것입니다. 그런 것들로 인해서 남이 잘되는 것을 견디기 어려워한다는 것입니다.

성경에 보면 바나바와 사도 바울의 관계가 있습니다. 바나바는 남을 일으켜 세우고 격려와 위로로 상대방에게 힘을 주는 사람입니다. 초기에 바울이 사도로 서기까지 이 바나바의 역할이 아주 컸습니다. 다른 사도들과의 관계에서 바울이 어려움을 겪을 때 바나바가 그를 소개하고 세워주는 일들을 행한 것입니다. 자기보다 오히려 더 나은 능력이 있는 그를 세울 수 있다고 하는 것은 평범한 사람은 하기 어려운 일입니다.

요나단과 다윗의 관계도 마찬가지입니다. 요나단은 왕의 아들로 나라의 제2인자입니다. 자신이 왕이 될 사람입니다. 그런데 사무엘 선지가 다윗에게 기름을 부었습니다. 질투가 발하면 '내가 왕이 되어야 하는데, 이자가 내 자리를 차지하겠구나' 하면서 죽이려고 할 것입니다. 그러나 요나단은 그게 아니었습니다. 하나님의 뜻에 순종하면서 오히려 다윗을 사랑했습니다. 이 '요나단이 다윗을 사랑함이 여인의 사랑보다 승했다'는 표현이 성경에 기록되어 있습니다. 내가 취할 왕의 자리를 차지한 자와 함께 기뻐하고 즐거워하며 어려움을 피할 수 있도록 길을 내어주는 일을 하는 사람이 요나단입니다. 또 마귀가 열두 제자들에게 경쟁심과 질투심을 불어넣는 예가 성경에 나옵니다. 요한과 야고보의 어머니가 예수님께 와서 "우리 두 아들들을 잘 좀 봐주세요" 하고 부탁할 때 서로 질투가 나서 시기하였습니다.

복음서에서 우리는 성삼위 하나님의 관계를 읽을 수 있습니다. 성부 하나님께서 성자 하나님이신 예수님을 보내셨을 때에 어떤 표현을 하셨는지, 예수님이 성부 하나님을 어떻게 높였는지, 그리고 성령 하나님이 예수님을 어떻게 증거하고 그분을 높여 드리시는지 읽을 수 있지 않습니까? 서로가 서로를 높이고 서로를 찬양하는 성부 하나님, 성자 하나님, 성령 하나님의 관계를 성경은 잘 보여주고 있습니다.

믿으면 구원을 받는데 구원을 받은 사람들이 할 일들이 무엇입니까? 하나님이 우리에게 주신 것들을 통해서 노력하며 섬기고 봉사하는데 그 인간관계가 중요하다는 것입니다. 친하면 친할수록 서로 축하하고 많이 기뻐해야 합니다. 세상의 모든 것은 노력하고 힘써야 합니다. 가까운 사람끼리 서로 축하해 주고자 힘쓰시기 바랍니다. 질투 안 할 것 같지만 저에게도 그런 질투가 있습니다. 저보다 설교 잘하는 사람, 저보다 목회 잘하는 사람이 있다면 질투가 나는 것이 솔직한 감정이라는 말입니다. 우리는 한쪽으로만 생각하기 때문에 질투와 시기심으로 자신을 몰아넣고 있고 그것이 나를 파괴시키는 줄도 모르는 것입니다. 역으로 오히려 축하해 주는 용기를 가지라는 것입니다. 속으로만이 아니라 말로도 표현하는 용기를 가지라는 것입니다. 교회에서도 상상을 한 번 해보십시오. 어떤 사역 공동체나 셀이나 교구를 같이 섬기는데 서로가 용기를 주고 서로가 '잘했다' 칭찬해주고 기뻐한다면 그 분위기에 성령님이 역사하실 것입니다. 질투와 시기로 싸우는 분위기와 서로를 위하고 사랑하는 분위기를 비교해서 상상해 보십시오. 가정도 직장도 마찬가지입니다.

기쁨은 나눌수록 커진다고 하는데, 반대로 질투는 어떻게 되겠습니까? 우리의 마음은 밭과 같습니다. 내 마음의 밭에 무엇을 심겠습니까? 질투를 심겠습니까? 질투의 영이 커지고 그 열매를 맺을 것입니다. 그러나 칭찬과 기뻐하는 마음으로 심는다면 그 열매를 맺게 됩니다. 먼저 가장 가까운 가정에서 이 일들을 행하고 직장에서 적용을 해보기 바랍니다.

직장생활도 어떤 승부욕이나 성취욕 등을 품고 동료들과 더불어 경쟁 가운데 시기하고 질투하는 마음을 가지면 신경이 곤두서게 되어서 속에서 건강을 해치는 아드레날린이 나온다고 합니다. 셀 목장에서나 사역 공동체에서 칭찬하고 서로를 기뻐하는 일들을 실천한다면 우리의 영육이 정말 건강하게 성장하게 될 것입니다. 우리의 영적인 눈이 하나님의 섭리를 깨닫게 되고 우리는 주님의 몸의 지체라는 것을 깨달으면 이것을 생활로 실천할 수 있습니다.

로마서에서 주의 몸의 지체를 이루는 것을 말씀하면서 남이 울 때 같이 울어주고 남이 슬퍼할 때 같이 슬퍼하고 남이 기뻐할 때 같이 기뻐해 주는 사람들이 한 몸을 이루는 공동체가 될 때 주의 몸의 지체를 이룰 수 있다고 말씀하고 있습니다.

지금 라헬이 남편을 질투하는 것은 남편이 다른 사람과 관계가 있기 때문에 그런 것입니다. 그러나 남편이 잘 될 때 시기하는 아내가 있습니까? 아내가 잘 될 때 시기하는 남편이 있습니까? 왜 그렇습니까? 부부는 한 몸이기 때문입니다. 자식이 잘 될 때 시기하는 부모가 있습니까? 부모님이 잘 될 때 시기하는 자녀가 있습니까? 그것은 한 몸 관계이기 때문에 시기 질투가 없는 것입니다.

교회공동체는 주님의 몸입니다. 우리는 그리스도의 몸의 지체입니다. 그리스도 안에서 한 몸 된 지체가 되면 시기하고 질투할 수가 없습니다.

부부간에 사랑의 관계가 되지 못하고 떨어진 관계가 되면 서로 질투할 수 있습니다. 이 시기, 질투, 분노를 없애는 방법이 무엇인지 실제적인 면을 다루고 싶습니다. 저도 이 사실을 깨닫고 실천하고자 했습니다. 물론 스스로 제거할 수 있는 것은 아니지만 주님의 영의 인도하심을 따라서 어떻게 이 독소를 제거할 수 있겠습니까?

여러분, 우리가 신앙생활을 잘해야 한다고 많이 얘기하는데, 결국 이 문제를 해결하지 못하고 내 안에 독소를 그대로 가지고 살면 기쁨과 감사를 소유하지 못하고 그 독소 가운데 거하다 죽어가는 인생이 될 수밖에 없습니다.

그러나 기도의 놀라운 능력에 의해서, 주님의 생기로 말미암아 내 마음의 영역을 지배하고 다스릴 수 있습니다. 이 독소가 제거된 우리의 삶을 주님 앞에 드리는 은혜가 있기를 바랍니다.

라헬의 질투 때문에 자신과 가정이 얼마나 어려움을 겪고 있습니까? 거기에 하나님과 성령의 역사하심이 어떻게 일하시는지 보십시오. 내가 가는 곳마다, 존재하는 곳마다 정화시키는 능력을 불러일으키고 영혼들이 주님을 만나는 은총이 임하도록 하기 위해 우리는 어떻게 해야 합니까?

믿음을 잃으면 질투가 납니다. 그러나 칭찬하고 남을 기뻐해 줄 때 어떤 일들이 일어납니까? 놀라운 하나님의 나라가 세워질 뿐만 아니라 이 땅에서 천국이 이루어지는 바로 그 역사가 나타납니다. 모든 독소가 제거되고 해제되는 역사가 일어나 거기에 생명의 역사하심과 주님의 행복이 전달됩니다. 이 은혜가 우리 가정과 교회와 섬기는 모든 곳에 일어나기를 예수님의 이름으로 축원합니다.

생명을 주시는 하나님

창세기 30:9-24

레아가 자기의 출산이 멈춤을 보고 그의 시녀 실바를 데려다가 야곱에게 주어 아내로 삼게 하였더니 레아의 시녀 실바가 야곱에게서 아들을 낳으매 레아가 이르되 복되도다 하고 그의 이름을 갓이라 하였으며 레아의 시녀 실바가 둘째 아들을 야곱에게 낳으매 레아가 이르되 기쁘도다 모든 딸들이 나를 기쁜 자라 하리로다 하고 그의 이름을 아셀이라 하였더라 밀 거둘 때 르우벤이 나가서 들에서 합환채를 얻어 그의 어머니 레아에게 드렸더니 라헬이 레아에게 이르되 언니의 아들의 합환채를 청구하노라 레아가 그에게 이르되 네가 내 남편을 빼앗은 것이 작은 일이냐 그런데 네가 내 아들의 합환채도 빼앗고자 하느냐 라헬이 이르되 그러면 언니의 아들의 합환채 대신에 오늘 밤에 내 남편이 언니와 동침하리라 하니라 저물 때에 야곱이 들에서 돌아오매 레아가 나와서 그를 영접하며 이르되 내게로 들어오라 내가 내 아들의 합환채로 당신을 샀노라 그 밤에 야곱이 그와 동침하였더라 하나님이 레아의 소원을 들으셨으므로 그가 임신하여 다섯째 아들을 야곱에게 낳은지라 레아가 이르되 내가 내 시녀를 내 남편에게 주었으므로 하나님이 내게 그 값을 주셨다 하고 그의 이름을 잇사갈이라 하였으며 레아가 다시 임신하여 여섯째 아들을 야곱에게 낳은지라 레아가 이르되 하나님이 내게 후한 선물을 주시도다 내가 남편에게 여섯 아들을 낳았으니 이제는 그가 나와 함께 살리라 하고 그의 이름을 스불론이라 하였으며 그 후에 그가 딸을 낳고 그의 이름을 디나라 하였더라 하나님이 라헬을 생각하신지라 하나님이 그의 소원을 들으시고 그의 태를 여셨으므로 그가 임신하여 아들을 낳고 이르되 하나님이 내 부끄러움을 씻으셨다 하고 그 이름을 요셉이라 하니 여호와는 다시 다른 아들을 내게 더하시기를 원하노라 하였더라 예수님의 제자들은 분명히 복을 받은 사람들입니다. 이스라엘의 열두 지파도 분명히 하나님의 복을 받은 사람들입니다. 야곱의 열두 아들들은 지극히 평범한 사람들이었습니다. 어쩌면 많은 문제를 안고 있었던 사람들이었습니다. 그러나 하나님의 기름 부음을 받을 때 그들은 제사장의 가슴에 새겨진 열두 보석과 같이 아름답게 빛나는 하나님의 사람들로 쓰임을 받을 수 있었습니다. 예수님의 제자들 가운데도 베드로나 요한, 도마와 가룟 유다 같은 여러 종류의 사람들이 있었고, 그들은 평범한 사람들이었습니다. 그런데 예수님의 열두 제자들은 성령을 받은 다음 변화되어 하나님 앞에 쓰임 받는 사람들이 되었습니다.

이스라엘의 열두 지파가 된 야곱의 열두 아들들은 한 어머니에게서 태어나지 않았습니다. 아주 복잡한 가정환경 속에서 넷이나 되는 여인들에게서 태어나 힘들게 자랐습니다. 또 이 아들들 모두가 다 훌륭한 사람들이 아니었습니다. 도덕적으로도 심각한 문제가 있던 아들도 있었습니다. 맏아들 르우벤과 같은 경우가 그랬고 시므온이나 레위도 마찬가지로 '잔해하는 기계다'라고 말할 정도로 성격이 불같고 과격해서 큰 문제가 있었습니다. 형제들 사이에도 도덕적인 편차가 많았습니다. 이런 약점이나 부족함이 있는데도 불구하고 하나님께서는 이들을 이스라엘 열두 지파의 조상으로 삼으셨다는 것입니다. 하나님은 저들을 여전히 사랑하시고 용납하시며 하나님의 백성을 삼으셨습니다.

기다림의 응답

야곱의 네 아내들을 보십시오. 레아는 본처이고 둘은 종입니다. 그들을 통해서 자녀들을 낳는데 라헬을 제외하고는 모두가 다 순조롭게 아이를 잘 낳았습니다. 레아를 통해서 여섯 아들을 낳았습니다. 종 실바와 빌하를 통해서 각각 둘씩 아들을 낳았습니다. 그리고 야곱이 그토록 사랑하는 라헬은 아이를 낳지 못합니다. 라헬의 마음고생을 가히 짐작할 수 있습니다. 갈등과 고민으로 아픔과 상처가 얼마나 심했겠습니까? 이러한 투기와 질투, 아픔이나 상처는 다른 차원으로 우리에게 영적인 교훈을 줍니다. 여기에서 우리는 하나님께서 원하시는 하나님 나라를 이루어가시는 하나님의 방법을 상고할 수 있습니다.

라헬은 언니 레아가 불임 치료제로 알려진 합환채를 가지고 있다는 것을 알게 되었습니다. 자기의 남편을 내어주면서까지 그 합환채를 얻어서 아기 낳기를 간절히 원하는 라헬입니다. 그러나 그 합환채 때문에 아기를 낳게 되는 것이 아니지만 수단과 방법을 가리지 않고 최선을 다했습니다. 그러나 하나님께서 문을 닫으시면 열 자가 없고 문을 여시면 닫을 자가 없는 것입니다. 인간적인 노력으로는 한 생명도 탄생시킬 수가 없는 것을 성경이 우리에게 가르쳐 주고 있습니다. 그래서 생명은 하나님께 속한 것입니다. 생명의 근원은 하나님이시며 주님으로부터 오는 것입니다. 인간적인 노력을 하면 할수록 허사라는 것을 알 수밖에 없도록 만드시는 분이 바로 하나님이십니다. 그리고 마침내 하나님께서 라헬의 태를 열어주십니다.

"하나님이 라헬을 생각하신지라 하나님이 그의 소원을 들으시고 그의 태를 여셨으므로"(창 30:22).

하나님께서 라헬을 잊지 않으셨다는 말씀입니다. 우리가 기도할 때 때로는 기다림을 거절로 생각하게 됩니다. 우리가 기도하고 간구하며 소원을 아뢸 때에 하나님께서 즉각 응답하시는 경우도 많지만, 때로는 "네게 유익한 것이 아니니까 그것을 받을 수가 없다"라고 거절하시는 경우도 있습니다. 또 하나님께서는 우리를 기다리게도 하십니다. 우리가 원하는 때가 아니라 하나님의 때에 하나님의 방법으로 주시기 위해서 기다림의 방법도 사용하십니다. 그럴 때 우리는 참지 못하고 하나님께서 거절하신 걸로 생각하는 경우가 참 많습니다. 그래서 좌절하고 낙망하고 심하면 하나님을 저버리고 하나님의 약속을 잊어버리는 경우도 있습니다.

하나님께서 라헬로 하여금 기다리고 기다리게 하신 이유가 무엇이겠습니까? 인생의 좌절을 경험하고 많은 아픔을 겪게 하신 이유가 무엇입니까? 하나님의 의도와 뜻을 분별할 줄 아는 지혜가 있어야 합니다. 생명은 하나님의 능력이요, 하나님의 선물입니다. 라헬이 소원하던 자식을 낳게 될 때에 '하나님이 주고자 하시는 하나님의 선물은 인간의 방법으로 얻는 것이 아니구나'라는 사실을 깨닫게 됩니다. 하나님은 라헬에게 두 아들을 주셨는데, 그들이 바로 요셉과 베냐민입니다. 요셉을 통해 하나님께서 부끄러움을 씻어주셨을 뿐 아니라 마지막 절에 보면 그 뜻이 "여호와는 다시 다른 아들을 내게 더하시기를 원하노라"는 것입니다.

요셉은 이 열두 아들들 중에서 가장 뛰어난 아들입니다. 예수님을 가장 많이 닮은 아들이 요셉입니다. 창세기 가운데 아브라함이나 이삭, 그리고 야곱보다 요셉에게 더 많은 지면을 할애하고 있습니다. 요셉을 통해서 어떻게 하나님께서 일하셨는가를 성경이 가르쳐주고 있습니다.

요셉을 통해서 므낫세와 에브라임, 두 아들을 갖게 됩니다. 이 두 아들들이 열두 지파 가운데 들어가게 되는 것은 놀라운 하나님의 섭리입니다.

베냐민은 마지막에 낳은 아들로서 그를 낳고 라헬이 죽습니다. 그는 약했으나 하나님께서는 그를 통해서 민족의 영적 구원을 이루는 사람들이 나타나게 하십니다. 에스더의 삼촌 모르드개는 유대인들이 전멸당할지 모르는 위기에 민족을 구원하는 구원자 역할을 합니다. 사도 바울이 자기 자신이 누구인지 말할 때에 혈통으로는 '베냐민 지파'라고 했습니다. 어떻게 보면 가장 약한 지파 같은데 하나님께서는 그 후예를 통해서 하나님의 일을 하십니다. 신약에서 가장 예수님을 닮은 사람이 누구라고 생각하십니까? 보통 사도 바울이라고 합니다. 그는 영혼을 구원하고 생명을 구하는 데 열정을 지닌 자입니다. 그러한 사도 바울이 바로 베냐민 지파 자손입니다.

하나님께서 원하시는 생명의 탄생

그런데 왜 성경이 이 아기 낳는 경쟁과 같은 복잡한 가정사를 우리에게 말씀으로 보여주고 있습니까? 왜 그리고 어떻게 이들로 하여금 하나님의 백성의 열두 지파를 형성해서 하나님 나라의 모형인 이스라엘 나라를 탄생시키고 있는가를 살펴보고자 합니다.

여인은 성경에서 '교회'라고 했습니다. 그래서 레아는 구약의 교회 모습, 라헬은 신약의 교회 모습이라고 설명합니다. 구약의 교회 모습은 하나님의 사랑이 아직까지 충만하게 표현되지 않은 상태입니다. 택함 받은 이스라엘 백성들이 혈통을 따라서 낳기만 하면 그냥 이스라엘 족속으로 입적이 되는 것입니다. 그런데 신약의 교회는 하나님께서 당신 자신을 내어주셨습니다. 그의 사랑을 몽땅 다 쏟아 부어주신 것입니다.

라헬은 야곱의 사랑을 듬뿍 받습니다. 그런데 이 라헬이 그토록 원하는 것은 무엇이었습니까? 자식 낳는 것입니다. 하나님께서 이 신약의 교회를 통해서 하기를 원하시는 것이 바로 이 생명 탄생입니다. 그런데 이것은 자연적으로 가정을 이루었기 때문에 자식을 낳는 것이나 혈육이나 혈통으로 낳는, 그런 것을 원하는 것이 아닙니다.

신약 교회의 모습은 무엇입니까? 이것은 우리의 힘이나 노력으로 탄생할 수 있는 교회가 아닙니다. 예수 그리스도를 통한 십자가, 그리고 보내주신 성령의 능력으로 말미암아 거듭난 생명입니다. 인간의 방법이 아닌 하나님의 방법으로 하나님이 태를 여시지 아니하시면 받을 수가 없는 생명입니다. 그래서 우리가 반드시 거쳐야 하는 신앙의 단계가 되는 것입니다.

주일에 교회 와서 예배를 드렸다는 것으로 그냥 구원받는 줄로 아는 분이 많이 있습니다. 내가 힘쓰고 애쓰고 노력하면 구원받는 줄로 아는 사람도 있습니다. 구약의 레아나 종들이 아이를 낳으면 이스라엘 백성이 되는 것과 같이 그렇게 태어나면 저절로 혈육에 속해 구원받는 줄 알지만 그것이 아닙니다. 하나님께서 주신 생명 탄생의 모습이 있어야 하는 것입니다. 인간의 방법이 아닌 하나님의 방법입니다. 하나님께서 우리에게 가르쳐 주시기 원하는 것이 이 영적인 자식을 낳는 방법입니다. 하나님의 소원은 하나님의 자녀를 얻는 것입니다. 그것은 아브라함, 이삭과 야곱을 통해서 계속 저들에게 말씀하신 것입니다.

창세기 12장에 하란에서 아브라함을 부르실 때에 "내가 너로 큰 민족을 이루고"라고 하셨습니다. 이것은 첫 번째로 하신 말씀입니다. 하나님의 자녀들로 큰 민족을 이루는 것입니다. 창세기 26장에 보면 이삭에게 브엘세바에서 "네 자손을 하늘의 별과 같이 번성케 하며 네 자손으로 천하 만민이 복을 얻으리라"고 하셨습니다. 하나님의 복을 받는 자손, 하늘의 별과 같이 번성케 되는 하나님의 백성, 그렇습니다. 그런 민족을 이루기 원하는 것입니다.

창세기 28장에서 하늘과 땅을 잇는 사다리 환상을 본 벧엘의 경험을 통해서 야곱에게 하신 말씀이 무엇입니까? "땅의 모든 족속이 너로 인하여 복을 받을 것이다. 내가 네게 약속한 것, 네가 이곳에 돌아올 때까지 내가 너를 지키고 너를 인도하고 너를 보호하고 너를 이끌고 내가 이 일을 행한다."

하나님께서 원하시는 하나님의 일은 '너로 인해 내 족속과 민족을 만든다'는 것입니다.

어떻게 보면 레아와 라헬, 빌하와 실바를 통해서 아기를 낳는 경쟁과 투기로 인해 어떻게 하나님의 민족을 이루겠느냐는 의문을 가지게 됩니다. 그렇지만 야곱의 씨로 자식을 낳아서 그 민족들을 이루는 것과 마찬가지로 하나님께서 예수 그리스도의 생명의 씨앗을 통해서 하나님의 교회를 이루기 원하시는 것입니다. 결국 우리가 섬기고 있는 교회의 모습들을 한번 보십시오. 여러 교파와 교단을 통해 여러 모습으로 섬깁니다. 우리가 영적으로 눈을 뜨지 않으면 이해할 수 없는 투기와 분쟁을 통해서도 합력하여 선을 이루시며 하나님의 일을 이루어가시는 것을 보게 됩니다.

"어떤 이들은 투기와 분쟁으로, 어떤 이들은 착한 뜻으로 그리스도를 전파하나니 순수하지 못하게 다툼으로 그리스도를 전파하느니라 그러면 무엇이냐 겉치레로 하나 참으로 하나 무슨 방도로 하든지 전파되는 것은 그리스도니 이로써 나는 기뻐하고 또한 기뻐하리라"(빌 1:15-18).

이 말씀을 잘못 이해하면 다투고 시기하고 분쟁하는 방법을 통해서라도 그리스도가 전파되고 구원받기를 원하는 것처럼 생각할 수 있으나 그것이 아닙니다. 투기나 분쟁, 시기 등이 있어도 하나님은 그리스도가 전파된다면 그것으로 인해서 기뻐하신다는 것입니다. 어떤 의미로는 야곱의 아내들이 아기 낳기를 위해 경쟁하는 것과 마찬가지로 영적인 아기 탄생을 위해 경쟁을 하더라도 하나님은 생명 탄생을 기뻐하신다는 것입니다. 예를 들어 전도에도 선한 경쟁이 필요하다는 말입니다.

라헬이 아들 낳기를 그렇게 원했고 그를 통해서 요셉과 베냐민을 낳았습니다. 후에 그들을 통해서 영적인 생명 탄생을 하면서 민족을 구원하는 구원자들의 역사가 일어납니다. 요셉의 생애를 보면 종으로 감옥의 깊음 속에 들어가기도 했지만 애굽의 총리가 되어 가족들을 구원하고 민족을 구원하는 역사를 일으킵니다. 어떻게 보면 예수님도 종으로 오셔서 죽고 무덤에 묻히시고 부활하시고 영광을 받으셨습니다.

라헬은 남편의 사랑을 받는 것으로 만족하지 않고 자기를 통해서 하나님의 영적인 생명이 탄생하기를 원한 것입니다. 하나님께서 원하시는 자식을 낳기 원했던 것입니다.

오늘날 교회가 품어야 하는 것이 영적인 생명 탄생입니다. 하나님은 질투하시는 하나님이라고 했습니다. 이스라엘 백성들이 이방 신들을 섬기는 것이나 이방 족속들과 짝하는 것을 원하지 않으셨습니다. 불같은 호령을 하셨습니다. 우리에게도 세상과 짝하고 살아가는 것을 하나님께서 원하지 않으십니다. 영적인 생명 탄생을 위해 산다면 하나님께서 얼마나 기뻐하시겠습니까?

하나님의 큰 꿈

"나 여호와가 말하노라 이스라엘 자손이 예물을 깨끗한 그릇에 담아 여호와의 집에 드림같이 그들이 너희 모든 형제를 뭇 나라에서 나의 성산 예루살렘으로 말과 수레와 교자와 노새와 낙타에 태워다가 여호와께 예물로 드릴 것이요"(사 66:20).

이스라엘 백성들은 하나님 앞에 깨끗한 그릇에다 예물을 드리는 것을 잘 알고 있습니다. 하나님께서 원하시는 것이 무엇입니까? 송아지입니까? 양입니까? 염소입니까? 아닙니다. 열방, 그 족속들을 다 주께 데려오라는 것입니다.

오늘 하나님께서 무엇을 원하십니까? 하나님께서 이 일을 위해서 당신 자신이 육신을 입고 오셨습니다. 그리고 그 귀한 생명을 주셨습니다. 야곱이 라헬에게 그 사랑을 쏟은 것과 같이 하나님의 사랑을 몽땅 쏟는 것입니다. 그 사랑을 받는 자들에게 무엇을 원하시겠습니까? 바로 하나님의 때에 하나님의 사람들을 탄생시키기를 원하시는 것입니다. 사도 바울은 로마서를 통해서 간곡히 말씀합니다.

"이 은혜는 곧 나로 이방인을 위하여 그리스도 예수의 일꾼이 되어 하나님의 복음의 제사장 직분을 하게 하사 이방인을 제물로 드리는 것이 성령 안에서 거룩하게 되어 받으실 만하게 하려 하심이라"(롬 15:16).

이방인을 제물(offering)로 하나님 앞에 드린다는 것입니다. 그리고 18절에 말씀하기를 "그리스도께서 이방인들을 순종케 하기 위하여 나로 말미암아 말과 일이며 표적과 기사와 능력이며 성령의 능력으로 역사하신 것 외에는 내가 감히 말하지 아니하노라" 하였습니다. 결국은 이방인들을 산 제물로 드리는 것과 같이 예물로 하나님 앞에 드린다는 것입니다. 영적인 추수입니다.

우리 교회 역시 많은 영혼들을 보내주셔서 그들이 거듭나 생명 받게 하시고, 주님을 주로 고백하며 하늘나라를 위한 확신을 가지고 섬기고 있습니다. 계속해서 하나님의 교회를 통해서 원하시는 것이 무엇이겠습니까? 결국 주님을 모르는 저들을 주님 앞에 예물로 드리기 원하는 것입니다.

"그러므로 너희는 가서 모든 민족을 제자로 삼아"(마 28:19).

예수님께서도 이 땅에 오셔서 부활 승천하실 때 하신 말씀입니다. 주님의 소원입니다. 하나님의 의도, 하나님의 뜻을 깨달아 알아야 합니다. 하나님께서 무엇 때문에 독생자를 보내셨는지, 하나님께서 무엇 때문에 교회를 세우셨고, 무엇 때문에 여러분들에게 직분과 사역들을 맡겨 주셨는지, 왜 교구장이 되게 하셨고 셀 리더가 되게 하셨습니까? 계급장 달고 다니라고 그렇게 세우셨습니까? 주님이 그것을 통해서 무엇을 하시기를 원하십니까?

우리에게 정해준 잠깐의 때이지만 이 기간 동안 하나님께서 뜻하신 곳에 인생을 투자할 수 있다는 것이 얼마나 귀한 일인지 모릅니다. 우리의 생명이 이 땅에 와서 잠깐 동안 잘 먹고 잘 살다 가기 위한 것이라면 동물과 다를 바가 무엇이겠습니까? 하나님은 그것을 위해서 우리를 보내신 것이 아닙니다. 하나님은 하나님의 큰 꿈, 하나님의 큰 그림을 가지고 계십니다. "너로 큰 민족을 이루고 모든 족속으로 제자를 삼고 너로 인하여 복을 받기를 원한다." 바로 그것입니다. 이러한 영적 추수에 우리 모두가 참여하기를 원합니다. 저는 기도하고 있습니다.

왜, 무엇 때문에 레아와 라헬이 자식 낳는 경쟁을 했습니까? 하나님께서 그것을 들으시고 라헬을 잊지 않으시고 그를 생각하셔서 아들을 주셨습니다. 요셉과 벤냐민이 탄생했습니다. 민족을 구원하는 씨앗이 되게 하셨습니다.

하나님의 큰 그림, 큰 비전을 잃어버리면 안 됩니다. 눈앞만 바라보거나 땅만 바라보면 하나님의 일을 보지 못합니다. 항상 큰 그림을 보면서 하나님의 일을 해야 합니다. 그래야 내가 지금 어디를 향해 가고 있는지 알 수 있고 길을 잃어도 다시 찾아갈 수 있습니다. 주님의 큰 그림을 가슴에 안고 주님의 뜻을 이루어 드리길 바랍니다. 이방인을 제물로 드리는 일에 자신의 생명을 다한다는 것입니다. 여러분과 저를 향한 하나님의 뜻인 줄로 믿습니다. 주님의 큰 비전을 안고 남은 생애 주님 앞에 기쁘게 드리면서 주변에 아직 주님을 알지 못하는 사람들을 주님 앞에 예물로 드리는 은혜가 있기를 예수님의 이름으로 축원합니다.

허락된 환경을 받아들이는 온유함

창세기 30:22-24, 41:50-52

하나님이 라헬을 생각하신지라 하나님이 그의 소원을 들으시고 그의 태를 여셨으므로 그가 임신하여 아들을 낳고 이르되 하나님이 내 부끄러움을 씻으셨다 하고 그 이름을 요셉이라 하니 여호와는 다시 다른 아들을 내게 더하시기를 원하노라 하였더라
흉년이 들기 전에 요셉에게 두 아들이 나되 곧 온의 제사장 보디베라의 딸 아스낫이 그에게서 낳은지라 요셉이 그의 장남의 이름을 므낫세라 하였으니 하나님이 내게 내 모든 고난과 내 아버지의 온 집 일을 잊어버리게 하셨다 함이요 차남의 이름을 에브라임이라 하였으니 하나님이 나를 내가 수고한 땅에서 번성하게 하셨다 함이었더라

우리 인생에서 가장 어려운 일이 있다면 내려놓는 법을 배우는 것입니다. 하나님께서 우리를 세우셨을 때 손에 잡는 것이 아니라 내려놓는 것을 배워야 합니다. 인생의 행복은 잡을 것은 잡고, 놓을 것은 놓을 줄 아는 것이고, 그것이 바른 인생을 살 수 있는 길입니다.

참 가치를 발견한 사람들은 불필요한 것들을 다 내려놓습니다. 밭에서 보화를 발견한 자는 다른 모든 것을 다 내려놓고 대신 그 보화

를 삽니다. 진주를 발견한 자는 그 진주 하나를 얻기 위해서 모든 것을 다 내려놓을 수 있는 사람입니다. 천국을 소유하는 자, 하나님 나라를 소유하는 자는 내려놓을 것을 다 내려놓은 사람입니다.

열두 지파에 들어간 요셉의 두 아들

"하나님이 라헬을 생각하신지라 하나님이 그의 소원을 들으시고 그 태를 여셨으므로 그가 임신하여 아들을 낳고 이르되 하나님이 내 부끄러움을 씻으셨다 하고 그 이름을 요셉이라 하니 여호와는 다시 다른 아들을 내게 더하시기를 원하노라 하였더라"(창 30:22-24).

야곱이 열두 아들을 낳았고 그들을 통해서 이스라엘의 열두 지파를 형성하게 됩니다. 그런데 신기한 것은 요셉의 두 아들 므낫세와 에브라임이 열두 지파에 들어간 것입니다. 하나님께서 레위 지파를 특별히 하나님을 섬기는 자, 성전 섬기는 자로 해서 빼내고, 그 자리에 요셉의 아들 둘이 들어가게 됩니다. 요셉과 또 하나가 들어가야 될 그 자리에 요셉의 두 아들이 들어갑니다. 놀라운 선택이고 축복입니다. 야곱의 다른 아들들도 자손들이 많은데, 특별히 요셉의 두 아들이 들어갑니다.

오늘 두 번째 말씀으로 읽은 창세기 41장 50절 이하의 말씀을 보면, 요셉이 두 아들을 낳았다고 했습니다. 요셉의 장자로 태어난 므낫세, 그 이름은 '나의 모든 고난과 나의 아비 집안의 모든 일을 잊어버리게 했다'란 뜻입니다. 아버지 요셉은 이 장자 므낫세를 낳을 때까지 어려움이 참으로 많았습니다. 그러나 그는 어려움과 고난이라고 고백하지는 않았습니다. 그는 형들에게 배반을 당해 구덩이에 던져지고, 종으로 팔려 종살이를 하고, 억울하게 감옥에 갇히면서 이루 말할 수 없는 고난을 당했습니다. 그 모든 고난과 수치, 부끄러움, 억울함이 모두 깨끗하게 씻음을 받는 것이 바로 장자 므낫세를 낳음으로 이루어지게 된 것입니다.

우리는 예수 그리스도를 영접함으로 말미암아 새로운 피조물이 되고 지난날의 아픔과 부끄러운 것들로부터 단절되고 새로운 출발을 하였습니다. 그러므로 여러분의 모든 고난과 고통의 일, 인간의 수치스러움과 부끄러움이 다 지난 줄을 믿으시기 바랍니다.

그리고 므낫세의 동생 에브라임이 태어났습니다. 그 이름의 뜻은 '하나님이 나의 수고한 땅에서 창성하게 하셨다'입니다.

므낫세가 부끄러운 과거의 단절이라고 하면, 에브라임은 이제 이 수고한 땅에서 번성하고 창성한 열매를 얻게 되는 것입니다. 그래서 에브라임을 통해서는 그들이 이 땅에서 창성하게 되는 복을 누리고 그것을 나눌 수 있는 그 근원이 되게 하는 것입니다.

그런데 놀라운 일은 야곱이 임종할 때 그 자녀들을 축복하는데, 요셉 차례가 되니 야곱이 요셉의 두 아들에게 축복하면서 에브라임이 므낫세보다 더 크게 된다고 축복합니다.

"그의 아버지가 허락하지 아니하며 이르되 나도 안다 내 아들아 나도 안다 그도 한 족속이 되며 그도 크게 되려니와 그의 아우가 그보다 큰 자가 되고 그의 자손이 여러 민족을 이루리라 하고 그날에 그들에게 축복하여 이르되 이스라엘이 너로 말미암아 축복하기를 하나님이 네게 에브라임 같고 므낫세 같게 하시리라 하며 에브라임을 므낫세보다 앞세웠더라"(창 48:19-20).

하나님의 그 숨겨져 있는 놀랍고 신비한 비밀, 우리 인간의 질서와 방법으로는 당연히 장자가 오른손의 축복을 받아야 하는데, 지금 그렇게 하지 않고 엇갈리게 하십니다.

우리는 인간의 질서나 인간의 방법, 내가 생각하는 것이 깨어질 때 못 견뎌합니다. 그것을 받아들이는 것을 너무도 힘들어합니다. 인간의 질서는 아랫사람이 윗사람을 섬기는 것입니다. 아랫사람이 윗사람보다 더 나아지고, 낮은 자가 소위 높은 자보다 더 나은 자리에 오르게 되며, 윗사람이 아랫사람을 섬긴다는 것은 비정상이라고 여깁니다. 이것이 세상의 이해요 세상의 질서입니다.

그런데 하나님 나라의 질서는 그렇지 않았습니다. 때로는 우리가 생각하고 있는 것과는 역행하는 질서를 말씀한 것이 참 많습니다. '크고자 하느냐? 작아져라'. '높아지고자 하느냐? 낮아져라', '섬김 받기 원하느냐? 섬겨라'라고 합니다. 세상에서는 어떻게든지 높아지는 방법, 남보다 나아지는 방법을 가르쳐주고 그렇게 되기를 원합니다. 그러나 성경이 우리에게 가르쳐 주는 것은 오히려 높은 자가 낮은 자를 섬기는 섬김의 도리를 가르쳐주고 있습니다.

세상의 갈등은 바로 이 질서에 관한 문제입니다. 이 세상 질서가 깨지고 뒤바뀌면 여기에 큰 갈등과 문제가 따르게 됩니다. 얼마나 많은 사람들이 과거와 출생 때문에 자신이 패배했다고 느끼면서 좌절하고 낙망하는지 모릅니다. 스스로를 괴롭히고 열등감, 분노, 상처를 가지고 일생을 살아갑니다. 참 불행한 일입니다. 내가 원하는 것이 오지 않고 깨어졌다고, 그 상처를 안고 분노로 일생을 보낸다면 얼마나 불행한 일이겠습니까?

그리스도 예수 안에 있는 자는 결코 정죄함이 없습니다. 그리스도 예수 안에 있는 자는 새로운 피조물입니다. 새것이 되었습니다. 새 사람이라는 것입니다. 과거의 실패나 서열상 낮은 자리로 밀려났다는 것 때문에 일생을 낭비하거나 자신을 괴롭히는 자가 되지 말아야 합니다. 하나님께서 허락하신 일이라면 그대로 받아들이고 억울한 상황에서도 감사와 찬송과 영광을 올려 드릴 수 있는 그것보다 더 큰 축복은 없습니다.

윗사람이 아랫사람을 섬기고도 평안하다면 이것이야말로 얼마나 큰 축복입니까? 동생 밑에서 일하는 것, 섬기는 것을 부끄럽게 여기지 않았던 장자 므낫세! 저는 이 말씀을 묵상하면서 하나님 나라의 질서, 하나님 나라에 대한 신비함을 다시 한 번 깨닫게 되었습니다.

하나님의 방법과 인간의 방법

므낫세 지파에 대해서 모세는 신명기 33장 16절 17절에서 이렇게 말했습니다.

"땅의 선물과 거기 충만한 것과 가시떨기나무 가운데에 계시던 이의 은혜로 말미암아 복이 요셉의 머리에, 그 형제 중 구별한 자의 정수리에 임할지로다 그는 첫 수송아지같이 위엄이 있으니 그 뿔이 들소의 뿔 같도다 이것으로 열방을 받아 땅 끝까지 이르리니 곧 에브라임의 만만이요 므낫세의 천천이리로다"(신 33:16-17).

"에브라임은 만만, 므낫세는 천천……." 여러분, 기억나는 것이 있을 것입니다. 사울 왕, 그가 못 견디게 시기하고 질투하여 그의 왕위마저 빼앗겼던 것이 무엇 때문입니까? "다윗은 만만이요 사울은 천천이로다"라는 백성들의 노래 때문이었습니다. 사울 왕은 왕위를 지키기 위해 왕으로서 마땅히 해야 하는 일들을 다 잊었습니다. 그리고 분노를 채우기 위해서 일생을 허비하다가 분노 가운데 죽어갔습니다.

그런데 성경 어느 한 곳도 므낫세가 동생 에브라임을 질투했다든지 시기했다든지 할아버지에게 대들었다든지 아버지를 원망했다는 말이 한 마디도 없습니다. 사실은 누가 훌륭한 자입니까? 여러분, 나중에 보면 그렇습니다. 북왕국을 가리켜서 에브라임이라고 합니다. 에브라임 지파가 숫자적으로 성했습니다. 그러나 북왕국은 우상을 섬기고 이방 나라와 짝하고 결국 제일 먼저 패망하게 됩니다.

우리가 특권을 받거나 선택을 받고 세움을 받을 때는 겸손하고 온유해야 됩니다. '무엇 때문에 특권을 주실까? 무엇 때문에 먼저 세움을 주실까?' 정말 곰곰이 생각해야 합니다. 오직 믿음으로 받고 영적으로 이 일들을 받아야 합니다.

그래서 오늘 말씀의 제목을 '허락된 환경을 받아들이는 온유함'이라고 했습니다. 여러분! 하나님께서는 왜 모세를 지면에서 어떤 사람보다도 온유한 사람이라고 말씀하셨습니까? 민수기 12장 3절에 보면 "이 사람 모세는 온유함이 지면의 모든 사람보다 승하니라"고 하였습니다. 우리가 생각하는 온유함이란 어떤 것입니까?

온유함이라면 나약한 것이라 생각하기 때문에 "나는 아무것도 모릅니다. 나는 할 수 없습니다"라고 생각하기가 참 쉽습니다. 그런데 성경에서 말씀하고 있는 온유함은 하나님께서 나에게 허락하시고 주시는 것을 받아들일 줄 아는, 바로 그런 사람을 온유한 사람이라고 합니다. 마태복음 11장을 보십시오. "나는 마음이 온유하고 겸손하니 나의 멍에를 메고 내게 배우라"(마 11:29)는 말씀에서 예수님께서는 자신을 바로 온유하신 분이라고 지칭하셨습니다. 예수님은 하나님으로부터 보내심을 받고 인류의 모든 죄악과 고통과 고난의 모든 것들을 다 짊어지셨습니다. 이것이 바로 온유함입니다.

하나님께서 나에게 어떤 환경이나 어려움, 어떤 고난과 고통을 주신다고 하더라도 그것이 하나님께서 나에게 주시는 것이라 믿고 그것에 순종하는 것이 바로 온유함입니다. 많은 사람들이 구원 얻는 믿음을 가졌다고 말하면서 믿음이 성장하고 성숙하지 못하는 이유는 자기 환경을 받아들이지 않는 데 있습니다. "내가 그래도 주일 지키고 십일조하고 교회를 이렇게 섬기는데 하나님 이러십니까? 하나님, 내 기도 안 들으시는 것입니까?" 하고 하나님 앞에 대들고 원망하고, 억울함을 호소하지 않습니까? 그런데 므낫세는 대들지 않았습니다.

가인과 아벨의 차이가 무엇입니까? 가인은 하나님께서 아벨의 제사만 받으셨기 때문에 분노에 가득차 있었습니다. 동생을 쳐 죽였습니다. 야곱과 에서를 보아도 에서의 동생 야곱이 형의 장자권을 차지했습니다. 에서는 야곱이 미워서 죽이려고 했으나 야곱은 밧단아람으로 피했습니다. 보통 이러한 형제 사이에도 세상적인 질서가 무너졌다고 생각할 때 거기에 얼마나 큰 분노가 쌓이는지 모릅니다. 그런데 므낫세는 그 상황을 그대로 받아들였습니다. 아마 저 같으면 안수하시는 할아버지께 두 눈을 부릅뜨고 항의했을 것입니다. 그런데 성경 어디에도 므낫세가 할아버지나 아버지한테 대들었다, 원망의 말을 했다는 기록이 한 마디도 없습니다.

제가 처음에 말씀드린 바와 같이 우리 인생에서 가장 어려운 일이 나를 내려놓는 일입니다. 세례 요한이 혜성과 같이 나타났을 때 뭇 백성들의 기대가 컸습니다. 드디어 메시아가 온 줄 알았습니다. 그런데 얼마 지나지 않아 예수님이 오셨습니다. 그러자 모든 사람들이 다 예수님께 갑니다. 세례 요한의 제자들이 세례 요한에게 와서 "선생님에게 왔던 모든 사람들이 모두 저 예수라는 분한테로 갑니다"라고 말합니다. 그때 세례 요한이 취한 태도를 보십시오.

"만일 하늘에서 주신 바 아니면 사람이 아무것도 받을 수 없느니라…… 신부를 취하는 자는 신랑이나 서서 신랑의 음성을 듣는 친구가 크게 기뻐

하나니 나는 이러한 기쁨으로 충만하였노라"(요 3:27-29).

'예수님의 역할은 신랑이다, 나는 신랑의 베스트 프렌드, 그 역할을 하는 자다. 신랑이 신부를 맞이해서 기뻐하는 그것을 보고 기뻐하는 베스트 맨, 나는 '그'라는 것입니다. 우리 모두 세례 요한이 누리던 그 기쁨을 소유한 자가 되어야 합니다.

섬김에 대한 성경의 원리

오늘날 우리는 하나님 나라의 질서, 하나님의 뜻, 하나님께서 원하시는 것을 알지 못하고 내 뜻과 세상적인 것에 치우칠 때가 많습니다. 분노와 시기, 경쟁 속에서 하나님의 일을 한다고 하면서 하나님 나라를 그르치는 일을 너무도 많이 행하고 있습니다. 요한이 뛰어났던 점은 '내려놓았다'는 데 있습니다. 자기의 명예, 자기의 명성을 예수님을 위해서 내려놓았다는 것입니다. 그래서 내가 세움을 받는다고 하는 것, 내가 무엇의 택함을 받았다고 하는 것은 손에 잡는 것이 아니라 내려놓는 것입니다.

우리 부모들이 자녀들을 양육할 때 자녀를 돌보고, 자녀를 지키고, 자녀를 세워주고 해야 합니다. 그런데 더 어렵고 힘든 때가 언제인지 아십니까? 자녀들을 놓아 내보내야 할 때 너무 힘든 것입니다. 저는 많은 부모들을 보았습니다. 아이들 대학 보내면서 놓아주지 못합니다. 결혼시켜 내보내면서 자녀를 놓지 못합니다. 그렇기 때문에 엄연히 그들의 아내가 있고 남편이 있는데도 그 가운데 끼여 있습니다. 자녀들의 행복을 위해서 기도한다고 하면서도 자녀들의 행복을 해치는 부모들이 많다는 이야기입니다. 무엇 때문입니까? 놓지 않기 때문입니다.

세례 요한은 하나님의 보냄을 받고 그 사명을 감당하기 위해서 다 내려놓아야 했습니다. 가정생활도 포기했습니다. 정상적인 직업도 포기했습니다. 재정적인 모든 것을 다 포기했습니다. 좋은 옷 입고 좋은 것 즐기는 모든 것을 다 포기했습니다. 양의 가죽을 입고 메뚜기와 석청을 먹고 광야생활을 했습니다. 정상적인 생활의 모든 것을 포기해야 했습니다. 신변 보장, 의·식·주의 모든 것을 포기해야 했고 삶의 만족을 얻으려고 하는 모든 욕구를 포기해야 했습니다. 거기에는 희생이 따랐고 고독이 따랐으며 외로움도 따랐습니다. 세움 받고 선택 받은 자의 특권이 있다면 외로움이 있었습니다. 포기였습니다. 버리고 내려놓는 것이었습니다.

오늘 우리의 질투가 무엇입니까? 에서의 질투, 가인의 질투, 사울의 질투와 같이 우리의 질투, 우리의 미움, 우리의 시기는 무엇입니까? 남이 가지고 있는 떡이 더 커 보이는 것, 남의 달란트가 더 좋아 보이는 것입니다. 그러므로 이 시기, 질투라고 하는 것은 눈의 범죄입니다.

단테는 말하기를, 질투하는 사람은 눈을 꿰맨 채 영원히 살아가야 하는 곳이 지옥이라고 했습니다. 그래서 질투하는 사람, 눈으로 흘기면서 질투했기 때문에 그런 사람들은 지옥에서 눈을 꿰맨 채 영원히 산다는 것입니다.

만약에 므낫세가 동생 에브라임을 질투했다면 어떻게 되었겠습니까? 아마 므낫세도 비참하게 질투와 분노의 삶으로 일생을 마쳤을 것입니다.

지금 캘리포니아 멜로우팍에서 목회하고 계시는 존 오트버그 목사님께서는, 《*Love Beyond Reason*》이라고 하는 책에서 "질투는 내가 하나님에 의해 세워진 사람으로 살아가게 될 때에만 치유될 수 있다"라고 했습니다. 하나님께서 어떤 환경을 내게 주셨을 때, 내가 원하는 환경만 옵니까? 내가 원하지 않는 환경이 더 많이 옵니다. 내가 원하는 것이 이루어지지 않을 수 있습니다. 때로는 직장에서 떨어질 수도 있고, 때로는 사업이 망할 수도 있습니다. 자녀들에게 어려움이 있을 수도 있습니다.

그러나 그런 때라도 하나님께서 나에게 그 상황을 허락하셨다면 그것을 그대로 받아들이는 사람으로 서게 될 때 질투와 시기심은 치유될 수 있다는 것입니다. 하나님께서 이스라엘 백성을 선택하시고 그 많은 백성들 중에서 세우신 것이 무엇 때문이냐는 것입니다. 우리는 보통 이 선택의 개념을 잘못 이해하고 있기 때문에 특권을 누리려고 합니다. 그것은 내가 남보다 낫다고 하는 생각에서 비롯됩니다.

지금 이스라엘 백성들은 잘못된 개념 때문에 아직도 주님을 믿지 못하고 있습니다. 이유가 무엇입니까? 선택받았다고 하는데, 선택받은 것이 성경적인 것이 아니라, 그 많은 사람 속에서 내가 대표로 택함을 받았다는 우월감입니다. 그런데 성경에서 말씀하고 있는 세움

받는다는 것이 무엇입니까? 다른 사람들을 위해서 하나님을 섬기고 그분 앞에서 행하는 것이 무엇인가를 다른 족속들에게 그 본을 보여주려고 이스라엘 백성들이 세워진 것입니다. 그런데 이스라엘 백성들은 반대로 사용했다는 데 문제가 있습니다. 땅의 모든 족속들을 대신해서 세워진 것이 아닙니다. 그들을 섬기기 위해서 세워졌습니다. 이스라엘 백성들의 이러한 우월감 때문에 그들은 하나님 앞에서 버린 자와 같은 삶을 살아가고 있습니다.

오늘날도 하나님의 교회에서 어떤 제직들이 세워질 때 자신이 교인들을 대표한다는 말들을 많이 합니다. 그것 때문에 교만이 생기고 우월감을 갖는 것입니다. 내가 성도들을 위해서 세움을 받았다, 성도들을 위해서 하나님의 종으로서 섬기는 섬김의 자리에 있다고 생각하면 완전히 달라지는 것입니다.

진정한 온유함의 길

'아마데우스'라는 영화를 보신 분들은 잘 아시겠지만 거기에 '안토니오 살리에르'라고 하는, 그 영혼이 질투로 인해서 파괴된 궁정 음악가가 나옵니다. 그는 모차르트에 대해서 질투와 시기심으로 가득 차 있었습니다. 모차르트의 작품을 자기 것으로 도용해서 자기 이름을 내기 원하는 그런 마음을 가지고 있었습니다. 항상 모차르트의 재능을 시기하기 때문에 거기서 나오는 분노와 미움 그리고 배신과 속임수가 그의 일생을 끌고 갑니다. 모차르트보다도 자기가 더 위대해지기를 원하며 '하나님은 왜 이렇게 불공평하신가?' 하고 하나님 앞에 불평을 하고 모차르트의 재능을 자기가 소유하지 못한 것에 대한 불만 가득한 삶을 살았습니다.

여러분, 우리가 남에게 있는 달란트를 보고, 남이 하나님 앞에 쓰임을 받고 있다고 생각할 때 그것으로 인해서 기뻐할 수 있는 사람, 세례 요한처럼 기뻐할 수 있는, 내가 신랑의 위치를 차지하는 것이 아니라 신랑이 신부로 인해서 기뻐할 때 그것 때문에 기뻐할 수 있는 사람, 바로 이것이 하나님께서 원하시는 사람입니다.

저는 예수님이 오실 때 헤롯 왕을 생각해 보았습니다. 헤롯 왕, 그는 왕의 위치입니다. 누가 그 왕의 위치를 노리겠습니까? 그런데 한 아기가 탄생하였는데 동방 박사들이 와서 "메시아가 어디서 낳느뇨" 하는 그 이야기 때문에 시기와 질투로 어린 아기들을 다 죽이고 그의 밑에 있는 사람들을 다 죽였습니다.

사울 왕의 시기와 질투, 그것은 그 좋은 군사력으로 백성들을 주님 앞으로 인도해야 할 그 모든 힘을 전부 낭비하고 탕진하고 말았습니다. 다른 사람들과 비교하고 경쟁하며 불평하는 것은 우리 인생을 파괴하는 마음입니다.

오늘 우리가 직장생활에서 물론 선의의 경쟁을 하면서 최선을 다한다는 것은 좋은 일입니다. 그러나 질투하는 경쟁, 경계하는 경쟁, 비교의식들 때문에 좌절하고 낙망하고 모함하고 원망하고 시비하고……. 이런 것들은 나를 파괴하고 남도 파괴하는 일이며 기쁨을 상실하는 일입니다. 세례 요한은 마지막에 이렇게 말했습니다.

"그는 흥해야 하겠고 나는 쇠하여야 하리라"(요 3:30).

므낫세의 온유함을 보십시오. 질투하지 않았습니다. 시기하지 않았습니다. 경쟁하지 않았습니다. 자기 동생과 비교하지 않았습니다. 자기가 처한 상황을 받아들였습니다.

므낫세를 통해서 동생의 축복 받는 현실을 형이 그대로 받아들일 수 있다고 하는 그 온유함, 그 자체가 저에게는 큰 능력이 되었고 은혜가 되었습니다. "하나님 그렇군요. 정말 많은 사람들이 하지 못하는 이 일, 성경에 나오는 많은 사람이 하지 못했던 그 일을 바로 이 므낫세가 했습니다."

"그 이름을 요셉이라 하니 여호와는 다시 다른 아들을 내게 더하시기를 원하노라 하였더라"(창 30:24).

요셉에게 므낫세와 에브라임을 더해 주었습니다. 그래서 열두 지파 가운데 들어가는 놀라운 축복을 주셨습니다.

여러분, 세상이 어떤 경쟁으로 몰아넣고, 어떤 비교의식을 불어넣고, 어떤 특권을 주장한다고 하더라도 우리는 하나님의 사람, 교회의 지체 된 일원으로서, 주님께서 우리에게 받아들이기 원하시는 그 온유함, 그 믿음 가운데 살아갈 수 있기를 원합니다. 바로 그 길이 주님 앞에 쓰임 받는 일입니다. 아랫사람들을 섬길 수 있는 것이 성경의 질서이고 원리입니다. 아랫사람들을 섬기면 그것으로 끝납니까? 얼마나 존경을 받습니까? 반면에 섬기지 않고 섬김을 받으려면 얼마나 천합니까? 바로 성경이 우리에게 주는 원리입니다.

"나는 마음이 온유하고 겸손하니 나의 멍에를 메고 내게 배우라"(마 11:29).

주님은 그 모든 것을 다 버리셨습니다. 그럴 때 만왕의 왕, 만주의 주로 높임을 받으셨습니다.

우리가 높임 받기 위해서 섬기는 것은 아닙니다. 은혜 받은 자의 당연한 도리이기 때문에 그 일을 행하는 것입니다.

오늘도 주님의 은혜와 그 놀라운 평강과 기쁨 그리고 감사가 여러분들의 가정과 주님의 몸 된 교회에 흘러넘치는 축복이 일어나기를 예수님의 이름으로 축원합니다.

우리의 집을 세우시는 하나님

창세기 30:25-36

라헬이 요셉을 낳았을 때에 야곱이 라반에게 이르되 나를 보내어 내 고향 나의 땅으로 가게 하시되 내가 외삼촌에게서 일하고 얻은 처자를 내게 주시어 나로 가게 하소서 내가 외삼촌에게 한 일은 외삼촌이 아시나이다 라반이 그에게 이르되 여호와께서 너로 말미암아 내게 복 주신 줄을 내가 깨달았노니 네가 나를 사랑스럽게 여기거든 그대로 있으라 또 이르되 네 품삯을 정하라 내가 그것을 주리라 야곱이 그에게 이르되 내가 어떻게 외삼촌을 섬겼는지, 어떻게 외삼촌의 가축을 쳤는지 외삼촌이 아시나이다 내가 오기 전에는 외삼촌의 소유가 적더니 번성하여 떼를 이루었으니 내 발이 이르는 곳마다 여호와께서 외삼촌에게 복을 주셨나이다 그러나 나는 언제나 내 집을 세우리이까 라반이 이르되 내가 무엇으로 네게 주랴 야곱이 이르되 외삼촌께서 내게 아무것도 주시지 않아도 나를 위하여 이 일을 행하시면 내가 다시 외삼촌의 양 떼를 먹이고 지키리이다 오늘 내가 외삼촌의 양 떼에 두루 다니며 그 양 중에 아롱진 것과 점 있는 것과 검은 것을 가려내며 또 염소 중에 점 있는 것과 아롱진 것을 가려내리니 이같은 것이 내 품삯이 되리이다 후일에 외삼촌께서 오셔서 내 품삯을 조사하실 때에 나의 의가 내 대답이 되리이다 내게 혹시 염소 중 아롱지지 아니한 것이나 점이 없는 것이나 양 중에 검지 아니한 것이 있거든 다 도둑질한 것으로 인정하소서 라반이 이르되 내가 네 말대로 하리라 하고 그 날에 그가 숫염소 중 얼룩무늬 있는 것과 점 있는 것을 가리고 암염소 중 흰 바탕에 아롱진 것과 점 있는 것을 가리고 양 중의 검은 것들을 가려 자기 아들들의 손에 맡기고 자기와 야곱의 사이를 사흘 길이 뜨게 하였고 야곱은 라반의 남은 양 떼를 치니라 하나님께서 우리 교회에 보내주셔서 주님 만나고, 세례 받고, 성령 세례도 받고, 직분도 받으시고, 여러 사역에 참여하시면서 수고, 헌신하신 여러 성도님들 한 분 한 분을 통해 오늘의 우리 교회를 이루어 주셨습니다. 모든 것이 다 하나님의 은혜입니다. 하나님께서 베풀어 주신 그 은혜에 감사하면서 섬기시는 충성된 우리 성도들이 계시기 때문에, 우리 교회가 이렇게 지역사회뿐만 아니라 세계 선교를 위해서 쓰임 받을 수 있는 은혜를 주신 것입니다.

오늘 보호하시고 함께하시는 그 능력의 하나님, 사랑의 하나님을 찬양하고 싶습니다. 교회의 머리가 되시는 예수님, 우리를 지체 삼으시고, 우리에게 생명을 주시고 그 능력의 장중에 붙드시고 섬기게 하신, 그 좋으신 예수님의 이름을 높여 드리고 찬양을 드립니다. 연약한 저희로 하여금 주의 몸을 이루면서 섬길 수 있도록 힘 주신 성령님께 영광을 올려드립니다. 모든 것이 다 주님의 은혜입니다.

돌아가야 할 본향

창세기를 묵상하면서 우리에게 계속 기억하고 가르쳐주기 원하시는 것이 있습니다. 그것은 아버지의 집입니다. 하나님이 어떤 분이십니까? 그분을 우리에게 알게 하시고 믿게 하시고 의지하게 하시는 우리 하나님이십니다. 성경을 보면 하나의 그림자와 같이 하나의 모형으로서 먼저 하나님께서는 어느 사람을 택하시고, 어느 가정을 택하시고, 어느 나라를 택하시고, 어떤 족속을 택하셔서 샘플로 하나님 앞에 나아가는, 주님 앞에 쓰임 받는 그 길을 지시하셨습니다.

하나님은 이스라엘 백성들을 택하셨습니다. 애굽에서 종살이하던 그들을 해방시키셔서 홍해를 건너게 하시고 광야생활을 하게 하시고 가나안에 들어가게 하십니다. 가나안은 천국의 상징이며 표상입니다.

야곱이 아버지 집을 떠나서 밧단아람 외삼촌 집에 거하면서 아내를 얻기 위해서 14년을 일하고, 또 그 후에 6년을 더하여 20년을 일합니다. 자식을 낳습니다. 그러나 그곳은 야곱이 영원히 거할 곳이 아니었습니다. 요셉을 낳을 때 열한 번째 자녀였습니다. 자녀 열한 명을 낳았지만 그곳은 야곱이 거할 곳이 아니었습니다. 그는 돌아가야 할 본향이 따로 있었습니다. 아버지 집 "네가 이곳에 돌아올 때까지 너를 지키고 너를 보호하고 너와 함께하리라"고 하신 바로 그곳, 아버지 집으로 돌아가야 했습니다.

그가 한 번도 가본 적이 없는 밧단아람을 향해 사흘 길을 간 곳에서 돌을 베개하고 누웠을 때 이상 중에 하늘 문이 열리고 하나님 여호와께서 말씀하셨습니다. "오늘 네가 베개하고 누운 바로 이곳! 이곳으로 네가 돌아오기까지 내가 너를 떠나지 아니하리라. 너를 지키리라. 너를 보호하리라. 내가 너와 함께하리라."

그곳은 하나님께서 예비해 주신 축소된 순례의 길이라고 생각합니다. 야곱이 주님을 만난 그곳을 '벧엘', '하나님의 집'이라고 했습니다. 그곳에 다시 돌아오게 하는 것은 하나님의 뜻이요, 야곱에게 허락하신 여정입니다.

그는 외삼촌의 집에서 종살이를 합니다. 양을 칩니다. 그러나 그에게는 꿈이 있습니다. 하나님께서 하나님의 가족을 이루게 하시고 돌아가야 할 아버지의 집, 바로 그곳을 사모하게 됩니다.

오늘 본문 말씀을 보면 라헬이 요셉을 낳은 때에 야곱이 라반에게 이르되 "나를 보내어 내 고향 내 본토로 가게 하소서. 내가 외삼촌에게 일하고 얻은 처자를 내게 주어 나로 가게 하소서"라고 청했습니다. 그는 그의 본향을 사모했습니다. 외삼촌의 집에서 20년의 세월이 흘러갔지만 그곳은 그가 영원히 거할 곳이 아닌 것을 알았습니다. 언제나 여호와의 집으로 돌아갈 것을 사모했습니다.

벧엘, 하나님의 집입니다. 하나님께서 우리를 위해서 예비해 주신 영원한 하나님의 집, 그 본향, 바로 그곳으로 돌아갈 때까지 사모하면서 열심히 일하고, 사역하는 저희가 되었으면 좋겠습니다.

야곱은 종살이를 하지만, 언제나 하나님께서 그와 함께하셨고 복을 주셨습니다. 그에게 복을 주실 때에 외삼촌 집에도 복을 주셨습니다. '복의 근원이 되게 하리라' 하신 그 일을 하나님께서 이루셨습니다. 하나님은 야곱을 복의 근원이 되게 하시고 복의 통로가 되게 하셨습니다. 야곱으로 인하여 외삼촌의 집에 양 떼가 늘어났습니다. 창세기 30장의 끝 절에는 그렇게 말했습니다.

"이에 그 사람이 매우 번창하여 양 떼와 노비와 낙타와 나귀가 많았더라"(창 30:43).

하나님께서는 풍성하게 더하시는 놀라운 축복을 야곱에게 허락해 주셨습니다.

오늘 저는 두 가지 말씀을 드리고 싶습니다.

첫째는, 우리도 돌아가야 할 그 본향, 아버지의 집에 대한 확신을 가지고 있느냐는 것입니다. 그곳에 가기 위해서 얼마만큼 축복의 통로가 되고, 하나님께서 내려주신 복의 근원이 되며, 그 통로로 쓰임을 받고 있습니까? 어디에 정을 두고 어디에 소망을 두고 있습니까?

하나님께서는 왜 하나님의 교회를 허락하셨고, 여러분과 저를 부르셔서 그 몸의 지체를 이루게 하셨겠습니까? 하나님께서 야곱에게 나타나 만나주실 때에 "나는 아브라함의 하나님, 이삭의 하나님이로라" 하고 자기 자신을 밝히셨습니다. 조부 아브라함에게 함께하신 그 약속, 아버지 이삭에게 약속하신 것을 이루시기 위해 야곱에게 "내가 너와 함께한다, 너를 지킨다. 너를 보호한다"라고 하셨습니다.

집은 부모가 계신 곳이며, 자식이 있는 곳입니다. 아버지가 있고 아들이 있는 곳, 이것은 히브리식 표현입니다. 오늘로 한다면 부모 자녀가 함께하는 바로 그곳입니다. 집 자체, 건물을 의미하는 것이 아닙니다. 집이 존재하는 이유가 무엇입니까? 사람의 존재를 위해서 존재합니다. 거기 사람이 있기 때문에 그 집이 귀한 것입니다. 사람이 없으면 아무리 큰 집을 지어놓고 별 것으로 다 치장을 했다고 해도 소용이 없습니다.

하나님의 집, 벧엘이 왜 중요합니까? 하나님 여호와, 우리를 지키시고 보호하시고 인도하시는 그 하나님, 그 여호와께서 계신 곳이기에, 비록 광야였지만 지붕도 없는 그곳, 돌을 베개하고 누웠던 그곳이지만 하나님께서 만난 주신 곳이기에 의미가 있습니다. 야곱은 거기 돌을 세우고 벧엘이다, 하나님의 집이다, 기름을 붓고 이름 지었던 그곳, 그곳으로 다시 돌아오리라고 하나님께 약속했습니다.

교회의 존재 이유

왜 하나님의 교회가 중요합니까? 교회의 주인이신 우리 하나님 아버지, 예수님이 머리가 되시고 성령님이 임재하셔서 전을 이루시는 교회의 주인은 주님이시기 때문입니다. 그것이 중요한 것입니다. 그 주님이 우리를 불러주시고 그 몸의 지체를 이루게 하셨으니 이것보다 더 귀한 일이 어디 있습니까?

여러분, 하나님을 만나셨습니까? 예수님을 생명의 구주로 만나시고 그분을 내 구세주로, 주님으로 영접하셨습니까? 야곱이 그 하나님을 개인적으로 만났을 때 그의 삶이 바뀌어졌습니다.

그 비전을 간직하고 종살이를 해도, 가정을 이루기 위해서 그가 속임을 당해도, 그 어떤 어려운 일이나 힘든 일이 있어도 그것이 문제가 되지 않았습니다. 하나님 아버지의 약속이 있기 때문에 힘든 줄 몰랐습니다. 오히려 그 칠 년을 수일같이 여기면서 일할 수 있었던 것은 라헬을 얻기 위함이었습니다. 결국은 야곱이 하나님을 만나고, 그분의 약속의 말씀을 듣고, 외삼촌의 집에 가서 그 오랜 세월 동안 종살이의 삶을 살아가고 있지만 그 자신이 누구인지를 알고 있었습니다. 우리가 주님을 만나면 우리 모두가 다 야곱이 되어야 합니다.

밧단아람 외삼촌의 집은 세상의 상징입니다. 그곳에 가서 자식 낳고 가정을 이루어서 그들을 아버지 집에 데리고 오는 것입니다. 본향으로 데리고 가는 것입니다. 우리가 예수님을 만나면 하는 일이 무엇입니까? 자식을 낳아야 합니다. 힘써 수고하여 영혼들을 얻어야 합니다.

"내가 어떻게 외삼촌을 섬겼는지, 어떻게 외삼촌의 가축을 쳤는지 외삼촌이 아시나이다"(창 30:29).

야곱은 그 기간 동안 그곳이 영원히 살 장소는 아니었지만 열심히 섬겼습니다. 열심히 양 떼를 쳤습니다. 그래서 하나님께서 그에게 복을 주셨고, 또 외삼촌의 집에 복을 주셨습니다. 우리도 열심히 사람을 섬겨야 합니다. 양을 치는 것처럼 열심히 영혼들을 돌보고 양육하는 이 일들을 해야 합니다. 무엇 때문입니까? 저들을 이끌고 아버지 집에 돌아가기 위해서입니다.

하나님께서 우리 하나님의 집의 모형이고 표상인 교회를 주셨습니다. 이 험난한 세상 가운데서 하나님의 교회를 주셨습니다. 여러분과 저를 통해서 열심히 섬기라는 것입니다. 열심히 양 떼를 치면서 하나님의 복을 받고 자식을 낳는 것입니다. 영혼을 얻는 것입니다. 거듭나게 하는 것입니다. 그렇게 하나님의 식구를 만들어서 하나님 나라로 데리고 가는 것입니다. 이것이 우리의 존재 이유, 교회의 존재 이유,

여러분과 저를 지체 삼으신 이유입니다.

우리는 이 세상에서 마치 영원히 살 것처럼 그렇게 우리 자신들을 투자하고, 물질을 투자하고, 우리의 시간을 다 투자합니다. 하나님께서 기뻐하시는 일보다 썩어질 것을 위해서 투자하고 있습니다. 그래서 성경은 우리에게 애타게 가르쳐주고 있습니다.

저는 항상 확인하는 것이 있습니다. 우리 교회를 처음에 허락하실 때 주님이 주신 음성입니다. 베다니 교회! 여호와 하나님께서 계획하신 가운데 세우신 교회란 확인을 해주셨습니다.

"내 계획으로 세운 교회다."

물론 이 땅 위에 있는 모든 교회들이 다 하나님의 계획 가운데 세워졌습니다. 우리 교회도 우연히 몇 사람들이 교회 세우자 해서 세운 교회가 아닙니다. 그때 저에게 하나님의 계획 가운데 세운 교회라고 분명히 확신을 주셨기 때문에 그렇게 믿는 것입니다. 목사가 세운 것이 아닙니다. 처음에 몇 가정들이 모여서 세운 것이 아닙니다. 그분들을 통해서 세우신 분이 하나님이십니다. 그래서 저는 그분을 높이기 원합니다. 처음부터 수고하신 분들께 참 감사한 마음을 갖고 있습니다. 그분들의 순종과 수고가 아니면 또 어떻게 일어납니까? 감사한 일입니다. 그래서 하나님 아버지께서 복을 주시고 은혜를 주셨습니다.

영원히 거할 처소를 위해

야곱이 외삼촌의 집에서 그렇게 섬길 때 처음에는 외삼촌의 집이 그렇게 부자가 아니었습니다. 27절에 보니 "라반이 그에게 이르되 여호와께서 너로 인하여 내게 복 주신 줄을 내가 깨달았노니 네가 나를 사랑스럽게 여기거든 유하라"고 했습니다. 30절에 보면 야곱이 "내가 오기 전에는 외삼촌의 소유가 적더니 번성하여 떼를 이루었으니 내 발이 이르는 곳마다 여호와께서 외삼촌에게 복을 주셨나이다 그러나 나는 어느 때에나 내 집을 세우리이까"라고 했습니다. 외삼촌의 집, 원래 그렇게 짐승 떼가 많은 그런 부자는 아니었습니다. 그러나 야곱의 섬김을 통해서 하나님께서 야곱에게 복을 주셔서 그를 통로로 사용하셨기 때문에 이렇게 복을 누리게 되었습니다. 하나님의 약속입니다.

역대상 17장에 그려진 다윗의 고백이 기억납니다. 성경에 기록된 감사의 표현 중 가장 감동적인 내용의 하나가 다윗의 감사라고 여겨집니다.

> "여호와 하나님이여 나는 누구이오며 내 집은 무엇이기에 나에게 이에 이르게 하셨나이까"(대상 17:16).

"내가 누굽니까? 내 집이 무엇입니까? 왜 오늘의 내가 되게 하셨습니까?" 다윗이 여호와의 전에 들어가서 감사의 기도를 올립니다. 나단 선지자가 하나님으로부터 받은 역대상 17장 13-14절의 말씀을 전한 다음입니다.

“내가 네 뒤에 네 씨 곧 네 아들 중 하나를 세우고 그 나라를 견고하게 하리니 그는 나를 위하여 집을 건축할 것이요 나는 그의 왕위를 영원히 견고하게 하리라”(대상 17:11-12).

하나님의 사자 나단 선지자로부터 다윗이 이 말씀을 듣고 여호와 앞에 나아갑니다. “하나님 여호와여 내가 누굽니까? 내 집이 무엇이길래 저를 이 자리에 이르게 하십니까? 하나님이 나의 아버지가 되시고 내가 당신의 아들이 되고 내 아들 솔로몬과 내 자식들에게 하나님이 아버지가 되시고 하나님의 자식이 되게 하십니까?”

아버지! 아버지가 있다는 것은 너무도 귀한 일입니다. 우리의 기원을 말하는 것입니다. 우리의 존재 근원을 말하는 것입니다. 이 세상에 아버지 없이 태어나는 사람은 한 명도 없습니다. 태어나면서부터 잃어버려서, 또는 돌아가셔서 혹은 불행하게도 아버지가 누군지도 모르면서 자라는 그런 사람도 있지만 그러나 아버지 없는 사람은 없습니다. 그러기 때문에 그 아버지에게 돌아가는 것, 가정으로 돌아가기 원하는 것, 그것이 우리가 원하는 일입니다. 그래서 우리는 고향으로 돌아가기를 원합니다. 고향을 사모합니다. 아버지가 계시고 부모가 계시기 때문입니다. 이민생활을 하고 있는 우리는 더욱 그렇습니다.

야곱이 벧엘로 돌아가기 원합니다. 하나님께서 약속하신 그곳에 돌아가기 원합니다. 하나님 여호와의 집, 우리 영혼의 고향, 하나님 아버지께서 계신 천국, 우리를 위해서 예비해 주신 그 집으로 돌아가기를 원하는 것입니다. 아버지가 계셔야 우리는 갈 수 있습니다. 하나님이 아버지가 되신 분들만 가는 것입니다.

예수 그리스도를 생명의 구주로 영접하셨습니까? "영접하는 자 곧 그 이름을 믿는 자들에게는 하나님의 자녀가 되는 권세를 주셨으니"(요 1:21)라고 했는데 그분을 영접하셨습니까? 그분이 나의 구세주이십니까? 이것이 확인되지 않으면 우리는 그 본향에 이르지 못합니다.

이 세상은 우리가 영원히 거할 처소가 아닙니다. 베드로후서에서는 이 세상이 체질에 풀어져 녹아진다고 했습니다. 우리의 집도 그렇게 녹아집니다. 우리가 쌓아놓은 재산, 재물 등도 죄송하지만 다 불타고 녹아집니다.

야곱은 알고 있었습니다. 돌아갈 집, 아무리 가축이 많고 아무리 자식을 낳고 살아도 그곳이 영원히 거할 처소가 아닌 것을 알았습니다. 그래서 떠나게 됩니다. 아버지가 약속하신 그 집을 향해서 가게 됩니다.

여러분, 하나님께서 우리 교회를 허락해 주신 것도 이 사실을 알리기 위해서입니다. 이 세상은 영원히 거하는 곳이 아닙니다. 광야는 영원히 거하는 곳이 아닙니다. 밧단아람은 영원히 거하는 곳이 아닙니다. 하란 땅은 그가 영원히 거하는 곳이 아니라는 것입니다. 벧엘! 하나님의 집, 그곳으로 돌아가야 한다는 것입니다. 우리의 영원한 영혼의 고향, 하나님 나라입니다.

예수님께서 말씀하셨습니다.

"내 아버지 집에 거할 곳이 많도다……내가 너희를 위하여 거처를 예비하러 가노니 가서 너희를 위하여 거처를 예비하면 내가 다시 와서 너희를 내게로 영접하여 나 있는 곳에 너희도 있게 하리라"(요 14:2-3).

"만일 땅에 있는 우리의 장막 집이 무너지면 하나님께서 지으신 집 곧 손으로 지은 것이 아니요 하늘에 있는 영원한 집이 우리에게 있는 줄 아나니"(고후 5:1).

그 집을 짓기 위해서 예수님이 이 땅에 목수로 오셨습니다. 목수 집에 태어난 이유도 다 상징적으로 영적인 의미가 있는 것입니다. 그 분은 우리를 위한 영원한 집을 짓기 위해서, 영원한 처소를 예비하면 우리를 데리러 오신다고 하셨습니다. 그렇습니다. 여호와의 집입니다. 우리는 돌아갈 그곳이 있습니다.

하나님께서는 우리 교회를 통해서 영원한 집을 허락해 주시고, 험난한 이 세상 가운데 살면서 찢기고, 때로는 마음의 상처를 입고 아픔을 겪고 고통과 고난을 경험한다고 하더라도 하나님 전에 나와서 예배를 드리고, 찬양을 드리고, 기도하고, 하나님의 말씀을 받습니다. 성도의 교제가 있습니다. 영혼의 치료를 받습니다. 영원한 하나님 나라의 처소, 바로 그곳에 갈 연습을 하는 것입니다. 그것을 체험하는 것입니다. 그것이 하나님의 교회입니다.

우리가 열심히 봉사하고 섬겨야 하는 이유가 무엇입니까? 자식들 이끌고 축복의 통로가 되게 하시고 은혜의 도구가 되게 하셔서 하나님 나라 확장을 원하는 바로 그것 때문입니다. 지금까지도 사랑하는 성도 여러분 한 분 한 분 모두 이 일에 쓰임 받으신 것을 감사드립니다. 앞으로도 계속 주님 오시는 그때까지 바로 이 비전을 안고 세상에 정 주지 마시고 본향을 향해서, 하나님께서 주시는 모든 것 다 이끌고 바로 그 나라로 갈 수 있도록 영의 눈이 뜨이고 가치관이 달라지고 삶의 목표가 달라진 우리 모두가 되기를 예수님의 이름으로 축원합니다.

지금 일어나 벧엘로 돌아가라

창세기 31:1-16

야곱이 라반의 아들들이 하는 말을 들은즉 야곱이 우리 아버지의 소유를 다 빼앗고 우리 아버지의 소유로 말미암아 이 모든 재물을 모았다 하는지라 야곱이 라반의 안색을 본즉 자기에게 대하여 전과 같지 아니하더라 여호와께서 야곱에게 이르시되 네 조상의 땅 네 족속에게로 돌아가라 내가 너와 함께 있으리라 하신지라 야곱이 사람을 보내어 라헬과 레아를 자기 양 떼가 있는 들로 불러다가 그들에게 이르되 내가 그대들의 아버지의 안색을 본즉 내게 대하여 전과 같지 아니하도다 그러할지라도 내 아버지의 하나님은 나와 함께 계셨느니라 그대들도 알거니와 내가 힘을 다하여 그대들의 아버지를 섬겼거늘 그대들의 아버지가 나를 속여 품삯을 열 번이나 변경하였느니라 그러나 하나님이 그를 막으사 나를 해치지 못하게 하셨으며 그가 이르기를 점 있는 것이 네 삯이 되리라 하면 온 양 떼가 낳은 것이 점 있는 것이요 또 얼룩무늬 있는 것이 네 삯이 되리라 하면 온 양 떼가 낳은 것이 얼룩무늬 있는 것이니 하나님이 이같이 그대들의 아버지의 가축을 빼앗아 내게 주셨느니라 그 양 떼가 새끼 밸 때에 내가 꿈에 눈을 들어 보니 양 떼를 탄 숫양은 다 얼룩무늬 있는 것과 점 있는 것과 아롱진 것이었더라 꿈에 하나님의 사자가 내게 말씀하시기를 야곱아 하기로 내가 대답하기를 여기 있나이다 하매 이르시되 네 눈을 들어 보라 양 떼를 탄 숫양은 다 얼룩무늬 있는 것, 점 있는 것과 아롱진 것이니라 라반이 네게 행한 모든 것을 내가 보았노라 나는 벧엘의 하나님이라 네가 거기서 기둥에 기름을 붓고 거기서 내게 서원하였으니 지금 일어나 이곳을 떠나서 네 출생지로 돌아가라 하셨느니라 라헬과 레아가 그에게 대답하여 이르되 우리가 우리 아버지 집에서 무슨 분깃이나 유산이 있으리요 아버지가 우리를 팔고 우리의 돈을 다 먹어버렸으니 아버지가 우리를 외국인처럼 여기는 것이 아닌가 하나님이 우리 아버지에게서 취하여 가신 재물은 우리와 우리 자식의 것이니 이제 하나님이 당신에게 이르신 일을 다 준행하라 베드로를 통해서 "나그네로 있을 때를 두려움으로 지내라"(벧전 1:17)며 우리를 나그네라고 하시고, 사도 바울을 통해서도 "만일 땅에 있는 우리의 장막 집이 무너지면 하나님께서 지으신 집 곧 손으로 지은 것이 아니요 하늘에 있는 영원한 집이 우리에게 있는 줄 아나니"(고후 5:1)라고 하늘 집이 우리를 위해서 예비되었다고 말씀하셨습니다.

히브리서에도 믿음의 선진들은 땅에서는 자신들이 외국인과 나그네라고 증거했으니 그들은 더 나은 본향을 사모하는 자들이었다고 말씀하고 있습니다.

야곱이 이 땅에 살면서 많은 부와 안전함을 버리고 갑자기 이십 년 전에 나왔던 고향을 향해서 떠난다는 것은 쉬운 일이 아니었습니다. 본문 말씀을 함께 묵상하면서 하나님께서 여러분과 저에게 계획하신, 하나님께서 의도하신 우리의 삶이 무엇인가를 분명하게 깨닫는 은혜가 있기를 원합니다.

"네 족속에게로 돌아가라"

야곱이 이십 년 동안 생활의 터전을 마련하고 부를 쌓았던 그곳을 떠나서 고향으로 돌아가는 것을 보며 훗날 이스라엘 백성이 애굽에 가서 사백 년을 살다가 유월절 밤 갑자기 애굽을 떠나 홍해를 건너고 가나안을 향하는 모습을 떠올리게 됩니다. 또 믿음의 조상 아브라함이 갈대아 우르를 떠나 하란을 거쳐서 참으로 거할 본향인 가나안 땅에 들어가는 바로 그곳을 향하게 하시는 하나님의 계획, 하나님의 뜻을 생각하게 됩니다.

창세기 30장 43절은 "이에 그 사람이 심히 풍부하여 양 떼와 노비와 약대와 나귀가 많았더라"고 하여 야곱이 돌아가야 하는 때에 어떤 형편이었는지를 말씀해 주고 있습니다.

"여호와께서 야곱에게 이르시되 네 조상의 땅 네 족속에게로 돌아가라 내가 너와 함께 있으리라 하신지라"(3절).

하나님께서 야곱에게 고향으로 돌아가라고 하셨을 당시 야곱은 양 떼, 노비, 낙타, 나귀가 많은 풍부한 상황이었습니다. 우리의 삶이 안정되고 편안하고 세상 것으로 많은 것을 누리고 있을 때 그곳을 떠난다는 것은 쉬운 일이 아닙니다. 지금의 야곱은 어떤 의미에서 그의 삶에 있어서 최상의 상태를 지나고 있습니다. 아내가 넷이요, 아들이 열한 명, 딸 디나, 현재 열두 명을 자식으로 두고 있습니다. 거기에 더하여 생활의 풍부함을 누리고 있는 것입니다

우리는 모든 것이 형통할 때 그것을 쉽게 놓을 수가 없습니다. 바로 이때 하나님께서는 야곱에게 변화를 주십니다. 본문 1절 말씀을 보면 "야곱이 들은즉 라반의 아들들의 말이 야곱이 우리 아버지의

소유를 다 빼앗고 우리 아버지의 소유로 인하여 이같이 거부가 되었다 하는지라"고 말하고 있습니다. 외삼촌 라반의 아들들이 야곱이 아버지의 것을 다 탈취해서 부자가 되었다고 모함하는 소리가 들려옵니다. 뿐만 아니라 야곱이 라반의 안색을 본즉 자기에게 대하여 전과 같지 않았다고 했습니다. 외삼촌 라반이 야곱을 대하는 것이 전혀 기뻐하고 환대하는 모습이 아니었습니다.

독수리 새끼가 자기의 삶을 자기가 개척해야 하는 시기가 오면 어미가 그 독수리 집을 혼란시킨다고 했습니다. 둥지에 안주하고 머무르지 않도록 자꾸 밀어내고 떨어뜨리면서 새끼를 떠나게 합니다. 그것과 마찬가지로 지금 야곱을 그냥 두면 아내들과 아들들과 딸, 풍부하게 늘어난 재산, 그로 인하여 안주하게 되기 쉽습니다. 그래서 하나님께서 이런 소문을 내시고 그 소문을 듣게 하시는 것입니다.

라반의 안색까지 변해 보이니 편안하지 않습니다. 그때 하나님의 음성이 들려옵니다. 지금까지 이십 년 동안 외삼촌의 집에 있으면서 야곱은 하나님의 음성을 듣지 못했습니다. 하나님 앞에 예배를 드렸다는 말씀이 없었습니다. 재산을 증식시키고, 자식 낳고 먹고 살아가느라고 예배드림이 없었습니다. 하나님의 음성을 듣기 원하는 그런 마음도 없었습니다. 오직 외삼촌과 더불어서 싸우고 갈등하면서 어떻게 하면 그 갈등을 모면하고 가정을 꾸려나갈 수 있을까 하는 데만 온 정신을 쏟았습니다. 그러다 보니 이십 년의 세월이 흘렀습니다.

하나님께서 우리 인생을 내신 이유가 무엇입니까? 그분을 찬양하고 경배하고 예배드리기 위함입니다. 하나님께서는 이스라엘 백성을 출애굽시키셔서 가나안 땅에 들어가기 전 430년 동안 살던 애굽 땅에서 내보내셨습니다. 젖과 꿀이 흐르는 가나안 땅에 들어가서 잘 먹고 잘 살라는 것이 아니었습니다. 목적은 하나님을 예배하기 위함입니다. 마음껏 예배하기 위함입니다.

갈대아 우르에서 아브라함을 떠나게 하신 이유 역시 조상들의 우상 섬기던 것과 우상을 만들어 팔던 그곳을 떠나서 여호와 하나님을 섬기게 하기 위해서 본토 친척 아비 집을 떠나라고 하셨습니다.

하나님께서 왜 야곱을 지금 그렇게 풍부한 그곳을 떠나게 하시는 것입니까? 벧엘, 여호와의 집이 무엇을 하는 곳입니까? 하나님의 집은 예배하는 장소입니다. 그곳으로 돌아가라는 것입니다. 우리가 돈 벌고 사업하고 양 떼가 늘어가고 주식이 막 올라가고 이자도 많이 들어오고 밑에서 일하는 사람들이 풍부할 때, 하나님이 묻습니다. "너 그것 무엇 때문인지 아느냐? 잘 먹고 잘 누리고 예배도 없이 그냥 가족 걱정이나 하면서 그렇게 살라는 것이냐?"

그건 아니었다는 말씀입니다. 처음 출발할 때 돌베개하고 이슬 맞으며 누웠던 그곳, 하나님께서 당신 자신을 보여주시고 "내가 너와 함께한다, 너를 인도한다, 네가 이곳에 돌아올 때까지 그때까지도 내가 너와 함께하겠다"라고 말씀하셨던 이십 년 전의 그곳, 베개했던 그 돌을 세워서 제단을 쌓았던 그곳으로 돌아가라는 것입니다. 야곱이 돌아가야 할 곳이 분명히 있었습니다.

공동의 비전

하나님께서 여러분과 저에게도 혹시 지금 내가 안주하고 있는 환경에서 일어나 떠나야 한다고 하시지 않습니까?

벧엘은 예배의 장소입니다. 예배를 잃어버리고 찬양을 잃어버리고 하나님 경배하는 것을 잃어버린 바로 그것을 회복하라는 것입니다. 이것이 이루어지지 않을 때 하나님께서 하신 일이 환경을 어지럽히는 것입니다. 환경에 어려움을 주는 것입니다. 환경에 변화가 일어날 때 우리는 그 환경의 변화에 어떻게 대처해야 하는지에만 집중하면서 그것만을 해결하려고 하는 경우가 많습니다. 그것만을 해결하기 위해서 세월을 보낸다면 이것은 하나님의 의도와 다른 것입니다. 온갖 대책을 세우고 방법을 동원한다고 하더라도 그것은 하나님께서 원하시는 일이 아닙니다.

하나님께서 "이곳은 네가 영원히 거할 곳이 아니고 네가 안주할 곳이 아니다. 일어나라. 네가 가야 할 곳이 있다. 가나안, 네 선조의 땅, 내가 네게 약속했던 바로 그곳, 그곳에 돌아가야 한다"고 가르쳐 주시는 것입니다.

환경의 변화가 일어날 때 고난과 고통의 일들이 일어날 때 하나님의 음성을 들을 수 있는 사람은 복된 사람입니다. 복된 사람은 재산이 많고, 자식들이 많은 자입니까? 자기가 원하는 것이 다 이루어질 때 그것이 복된 인생입니까? 물론 그것도 하나님이 허용을 해주셔야 되기 때문에 아니라고 할 수는 없습니다. 그러나 그 자체가 목적이 될 수는 없습니다. 그것은 하나님께서 의도하시는 것이 아닙니다. 우리는 그럴 때 하나님을 섬기고 하나님을 섬기는 도구가 되어야만 합니다.

야곱은 풍부한 환경에 취해서 그 아내들과 자녀들과 예배했다거나 하나님의 말씀을 나눴다거나 하지 않았습니다. 그런데 야곱은 그때 소문을 듣고, 삼촌의 안색을 보았습니다. 그리고 그것을 통해서 하나님의 음성을 들었습니다. 4절 이하에 보면 야곱이 "라헬과 레아를 자기 양 떼 있는 들로 불러다가 그들에게 이르되"라고 하면서, 13절까지 야곱이 그 아내들과 더불어 라헬과 레아의 아버지가 어떻게 행하셨는지, 그런데 하나님께서는 어떻게 그 가정에 행하셨는지를 상세하게 설명합니다. 야곱은 벧엘, 선조들의 그 땅으로 돌아가라는 음성을 듣고 곧 바로 아내들과 더불어 대화한 것입니다.

레아와 라헬은 자매간이지만 암투와 갈등이 심했습니다. 불편한 관계에 있던 아내들이었습니다. 그런데 14절과 16절에 보니 "라헬과 레아가 그에게 대답하되 우리가 우리 아버지 집에서 무슨 분깃이나 유업이나 있으리요 아버지가 우리를 팔고 우리의 돈을 다 먹었으니 아버지가 우리를 외인으로 여기는 것이 아닌가 하나님이 우리 아버지에게서 취하신 재물은 우리와 우리 자식의 것이니 이제 하나님이 당신에게 이르신 일을 다 준행하라"면서 여덟 번이나 '우리', '우리'라고 마음을 합한 모습을 보여주고 있습니다. 처음으로 레아와 라헬과 야곱이 '우리'가 되는 것입니다.

이런 사랑의 갈등 관계, 소유의 갈등 관계로 생긴 많은 문제들이 이십 년이 지난 이때에야 비로소 '우리'의 관계로 형성되는 것입니다.

왜 그런 관계가 형성되는 것입니까? 야곱이 하나님께서 행하시는 일, 그리고 하나님께서 그 가정을 위해서 계획하시고 원하시는 일이 무엇인지를 함께 나누었을 때, 다시 말하면 공동의 비전, 공동적인 가정의 목표가 분명하게 저들에게 이해가 되었을 때 '우리'라고 하는 하나 됨이 형성된 것입니다.

바로 여기에 우리가 배울 점이 있습니다. 야곱도 이십 년이라고 하는 세월을 고된 생활 속에 여러 가지 어려운 과정들을 겪으면서 살았지만, 결국은 하나님의 음성을 다시 듣고 벧엘로 돌아가는 그 일로 인해서, 그가 결단하고 확신하고 돌아갈 것을 식구들하고 같이 나누게 될 때에 하나 되는 역사가 일어났습니다. 하나님께서 그 가정을 향하신 뜻과 목적이 함께 이해가 될 때에는 그동안에 어려운 문제들이 아무리 많았다고 하더라도 하나가 될 수 있습니다. 통일이 될 수 있는 비결이 있는데 그것은 바로 공동의 비전입니다.

야곱이 벧엘로 돌아가자고 대화를 통해서 제시하는 것이 갈등 많은 아내들과 자식들에게 받아들여지는 것입니다. 저들이 가야 하는 분명한 길, 바로 그 길이 제시되는 것입니다.

무엇 때문에 일어나서 떠나자고 하는 것입니까? 17절을 보니 "야곱이 일어나 자식들과 아내들을 약대들에게 태우고"라고 했습니다. 자기의 있던 그 자리, 안락하고 편안한 그 자리에서 '일어나'는 것, 바로 이것입니다. 지금 안락하게 안주하게 만드는 그곳에서 일어나 자식들과 아내들을 약대에 태우고 그곳을 떠나 출발을 하게 되는 것입니다. 하나님 아버지의 약속하신 말씀, 또 자기가 하나님과 더불어 주님을 만났을 때 주님 앞에 서약한 그 일을 기억하며 벧엘로 돌아가기 원하는 것입니다. 하나님께서는 끊임없이 우리에게 원하시는 것이 있습니다. 그것은 주님 앞에 돌아가는 것입니다. 그리고 주님 앞으로 돌아오는 것입니다.

하나님이 개입하시는 삶

이스라엘 백성들이 출애굽할 때 광야생활을 통해 하나님께서 저들에게 훈련시키고 가르치신 것이 있습니다. 그것은 하나님 중심, 성막 중심의 삶이었습니다. 그들은 사십 년 광야 생활을 하면서도 세 지파씩 동서남북에 진을 치고 한가운데 성막을 세웠습니다. 그리하여 어느 방향에서든지 어디서든지 이 성막을 바라보게 했습니다. 어디서든지 하나님의 임재의 불꽃을 바라보게 했습니다. 이동할 때 하나님의 법궤가 떠나게 됩니다. 불기둥과 구름기둥이 주야로 저들을 인도해 갑니다. 온 이스라엘 백성들은 그 불기둥 구름기둥을 바라보면서 따라갑니다. 법궤가 앞장섭니다. 이스라엘 백성들의 훈련입니다. 말씀을 따라 순종하는 것입니다. 하나님을 섬기는 예배 중심입니다. 하나님 섬김입니다.

사도 베드로는 베드로전서 1장 17절에 "외모로 보시지 않고 각 사람의 행위대로 판단하시는 자를 너희가 아버지라 부른즉 너희의 나그네로 있을 때를 두려움으로 지내라"고 권면하였습니다. 그렇습니다. 하나님께서는 외모로 보시지 않고 중심을 보십니다. 예배 중심, 교회를 통해서 섬기는 중심입니다.

야곱이 이십 년 동안 가정을 이루면서 재산을 증식하는 일을 했을 때에 하지 못한 일이 있었습니다. 하란이라고 하는 곳은 세상입니다. 애굽이 세상의 상징이었기 때문에 하나님께서 이스라엘을 출애굽시키셔서 가나안 땅으로 향하게 하셨던 것처럼, 하란 또한 세상입니다. 그곳은 영원히 거할 곳이 아닙니다. 그곳을 떠나야 합니다. 예배함이 없던 장소, 하나님 중심으로 살지 못하는 장소, 하나님의 살아계신 말씀을 중심으로 실천하지 못하던 장소에서 떠나야 한다는 것입니다.

참 신비한 것은 야곱처럼 문제 많은 사람이 인생 후반기에 순종하면서 '일어나' 식구들을 약대에, 노새에 태우고 그 길을 출발합니다. 하나님께서 한 발 한 발 개입하시고 인도하시는 것입니다. 하나님께서 개입하신다는 것보다 더한 축복은 없습니다. 그런데 이십 년 동안 야곱은 자기 하고 싶은 대로 했습니다. 거부는 되었지만 자기 원하는 대로, 자기 육신의 소욕대로 키워갈 때 마치 하나님 없는 자와 같은 삶이었는데, 그가 이제 본향을 향해서 떠나가는 발길 속에 하나님께서 하나하나 개입하시는 것입니다.

전에 어렵고 힘들게 얽혔던 갈등의 사람들과 한 문제 한 문제 다 해결해 주십니다. 라반이 뒤쫓아 왔지만 화해했습니다. 이십 년 동안 칼을 갈고 벼르고 있던 에서와의 문제도 다 해결됩니다. 길갈로 갔을 때 어려운 문제가 있었지만 그 또한 하나님께서 다 해결해 주십니다. 하나님께서 이제 그의 인생 후반기에, 떠나게 하실 때에 그런 모든 것들을 다 내려놓게 하십니다.

하나하나 다 내려놓고 어려운 관계, 힘든 관계에 있던 사람들, 가족들 간의 힘든 문제들도 하나씩 다 해결하고 화해하고 주님의 평강을 회복하는 일을 행하게 하시면서 고향으로 돌아가게 하십니다.

우리 교회도 정말 주님이 원하시는 예배, 찬양과 경배를 드리는 장소가 되어야 하겠습니다. 이를 목표로 하고 이를 위해서 돌아오는 성도들, 돌아오는 하나님의 사람들로 인해 예배의 회복이 일어나는 교회 되기 원합니다. 이 일을 위해서 우리는 하나가 되어서 벧엘로 향해야 합니다. 그럴 때 하나님의 임재와 역사하심이 나타나고 우리를 위해서 계획하신 주님의 그 은혜와 축복을 부어주실 것입니다. 영원히 함께하겠다고 하시는 주님의 그 약속이 이루어질 줄로 믿습니다.

"너희 모든 형제를 뭇 나라에서 나의 성산 예루살렘으로 말과 수레와 교자와 노새와 낙타에 태워다가 여호와께 예물로 드릴 것이요"(사 66:20).

오늘 일어나서 자식들과 아내들을 약대에 태우고 벧엘을 향해서 출발하는 야곱을 보십시오. 오늘 여러분과 저를 향해서 주님이 원하시는 길이 무엇입니까? 여러분의 약대인 자동차에 여러분의 이웃들, 식구들, 친구들을 태워 주님의 성산 예루살렘, 주님의 제단인 교회 제단으로 데려다가 예배하는 자들이 되는 것입니다.

오늘 여러분의 일어날 자리에서 혹시 야곱과 같이 세상에서 풍부하기 때문에 일어나기 힘든 상태에 머물고 계시지는 않습니까? 그래도 주님께서는 일어나라고 하십니다. 그리고 가라고 하십니다. 이 세상은 우리의 본향이 아니기 때문입니다. 우리의 본향, 돌아갈 그곳에 가는 행진, 하나님께서는 그대로 우리가 순종하면서 그 길을 가도록 만드셨습니다. 순종함이 없이는 우리 영혼의 본향에 주님이 원하시는 그 길을 기쁨으로 갈 수 없습니다. 우리가 이 일에 순종하면서 출발하게 될 때에 하나님께서는 하나하나 개입하시면서 우리의 얽혔던 문제들을 해결해 주시고 정말 하나님 앞에 중심으로 예배하는 데 방해가 되었던 그런 요소들을 제거해 주시는, 바로 그런 은혜가 임하는 줄로 믿습니다. 우리에게 주신 날들을 통해서 바로 이 역사가 일어나고 예배 회복이 일어나야 하겠습니다.

야곱과 그 권속들이 출발하면서 하나님 앞에서 하나가 되어 예배하는 자로 세워지고 믿음의 조상들이 된 것과 같이 우리도 그런 믿음의 조상의 역할을 잘 감당하는 하나님의 사람, 하나님의 가정이 되기를 예수님의 이름으로 축원을 드립니다.

내 손의 수고를 감찰하시는 하나님께 감사

창세기 31:21-24, 40-42

그가 그의 모든 소유를 이끌고 강을 건너 길르앗 산을 향하여 도망한 지 삼 일 만에 야곱이 도망한 것이 라반에게 들린지라 라반이 그의 형제를 거느리고 칠 일 길을 쫓아가 길르앗 산에서 그에게 이르렀더니 밤에 하나님이 아람 사람 라반에게 현몽하여 이르시되 너는 삼가 야곱에게 선악간에 말하지 말라 하셨더라……내가 이와 같이 낮에는 더위와 밤에는 추위를 무릅쓰고 눈 붙일 겨를도 없이 지냈나이다 내가 외삼촌의 집에 있는 이 이십 년 동안 외삼촌의 두 딸을 위하여 십사 년, 외삼촌의 양 떼를 위하여 육 년을 외삼촌에게 봉사하였거니와 외삼촌께서 내 품삯을 열 번이나 바꾸셨으며 우리 아버지의 하나님, 아브라함의 하나님 곧 이삭이 경외하는 이가 나와 함께 계시지 아니하셨더라면 외삼촌께서 이제 나를 빈손으로 돌려보내셨으리이다마는 하나님이 내 고난과 내 손의 수고를 보시고 어젯밤에 외삼촌을 책망하셨나이다

우리 믿는 사람들은 하나님의 인도하심을 받고 하나님을 경험하면서 살면서 감사할 일들이 너무도 많습니다.

특별히 본문 말씀을 통하여 야곱이 그 위기와 고난과 어려움 속에

서도 하나님을 경험하면서 하나님께서 어떻게 위기를 면하게 하시고 건져주셨는지, 살아계신 하나님을 찬양하는 모습에서 여러분도 저도 다시 자신을 돌아보면서 감사가 회복되는 은혜가 임하기를 예수님의 이름으로 축원합니다.

하나님께서 범사에 감사하라고 말씀하셨듯이 우리가 어려움이나 고난이 없을 때에도 감사할 수 있는 사람이 되었으면 좋겠습니다. 연약함과 부족함에도 불구하고 책망치 아니하시고 버리지 아니하시고 당신의 깊은 세계 가운데 이끌어주시는 하나님께 감사하고 찬양하면서 말씀을 함께 나누고 싶습니다.

위경에 개입하시는 하나님

본문의 배경에서 보면, 야곱의 형 에서는 야곱이 자신의 장자권과 축복권을 가로챘기 때문에 죽이려고 했습니다. 야곱은 생명의 위협을 피해서 외삼촌 라반의 집으로 갑니다. 그곳은 8백 킬로미터나 떨어진 멀고 먼 타향입니다. 한 번도 가보지 못한 그곳, 외삼촌 집에 가서 이십 년을 거하게 됩니다. 낯선 타향에서 마치 종살이하듯 양과 염소 등을 키우면서 이십 년을 보냅니다. 첫 십사 년은 아내를 얻기 위해서 일했습니다. 나머지 육 년은 양 떼들을 키우면서, 이렇게 이십 년을 외삼촌이자 장인의 집에서 종살이를 하게 됩니다. 이 기간 동안 외삼촌의 두 딸을 아내로 맞고 모두 네 아내를 맞이하게 됩니다. 많은 환경의 변화와 어려움 속에서 그 세월을 보내고 하나님의 언약, 약속의 말씀을 따라서 그를 만나주셨던 벧엘을 향하여 돌아가게 됩니다. 돌베개 했던 그곳, 하늘과 땅을 잇는 경험을 하게 해주시고 하나님을 만나게 해주시며 장차 어떻게 야곱과 함께할 것인지를 보여주셨던 바로 그곳입니다.

13절을 보십시오. "나는 벧엘 하나님이라……지금 일어나 이곳을 떠나서 네 출생지로 돌아가라" 하신 대로 출생지로 다시 돌아가는 것은 하나님의 뜻하신 바였습니다.

"야곱이 일어나 자식들과 아내들을 낙타들에게 태우고 그 얻은 바 모든 짐승과 모든 소유물 곧 그가 밧단아람에서 모은 가축을 이끌고 가나안 땅에 있는 그의 아버지 이삭에게로 가려 할새"(창 31:17-18).

야곱이 그 모든 식솔들을 이끌고 돌아갈 때, 그 모든 과정이 그냥 순조롭게 이뤄진 것이 아닙니다. 문제는 "라반이 양털을 깎으러 갔을 때 라헬은 그 아비의 드라빔을 도둑질하고, 야곱은 그 거취를 아람 사람 라반에게 고하지 않고" 몰래 떠난 데 있습니다. 이때는 바쁜 계절이라 외삼촌 라반과 야곱은 삼 일 길이나 서로 떨어진 곳에서 일을 하게 되었습니다. 그 기회를 틈타서 야곱은 이제 외삼촌 집에서 가족을 데리고 고향 땅으로 돌아가기로 하고 결행하게 된 것입니다. 라반에게 고하지 않고 몰래 떠난 그 이유 때문에 삼 일 후에 알게 된 외삼촌 라반이 불과 같은 노한 마음, 분함으로 그 뒤를 추격하게 됩니다. 칠 일 길을 추격해서 야곱과 그 일행이 길르앗 산에 장막을 쳤을 때에 그곳에 당도합니다. 마음에 분함을 품고 좇아왔습니다. 불같은 호령 가운데 딸들과 짐승들을 빼앗아 돌아가기 위해서 왔습니다. 그러나 하나님께서는 바로 이때 개입하십니다.

야곱의 하나님, 위경에서 건지시는 하나님, 고난과 고통에서 건지시는 하나님, 흑암 중에서 건지시는 하나님, 바로 이 하나님께서 야곱을 추격한 라반에게 그 전날 밤 현몽하십니다.

"너는 삼가 야곱에게 선악간에 말하지 말라"(창 31:24).

여기 '선악간'이라는 말은 유대인들의 관용어입니다. '무엇이든지'를 뜻하는 말로서 야곱에게 어떠한 말도 하지 말라는 것입니다. 어떠한 해로운 행위도 너는 야곱에게 행하지 말라고 하는 것입니다. 본문 말씀 29절에 라반이 야곱에게 한 말입니다.

"너를 해할 만한 능력이 내 손에 있으나 너희 아버지의 하나님이 어젯밤에 내게 말씀하시기를 너는 삼가 야곱에게 선악간에 말하지 말라 하셨느니라"(창 31:29).

그래서 야곱을 해하지 않는다는 것입니다. 우리 믿는 사람들은 하나님 여호와께서 순간순간 어려움에서 건지시고, 위경에 개입하셔서 지키고 보호하시는 하나님이신 것을 믿으시기 바랍니다.

저는 본문 말씀을 묵상하면서 '과연 하나님은 어떤 하나님이신가? 아브라함, 이삭, 야곱의 하나님이 어떤 하나님인가'를 생각해 보았습니다. 그 하나님은 여러분과 저에게도 그와 같이 하십니다.

시편 기자는 우리가 근심 중에 있을 때 하나님 여호와께 부르짖으면 하나님의 말씀을 보내어 위경에서 건지신다고 고백하고 있습니다(시 107:20).

"너는 두려워하지 말라 내가 너를 구속하였고 내가 너를 지명하여 불렀나니 너는 내 것이라"(사 43:1).

야곱이 늘 마음에 품고 있던 것이 있었습니다. 타향살이로 심한 고생을 하면서도 마음 한가운데 품고 있었던 것이 있습니다. 즉 벧엘에서의 언약, 하나님의 말씀이었습니다. 창세기 28장에서 약속하셨던 이 하나님의 약속을 야곱은 늘 마음에 두고 있었습니다. 야곱과 약속하셨던 하나님, 그 하나님께서 지금 이 위경에서 두려움 가운데 있는, 라반 몰래 도망 나온 야곱을 건져주십니다.

감사할 수 있는 것

성경에 나오는 인물들은 믿음의 사람들이기 때문에 실수도 하지 않고 부족한 면도 없고, 그냥 믿음으로 처음부터 끝까지 잘 견디고 승리하는 사람들이라고 생각하기 쉽습니다. 그러나 성경은 솔직합니다. 야곱을 통해서 우리가 느끼는 것은 그에게 연약한 부분들이 많았다는 사실입니다. 야곱에게는 늘 외삼촌에 대한 두려움이 있었습니다.

"야곱이 라반에게 대답하여 가로되 내가 말하기를 외삼촌이 외삼촌의 딸들을 내게서 억지로 빼앗으리라 하여 두려워하였음이니이다"(31절).

31절에 의하면 자기가 떠난다고 하면 외삼촌이 아내도 빼앗고 자식들도 빼앗을까 두려워했다고 기록되어 있습니다. 그러므로 외삼촌이 얼마나 거친 사람이었고 얼마나 합리적이지 못한 사람인가 하는 것을 야곱이 잘 알고 있었기 때문에 그냥 정상적으로는 나갈 수가 없었다는 것입니다.

두려움이 우리를 사로잡으면 감사한 믿음의 삶을 살지 못합니다. 그래서 하나님께서 계속 우리에게 하시는 말씀이 있습니다. 가나안 땅을 정복하는 여호수아에게도 "너는 두려워 말라, 너는 놀라고 두려워하지 말라"고 하셨습니다. 이사야서 43장을 보면 "너는 두려워하지 말라 내가 너를 구속하였고 내가 너를 지명하여 불렀나니 너는 내 것이라 네가 물 가운데로 지날 때에 내가 함께할 것이라 강을 건널 때에 물이 너를 침몰하지 못할 것이며, 네가 불 가운데로 지날 때에 타지도 아니할 것이요 불꽃이 너를 사르지도 못하리니 대저 나는 여호와 네 하나님이요 이스라엘의 거룩한 이요 네 구원자임이라"(사 43:1-3)고 말씀하십니다. '너는 내 것'이라고 지명하신 하나님의 말씀을 믿으시기 바랍니다.

여러분의 생애를 한번 살펴보십시오. 여호와 하나님께서 여러분들을 어떻게 위경 가운데 지금까지 개입하시면서 하나님의 살아계심을 보여주셨습니까? 그러면서 우리에게 이유를 묻지 아니하시는 하나님이십니다. 선악간에 따지지 아니하시는 하나님이십니다. 죄와 허물로 죽었던 우리를 여호와 하나님께서는 하나도 이유를 묻지 않으시고 조건 없이 우리를 구원하셨습니다. 이것이 우리가 여호와 하나님 앞에 감사해야 하는 이유입니다,

시편 125편에 보면 예루살렘을 산울로 두름같이 그 백성을 지금부터 영원까지 두르셔서 악인의 권세가 의인의 업에 미치지 못하게 했다. '네가 네 손으로 수고한 대로 먹을 것이라. 네게 복되고 형통하리라'고 하셨는데, 여호와 하나님께서 집을 세우지 아니하시면 세우는 자의 공, 모든 것이 다 헛수고가 된다고 말씀하셨습니다. 하나님께서 우리와 함께하실 때에, 그분이 보호하실 때에만 모든 것이 세워진다는 것입니다.

자기를 해할 수 있는 외삼촌 라반이 야곱을 해치지 아니하고 꿈에 '하나님께서 어떻게 저에게 나타나셔서 야곱을 용서하고 축복하게 하는가' 하는 것을 야곱에게 말했을 때 한 가지 아쉬운 면이 있습니다.

선악 간에 말하지 않게 하시는 하나님을 경험하는 우리가 어떻게 '감사로 표현하는 삶을 살아야 할까' 라는 것입니다.

본문 36절에 "야곱이 노하여 라반을 책망할새 야곱이 라반에게 대답하여 이르되 내 허물이 무엇이니이까 무슨 죄가 있기에 외삼촌께서 나를 불같이 급히 추격하나이까"라고 할 때, 위경에서 건짐받은 야곱이 오히려 외삼촌 라반을 책망하면서 말했다는 것입니다.

야곱의 이러한 모습에서 우리가 받는 교훈이 있습니다. 야곱 인생에 감사할 것이 얼마나 많겠습니까? 사실은 머리 둘 곳도 없이, 정처 없이 밧단아람 외삼촌 집에 도착했을 때에 어쨌든 그 집에 거하면서 결혼해서 가정을 이루었고 자식을 낳았습니다. 또한 하나님의 도우심으로 많은 재산을 이끌고 나올 수 있었습니다. 첫째는, 하나님의 은혜이지만 그러나 거처가 될 수 있는 근거가 되었던 것은 라반에게 붙어서 같이 살아왔기 때문에 이십 년이라는 세월 동안 그런 가정을 이룰 수 있었다는 사실입니다.

이때 만약에 야곱이 "외삼촌, 내가 가만히 떠나온 것 정말 잘못했습니다. 제가 이십 년 동안 생각해 보니 너무도 감사합니다. 이렇게 아내 얻고 자식 낳고 이 많은 양 떼를 이끌 수 있는 것은 하나님의 은혜이고 외삼촌의 은혜입니다"라고 한 마디 감사했더라면 얼마나 좋았을까 하는 아쉬움이 남으면서 저에게 교훈이 되었습니다.

주님을 만난 사람들은 그리스도 안에서 바로 감사가 넘쳐납니다. 선악간에 말하지 않도록 위경에서 건져주신 그 하나님을 바라보기 때문에, 그 하나님 때문에 감사할 수 있는 사람이 됩니다. 그래서 하나님을 바라보고 '하나님께서 저를 이런 어려움 가운데서 지켜주셨습니다'라고 생각할 때 모든 것이 다 감사한 것입니다.

어떤 위경, 정말 어려운 일 가운데에서 건짐을 받았다고 할 때, 그것은 모든 것을 다 덮을 수 있습니다. 바울 사도가 "허물과 죄로 죽었던 너희를 살리셨도다"(엡 2:1) 할 때 자기 자신도 예수를 만나기 전에는 자기 잘난 맛에 사는 줄 알았는데, 주님을 믿고 보니 창세전부터 자기를 계획하신 뜻 가운데 섭리하시고 택하셔서 구원해 주신 것을 생각하니 너무나 감사한 것입니다. 지옥 갈 자식이, 정말 사망의 음침한 골짜기에 있는 자신을 하나님께서 건져주신 것이 너무 감사한 것이었습니다. 그러다 보니 다른 어떤 인간적인 악조건도 전부 사라지는 것이었습니다.

벧엘로 가게 하시는 하나님

우리는 사망 가운데 있는 자, 이미 죽은 자들이었습니다. 이미 저주받은 자, 심판 받은 자들이었습니다. 그런데도 불구하고 하나님께서 우리를 사랑하시고 선악 간에 묻지 아니하시고 용서하시고 십자가로, 예수 그리스도로 사랑해 주셨습니다. 우리를 건져주시고 하나님의 백성이 되게 해주셨습니다. 이것만 나에게서 확인이 되고 주님을 바라보고 주님이 그 하나님이시라는 확신이 있다면 서운한 것이 있을 수 없습니다.

살다 보면 우리 마음에 서운한 것이 있을 수 있습니다. 자식들을 향한 서운함, 부모를 향한 서운함, 형제들에 대한 서운함, 교회 성도들을 향한 서운함 등 많이 있을 수 있습니다. 그런데 이유를 따지면 너무 서운하고 그 서운함이 꼬리에 꼬리를 물고 일어납니다. 그러나 그것들이 씻어질 수 있는 근거는 선악 간에 따지지 아니하시고 하나님께서 나를 사랑하시기 때문에 독생자를 보내주셔서 구원해 주신 하나님, 바로 그 하나님입니다.

여러분의 삶을 생각해 보십시오. 하나님께서 내가 인생의 어려움과 고난 가운데 있을 때에 나를 건져주셨습니다. 그때 만약에 내가 죽었더라면, 그때 내가 만약에 비참한 가운데 있을 때 건짐을 받지 못했더라면 오늘날 내가 어떤 사람이 되었겠습니까?

이러한 은혜의 삶을 살고 있다고 생각할 때, 하나님의 그 은혜, 사망 가운데서 건짐을 받은 하나님의 사람들이 정말 하나님의 은혜 가운데 감사하면서, 화해하기 어려운 관계를 넘어서서 화해하고 기쁨과 즐거움으로 살 수 있는 이유들이 바로 거기에 있는 것입니다.

또 하나 감사할 수 있는 것은 야곱에게는 부족한 면이 너무 많습니다. 그럼에도 불구하고 하나님께서 그를 집요하게 이끌고 붙들고 가시는 이유가 어디에 있습니까? 벧엘에서 약속하신 언약의 그 말씀 때문이었습니다. 그런데 야곱 역시 그것을 잊지 않고 늘 마음에 둔 것이었습니다. 그는 그 말씀을 마음에 두고 늘 열심히 일한 사람이었습니다.

야곱은 "내가 이렇게 수고하고 애쓰고 추위와 더위를 무릅쓰고 눈붙일 겨를도 없이 열심히 일하고, 외삼촌의 두 딸을 위해서 십사 년 동안, 양 떼를 위해서 육 년, 도합 이십 년을 품삯도 별로 받지 않고 이렇게 수고하고 애썼지만 내가 나간다면 그냥 빈손으로 나가게 했을 것입니다. 그러나 아버지 하나님, 아브라함의 하나님, 곧 이삭의 경외하는 이가 나와 함께 계셔서 나의 고난과 내 속의 수고를 감찰하시고 어젯밤에 외삼촌을 책망하셨나이다"라고 하면서 자신과 이렇게 함께 하고 계신 그 하나님을 높이고 있습니다.

우리는 부족하여 때로는 넘어지기도 하고 원망하고 두려워하고 불평도 하지만 그러나 우리가 놓지 말아야 하는 것이 있습니다. 여호와 하나님에 대한 언약을 기억하고 순종하는 것입니다. 하나님은 이 하나님의 언약, 하나님의 하나님 되심을 우리가 믿고 그분의 뜻에 순종할 때 그런 사람을 붙드시고 계속해서 인도해 주시는 분이십니다. 나는 인간적으로 연약하고 부족하기 때문에 죄를 지을 수도 있고 실수할 수도 있습니다. 그러나 여호와 하나님께서 내가 어떤 상태 가운데 있어도 나를 붙들어 주시는 것을 바로 알 때 그것이 감사한 것입니다.

바울 사도가 하나님의 은혜를 깨닫기 전에는 가말리엘 문하에서 수학했고, 레위 지파라는 신분과 지위를 자랑했습니다. 그런데 주님을 만나고 보니 그것을 배설물과 같이 버렸다는 것입니다. 영적으로 보면 그것은 배설물이었고 사망 가운데 있던, 죽음 가운데 있던 자기를 건져주신 하나님의 은혜에 감사하니 그외의 모든 것들도 전부 감사한 것입니다. 우리는 우리의 처지와 형편, 허물과 죄로 죽었던 우리들이 살림을 받았기 때문에 감사하게 되는 것입니다.

야곱, 아직도 가야 할 길이 멀고 아직도 성숙할 길이 멀고 허물도 많지만 그러나 그가 꼭 붙들고 있는 것은 할아버지 아브라함의 하나님, 아버지 이삭의 하나님입니다. 그 하나님 여호와께서 자신을 지키고 보호하고 지금도 그 하나님께서 말씀하셔서 벧엘로 가게 하시는, 바로 그 하나님을 찬양한다는 것입니다.

하나님을 찬양하는 근거가 어디에 있습니까? 환경입니까, 조건입니까? 환경이나 조건을 통해서 감사하려고 하면 서운해서 못 합니다. 그런데 감사하려고 하니까 그런 것은 다 묻히는 것입니다.

선악 간에 말하지 말라고 했습니다. 하나님의 은혜를 기억하며 선악 간에 말하지 말라는 것입니다. 자식한테 서운한 것 말하지 말고 부족한 것 말하지 말고, 남편과 아내한테 따지지 말고 선악 간에 말하지 말고, 무엇이든지 감사하시기를 원합니다. 세상 사람들도 인격자라면 할 말과 못할 말을 골라가면서 살아가고 있습니다. 선악 간에 말하지 말아야 합니다. 우리 믿는 사람들은 이제 하나님께서 행하신 놀라우신 일을 감사하면서 살아가야 합니다. 오늘 하나님의 은혜, 위경에서 건져주신 하나님, 라반이 야곱에게 위협을 주고 위험 가운데 처하게 하고 죽일 수도 있고 재산 전부를 빼앗을 수 있는, 아내마저도 다 빼앗아 갈 수 있는 라반이지만 주님이 현몽하여 개입하시면서 위경에서 야곱을 건져주신 것입니다. 이 은혜를 감사해야 합니다.

하나님께서는 여러분과 저를 건져 주시고 순간순간마다 함께하시는 분이심을 믿으시기 바랍니다. 전지전능하시고 우주 만물을 창조하신 그 하나님 아버지께서 그를 믿는 자를 이렇게 지키고 보호하신다는 것입니다. 앞으로도 하나님께서 우리를 지키고 보호하시는 그런 역사가 야곱의 생애와 같이 일어날 줄로 믿고 오늘도 감사하는 삶 되시기를 예수님의 이름으로 축원합니다.

야곱의 두 돌기둥

창세기 31:43-48

라반이 야곱에게 대답하여 이르되 딸들은 내 딸이요 자식들은 내 자식이요 양 떼는 내 양 떼요 네가 보는 것은 다 내 것이라 내가 오늘 내 딸들과 그들이 낳은 자식들에게 무엇을 하겠느냐 이제 오라 나와 네가 언약을 맺고 그것으로 너와 나 사이에 증거를 삼을 것이니라 이에 야곱이 돌을 가져다가 기둥으로 세우고 또 그 형제들에게 돌을 모으라 하니 그들이 돌을 가져다가 무더기를 이루매 무리가 거기 무더기 곁에서 먹고 라반은 그것을 여갈사하두다라 불렀고 야곱은 그것을 갈르엣이라 불렀으니 라반의 말에 오늘 이 무더기가 너와 나 사이에 증거가 된다 하였으므로 그 이름을 갈르엣이라 불렀으며

야곱이 드디어 20년을 타향살이 하던 바로 그 밧단아람 하란의 생활을 청산하고 고향으로 돌아가게 됩니다.

지금까지 라반과 야곱은 처절한 경쟁관계였습니다. 그들은 사위와 장인의 관계입니다. 불편한 경쟁 관계를 맺고 있던 그들은 결국 헤어지게 된 것입니다. 야곱이 그 식구들을 챙겨서 떠나게 될 때에 그것은

자기의 의지가 아니었습니다. 31장 13절을 보면 하나님 여호와께서 말씀하셨습니다. "나는 벧엘의 하나님이다. 지금 일어나 이곳을 떠나서 네 출생지로 가라." 사실 야곱이 라반의 집을 떠나는 것은 하나님의 뜻이었던 것입니다. 그런데 떠나는 방법이 옳지 못했습니다. 고향으로 돌아가는 과정을 아름답게 했으면 얼마나 좋았겠습니까. 외삼촌 라반이 양털 깎는 시즌이어서 멀리 3일 길을 간 동안 밤중에 아내들과 자식들, 그리고 온 가산을 챙겨서 도주하게 됩니다.

3일 후에 외삼촌 라반이 그 소식을 듣고 칠 일 길을 추격해 올 때 그는 분을 품고 해를 입히기 위해서 야곱을 쫓아왔던 것이 사실입니다. 그러나 라반이 사위 야곱을 따라잡는 순간 하나님께서 개입하셨습니다. "너는 선악 간에 말하지 마라." 하나님께서는 현몽하시어 라반을 만나주셨습니다. 하나님을 만난 라반, 하나님의 음성을 들은 라반, 하나님의 계획하심, 하나님의 뜻을 받은 라반의 생각이 바로 달라졌습니다. 하나님의 말씀을 듣고 하나님의 계획을 안 순간 그는 바뀌었습니다.

우리에게 분노나 섭섭함 등 어떤 증오의 감정이 있으면 우리의 눈이 가려집니다. 보아야 할 것이 보이지 않습니다. 지금까지 라반은 사위의 가정을 바라볼 때에 정상적인 눈으로 보지 못했습니다. 사위가 사위로 보이지 않고, 딸들이 딸들로 보이지 않고, 손자들이 손자들로 보이지 않는 것입니다. 모두가 다 경쟁 대상으로 보였습니다. 그런데 하나님을 만나고 하나님의 부탁의 말씀을 직접 받은 그때부터 라반은 달라졌습니다. 43절 본문 말씀을 보면 이렇게 말합니다.

"라반이 야곱에게 대답하여 이르되 딸들은 내 딸이요 자식들은 내 자식이요 양 떼는 내 양 떼요 네가 보는 것은 다 내 것이라 내가 오늘날 내 딸들과 그들의 낳은 자식들에게 어찌할 수 있으랴"(창 31:43).

주님을 만난, 그리고 주님의 뜻을 받은 라반의 눈에 가족들이 들어오는 것입니다.

깨어졌던 관계의 회복

우리는 영적인 눈을 뜨면 모든 것이 바로 보이게 되지만, 죄악으로 가득 차면 볼 것을 보지 못합니다. 내 아내, 내 남편이 바로 보이고, 자식이 바로 보이고, 부모가 바로 보이고, 교회에서 함께 신앙생활을 하는 믿음의 식구들이 바로 보여야 합니다. 그들은 경쟁의 대상, 증오의 대상, 분노의 대상이 아니라 사랑의 대상입니다.

사랑하게 되면 모든 것을 초월하게 됩니다. 사랑은 '편애'라는 말이 있습니다. 내가 낳은 자식, 내 자식은 내가 사랑하기 때문에 이웃집 아이들과 같은 대상이 아닙니다. 내가 특별히 사랑하기 때문에 잘못을 범해도, 허물이 있어도, 미운 짓을 해서 잠깐 미울 때도 있지만 곧 회복되고 예쁘게 보입니다. 사랑은 환경이나 조건을 초월하기 때문입니다.

라반이 주님을 만나고 눈이 떠졌습니다. 지금까지 20년이라는 세월 동안 사랑하는 식구가 경쟁 대상이며 이용의 대상이어서 미워하고 시기하고 질투하였습니다. 그런데 주님을 만나면서 그동안 가려졌던 눈꺼풀이 벗겨졌습니다. 라반의 고백입니다. "내 아들이구나, 내 딸이구나, 내 손자구나" 마음이 열리는 것입니다. 이때에 라반이 야곱에게 제안을 합니다. 깨어지고 소원해졌던 관계, 멀어졌던 관계를 회복하고 화해해야겠다는 생각을 합니다. 주님을 만난 그는 이제 야곱을 만날 때 화해하겠다는 마음의 결단을 합니다. 그리고 화해를 결정합니다.

우리에게 결심과 결단은 참으로 중요합니다. 내가 관계를 회복해야겠다는 생각이 있으면 결단하고 결심해야 합니다. 라반은 결단하고 먼저 제안을 합니다.

"이제 오라 나와 네가 언약을 맺고 그것으로 너와 나 사이에 증거를 삼을 것이니라 이에 야곱이 돌을 가져다가 기둥으로 세우고 또 그 형제들에게 돌을 모으라 하니 그들이 돌을 가져다가 무더기를 이루매 무리가 그 무더기 곁에서 먹고"(창 31:44-46).

여기에 깨어졌던 관계 회복을 위한 중요한 화해의 원리가 들어 있습니다. 저는 오늘 야곱을 만나 주신 하나님, 라반을 만나 주신 하나님, 저들을 아름답게 하나로 묶어주신 하나님, 그 하나님의 놀라우신 화해의 능력, 사랑의 능력이 이 자리에도 임하고 우리 가운데 풍성하게 넘치기를 예수님의 이름으로 축원합니다.

깨어졌던 관계 회복을 위한 몇 가지 단계가 있습니다.

첫째, 우리의 결정, 결단, 의지가 필요합니다. 내가 무엇을 깨달아도 그런 의지의 결단을 하지 않으면 실천에 옮기지 못합니다. 라반은 야곱과 화해하기로 결단합니다.

둘째, 먼저 다가가는 것입니다. 우리는 보통 깨어진 관계들이 회복되어 화해할 때 상대가 먼저 오기를 원합니다. 우리 동양적인 사고방식으로는 아랫사람이 윗사람에게 먼저 오기를 바랍니다. 예의상으로 볼 때 윤리, 도덕적으로 볼 때 아랫사람이 먼저 가서 사죄하는 것은 지극히 정상적인 것입니다. 그런데 성경적인 화해의 방법은 윗사람, 즉 영적으로 먼저 주님의 뜻을 깨닫고 먼저 주님을 만난 사람이 먼저 가라는 것입니다.

아브라함과 롯의 관계 속에서도 아브라함이 먼저 다가갔습니다. 그는 자기 자신을 내려놓고 먼저 시작합니다. 아브라함과 롯의 관계만이 아닙니다. 하나님께서 우리를 용서하시고 우리를 화해시켜 주실 때에도 마찬가지였습니다.

로마서 5장에 말씀하신 대로 우리가 연약할 때, 죄인 되었을 때 하나님과 원수 되었을 때 먼저 하나님께서 독생자 예수 그리스도를 보내주셔서 우리를 위한 화목제물이 되게 하셔서 우리를 구원하셨습니다. 하나님 아버지께서 먼저 우리에게 다가오신 것입니다.

은혜를 받은 자는 먼저 하나님의 은혜를 깨달은 사람들이며, 영적으로 성장한 자이고 영적으로 어른입니다. 먼저 하나님의 말씀을 깨달은 사람이 먼저 가도록 되어 있습니다. 지금 라반이 주님을 만나고 야곱에게 화해를 제안합니다. 윗사람이 먼저 다가가는 것이 지극히 성경적인 원리라고 하는 것을 꼭 기억하시기 바랍니다. 우리는 믿음의 식구들입니다. 그러기 때문에 우리가 하나님 말씀의 방법을 사용하면 거기에 하나님의 사랑의 역사, 화해의 역사가 일어나는 것입니다. 바로 이것이 성경의 방법입니다. 그래서 외삼촌 라반이 사위인 야곱에게 먼저 다가가서 "이제 오라 너와 내가 언약을 세워 그것으로 너와 나 사이에 증거를 삼을 것이니라" 하고 먼저 제안하는 것입니다.

셋째, 자존심을 내려놓아야 합니다. 성경에서 보면 하나님께서는 질투의 하나님이시며, 불의한 것을 못 보시는 분이시고, 심판하시는 하나님이심을 알 수 있습니다. 그런데 그분께서 우리를 위하여 모든 것을 다 내려놓으시는 것입니다. 우주만물의 주인이신 그분께서 자존심을 다 내려놓으시는 것입니다.

자존심을 지키면서는 화해가 되지 않는 것을 보게 됩니다. 협상을 할 때 양보를 하지 않고는 협상이 이루어지지 않고, 또한 자존심을 내려놓지 않으면 화해할 수 없습니다.

넷째, 우리가 화해할 때는 손해를 보자는 것입니다. 화해할 때 항상 내가 이익을 챙긴다면 화해가 되지 않습니다. 손해를 감수해야 합니다. 라반이 야곱을 추격해서 따라올 때는 자신의 딸들과 수많은 재산을 돌려받기 위해서였습니다. 그런데 주님을 만나고 나서 그것이 아니라는 것을 깨닫게 되었습니다. 결국 내 자식인데 그들이 가지고 있는 것이 내 것이고, 내 것이 그들의 것이라는 사실을 깨닫게 된 것입니다.

믿는 사람들이 화해할 때 이러한 화해의 원리에 따라 우리의 마음을 내려놓을 수 있는 준비를 갖추는 것입니다. 그래서 먼저 결단하고, 먼저 찾아가서 자존심 내려놓고, 이익 챙기려 하지 말고 손해를 보라는 것입니다. 내 자존심 내려놓고 손해를 보면 하나님께서는 우리에게 30배, 60배, 100배로 더해 주십니다.

내가 겸손하게 나를 내려놓고 내 자존심 다 내려놓고 양보하고 나를 낮추고 남에게 나를 내어줄 때 하나님께서 그 사람을 세우시는 것을 보게 됩니다. 우리가 세움 받기 위해서 하는 것보다는 주님께서 주신 원리이기 때문에 우리가 실천하면 오히려 높이시는 하나님이신 것을 보게 됩니다. 예수님을 생각해 보십시오. 예수님께서는 낮추시되 종이 되시고 마지막까지 낮추십니다. 죽기까지 복종하셨다고 했습니다. 그런데 하나님께서는 그를 높이시되 만왕의 왕, 만주의 주로 그분을 높이십니다.

아브라함이 조카 롯에게 다 양보했을 때 아브라함에게 더하게 하시는 하나님의 놀라운 축복을 보십시오. 오히려 롯은 어려움을 많이 겪고 낭패를 많이 당했지만 모든 것을 다 내어놓고 양보한 아브라함은 믿음의 조상 그리고 풍성한 것을 계속 제공할 수 있는 그런 풍성함을 소유한 자가 되었습니다.

오늘 말씀을 묵상하면서 라반의 새로운 면모를 보게 됩니다. 우리는 인생을 끝맺음할 때 잘해야 합니다. '유종(有終)의 미(美)'라는 말이 있습니다. 시작도 중요하고, 과정도 중요합니다. 그러나 정말로 중요한 것은 결말입니다. 끝맺음을 어떻게 잘 맺느냐에 따라 지난날의 모든 것이 평가될 수 있습니다.

야곱과 라반의 20년 관계 속에서 어려운 일들이 많이 있었고, 경쟁과 시기 질투 관계 때문에 다툼이 많이 있었지만 마지막 그 순간이 그들에게 중요한 순간이었습니다. 이러한 라반의 결단과 그의 포기, 내어줌을 통해서 놀라운 유종의 미가 거두어지고 아름다운 관계가 이루어집니다. 자기 자신을 다 내려놓고 자식들에게 입 맞추고 축복하며 저들을 보냅니다. 탐욕이 많고 질투가 많아서 식구들조차 용납하지 못하던 부끄러웠던 라반이 깨끗하게 씻어지는 것이 바로 31장에 계속해서 나옵니다. 야곱도 마찬가지입니다. 야곱의 생애도 이제 고향으로 돌아가는 그때부터 한 가지씩 내려놓고 양보하고 내어주는 삶으로 변화되어 그 전의 삶을 청산하고 브니엘의 경험, 얍복 강가의 체험을 하면서 완전히 변화된 삶으로 이스라엘이 되어서 자녀를 축복하고 백성을 축복하고 자신을 내어주는 삶이 됩니다. 야곱도 라반도 그렇게 이기적인 사람들이었지만 마지막 돌아가는 발길 가운데 아름다운 끝맺음들을 하고 있습니다.

돌기둥을 세워가는 인생

우리는 모두가 다 돌아갑니다. 벧엘을 향해서 다시 돌아가는 야곱의 발길같이 돌아가게 되어 있습니다. 중요한 것은 만남의 기간 동안뿐 아니라 어떻게 결론을 내고 돌아가느냐가 더욱 중요합니다. 우리가 인생을 살아가다 보면 여러 가지 갈등의 문제들이 많이 있습니다. 이러한 문제들은 우리가 돌아가기 전에 풀어야 할 문제들입니다.

첫째로, 관계를 회복해야 합니다. 먼저 풀고 먼저 화해할 수 있는 사람은 주님의 은혜를 알고 주님을 만난 자입니다. 우리 믿음의 사람들이 먼저 관계를 회복해야 합니다.

둘째로, 내어주는 삶을 살자는 것입니다. 주님을 만난 분들은 모두가 내어주는 삶을 살았습니다. 야곱도 역시 그런 삶을 살았습니다.

믿음의 사람들이 본향으로 돌아가면서 하는 일은, 움켜쥐는 것이 아니라 있는 것들을 모두 내어주는 삶을 사는 것입니다.

셋째로, 인자하고 사랑하며 이해하고 용서를 베푸는 것입니다.

라반이 화해하기로 결단한 것과 같이 우리도 결단해야 합니다. 결단하는 순간 눈꺼풀에 씌어 있던 것이 걷히는 체험을 하게 됩니다. 라반이 깨달은 것이 바로 그것입니다. 그래서 먼저 다가가는 것입니다. 45절 이하에 보면 "이에 야곱이 돌을 가져 기둥으로 세우고 또 그 형제들에게 돌을 모으라 하니 그들이 돌을 취하여 무더기를 이루매 무리가 거기 무더기 곁에서 먹고"라고 했습니다. 중요한 것은 깨진 관계를 회복하기 위해서 다가가 제안을 하면 도망가지 말고 이것을 받아야 합니다.

이에 야곱이 돌을 가져 기둥으로 세우고, 즉각적으로 순종하면서 응답한 것입니다. 돌무더기를 세우게 하고 무더기 곁에서 함께 먹습니다. 먹는다는 것은 계약의 관계를 이루었을 때, 그 계약이 화해로 하나가 되었을 때 함께 먹습니다. 고대 사람들도 화해가 되었다는 표시로 항상 같이 상을 베풀고 함께 먹었습니다. 그러므로 상을 같이하고 음식을 함께 나눈다는 것은 마음이 하나가 되었다는 뜻입니다.

깨진 관계가 있다면 우리가 먼저 화해의 접근을 시도해야 합니다. 또한 상대가 화해를 위해 접근했을 때는 그것을 받아들여야 합니다.

만약 거절한다면 그로 인해 관계가 더 악화될 것입니다.

그러므로 믿는 사람들은 내가 먼저 다가갈 뿐만 아니라 누가 나에게 다가오면 그것을 받아줄 수 있어야 합니다. 거절하면 회복이 되지 않기 때문입니다. 그래서 지금 라반과 야곱의 식구들이 돌무더기를 세우고 그곳에서 화해를 하고 그리고 함께 먹는 것입니다.

오늘 말씀의 제목을 '야곱의 두 돌기둥'이라고 했는데, 우리 삶은 이 돌기둥을 세워가는 인생입니다.

야곱이 첫 번째 세운 돌기둥은 창세기 28장의 벧엘에서 세운 돌기둥입니다. 형 에서를 피해서 가던 중 돌을 베개하고 광야에 누웠을 때 그에게 하나님께서 나타나셔서 꿈에 보여주십니다. 하늘을 잇대는 사다리가 있었습니다. 하나님 여호와께서 그에게 말씀하십니다. "내가 너와 함께한다. 너를 인도한다. 너를 지킨다. 이곳에 다시 돌아올 때까지 내가 너와 함께한다"라고 약속하셨던 하나님, 그 하나님을 만난 장소에 돌을 세웠습니다. 이것은 하나님과 나와의 화해 관계입니다.

그런데 이제 라반의 제안을 받고 돌을 세웁니다. 그리고 화해가 이루어집니다. 같이 먹습니다. 이것은 인간과의 관계입니다. 이웃과의 관계입니다. 먼저 하나님과 화해 관계가 이루어지고 나서 이웃과의 화해 관계가 이루어지는 것입니다. 이것이 십자가입니다. 하나님과의 관계만 이루어져서는 십자가가 아닙니다. 이웃과의 관계만 이루어져도 십자가가 아닙니다. 야곱은 두 돌기둥을 세웠습니다. 벧엘의 하나님과의 관계의 기둥입니다. 미스바의 돌기둥은 이웃과의 관계의 돌기둥입니다. 하나님과의 회복이 일어나고, 이웃들과 사랑하는 사람들, 가족들, 친구들, 교회에서 성도들과의 관계에서 회복이 일어나는 것입니다. 이것이 십자가입니다.

하나님께서 먼저 찾아와 주시고 우리를 만나 주셨습니다. 그 주님께서 우리에게 원하시는 것은 화목하게 하는 직책을 주셔서 우리로 하여금 이 화목하게 하는 직책을 선포하고 화목자가 되라는 것입니다. 고린도후서 5장 18절 말씀에 "모든 것이 하나님께로 났나니 저가 그리스도로 말미암아 우리를 자기와 화목하게 하시고, 또 우리에게 화목하게 하는 직책을 주셨으니"라고 했습니다. 우리에게 하나가 되게 하는, 화목하게 하는 사역을 주셨다는 것입니다. 그러면서 그 다음절 19절에 "화목하게 하는 말씀을 우리에게 부탁하셨느니라"고 했습니다.

하나님께서는 예수 그리스도가 화목제물로 오셨고 화목하게 하셨고, 그 화목을 받아들인 우리를 화목하게 하는 사역자가 되게 하신 것입니다. 그래서 화목하게 하는 말씀을 우리에게 주셔서 이 화목을 선포하게 하시고, 다른 사람에게도 화목하게 하는 직책을 주셨다는 것입니다. 우리가 다가가서 먼저 화목자가 되어야 합니다. 예수님께서 먼저 우리에게 오셔서 하나님과 원수 되었던 우리를 화목하게 하신 것처럼 우리도 화목하게 하는 직책을 감당해야 하겠습니다.

라반이 이 일에 솔선하면서 야곱이 그것을 받아들이고 돌기둥을 세우고 화해하고 함께 먹습니다. 얼마나 아름다운 관계입니까? 마지막에 다 해결이 되는 것입니다. 라반이 화해의 아름다운 관계를 이루고 함께 먹고는 자식들과 손자 손녀에게 입 맞추고 축복해 주고 돌아갔습니다. 라반과 야곱의 마음이 얼마나 기쁘고 행복했겠습니까? 이러한 삶의 태도와 자세들을 본받기 원합니다.

우리는 주님께서 용납하지 아니하시면 주님 앞에 갈 수도 없는 존재였습니다. 그런데 주님이 우리를 받아주시고 용납하심으로 바로 이 일이 일어난 것입니다. 야곱같이 우리가 이 일을 용납했기 때문에 받아들였기 때문에, "영접하는 자 곧 그 이름을 믿는 자들에게는 하나님의 자녀가 되는 권세를 주셨으니"(요 1:12)라고 말씀하신 것처럼, 주님이 우리에게 이것을 제공하셨을 때 우리가 "믿습니다. 내가 받아들입니다"라고 했을 때 이 역사가 일어나는 것입니다.

아직도 수많은 우리 이웃들이, 이것을 받아들이지 않기 때문에 화해가 이루어지지 않는 것입니다. 우리는 이 일을 위해서 계속 기도해야 합니다. '하나님이여 저들에게 가린 바로 그것이 벗어지게 하옵소서. 혼미케 하는 영, 이 세상 신이 혼미케 한다고 했는데 이것들이 벗어지게 하옵소서. 저들에게 전도의 문이 열리게 하옵소서. 하나님의 말씀이 들려지게 하옵소서' 하고 기도해야 합니다. 하나 되게 하는 역사가 일어날 수 있도록 위해서 기도하시고, 화목하게 하시는 주님을 본받아서 화목하게 하시는 직책을 다하며, 예수님 때문에 화목을 이루는 그런 은혜가 계속 일어나기를 예수님의 이름으로 축원합니다.

나와 너 사이에 임재하시는 하나님

창세기 31:49 - 55

또 미스바라 하였으니 이는 그의 말에 우리가 서로 떠나 있을 때에 여호와께서 나와 너 사이를 살피시옵소서 함이라 만일 네가 내 딸을 박대하거나 내 딸들 외에 다른 아내들을 맞이하면 우리와 함께 할 사람은 없어도 보라 하나님이 나와 너 사이에 증인이 되시느니라 함이었더라 라반이 또 야곱에게 이르되 내가 나와 너 사이에 둔 이 무더기를 보라 또 이 기둥을 보라 이 무더기가 증거가 되고 이 기둥이 증거가 되나니 내가 이 무더기를 넘어 네게로 가서 해하지 않을 것이요 네가 이 무더기, 이 기둥을 넘어 내게로 와서 해하지 아니할 것이라 아브라함의 하나님, 나홀의 하나님, 그들의 조상의 하나님은 우리 사이에 판단하옵소서 하매 야곱이 그의 아버지 이삭이 경외하는 이를 가리켜 맹세하고 야곱이 또 산에서 제사를 드리고 형제들을 불러 떡을 먹이니 그들이 떡을 먹고 산에서 밤을 지내고 라반이 아침에 일찍이 일어나 손자들과 딸들에게 입맞추며 그들에게 축복하고 떠나 고향으로 돌아갔더라

라반과 야곱 사이에 화해의 결과로 돌단을 쌓고 돌무더기를 이루면서 하나님 앞에 제사하고 예배를 올려드리며 함께 먹고 교제했던 바로 그 장소를 이름하여 미스바라 하였습니다. '미스바'는 '하나님 여호와께서 너와 나 사이를 보고 계신다'는 뜻입니다.

라반은 50절에서 야곱에게 자기의 딸들을 잘 지키고 잘 대해 달라는 부탁의 말을 하나님 앞에서 합니다.

"네가 내 딸을 박대하거나 내 딸들 외에 다른 아내들을 맞이하면 우리와 함께할 사람은 없어도 보라 하나님이 나와 너 사이에 증인이 되시느니라"(창 31:50).

라반의 두 번째 제안은 51절 이하에 기록된 불가침의 경계입니다.

"라반이 또 야곱에게 이르되 내가 나와 너 사이에 둔 이 무더기를 보라 또 이 기둥을 보라 이 무더기가 증거가 되고 이 기둥이 증거가 되나니 내가 이 무더기를 넘어 네게로 가서 해하지 않을 것이요 네가 이 무더기, 이 기둥을 넘어 내게로 와서 해하지 아니할 것이라" (창 31:51-52).

화해하시는 하나님

미스바, '감찰하시는 하나님 앞에서 이 일을 지키자. 임재하시는 하나님, 현존하시는 하나님, 바로 그 하나님 앞에서 우리가 언약을 지키자.' 그들은 하나님 앞에 화해했고 하나님께 제단을 쌓아서 올려 드렸으면 이제는 언약 이전으로 돌아갈 수가 없다는 것입니다. 그들이 돌무더기를 건너 그 어떤 다른 이익을 취하려고 그곳을 침해할 수가 없다는 약속입니다. 이 돌무더기를 세웠을 때 그곳을 넘어서거나 건너가 추격하거나 해할 수가 없도록 언약의 표지로 삼았습니다.

라반은 하나님의 개입, 다시 말하면 하나님의 임재하심을 체험하게 되었습니다. 하나님께서 현존하셔서 그 자리에서 만나주시고 말씀하시고 개입하시는 것을 경험하게 되었습니다. 하나님께서 야곱을 어떻게 지키고 보호하시는지, 그는 야곱의 하나님을 경험했습니다. "선악 간에 너는 말하지 마라"고 하시며 개입하신 그 하나님을 만났을 때 '이 위대한 하나님, 두려운 하나님, 이 하나님이 야곱을 지키고 계시구나' 하는 마음이 들면서 라반의 생각과 자세가 바뀌게 된 것입니다.

하나님을 만난 사람들은 바뀌게 되어 있습니다. 변화가 일어납니다. 무서운 하나님, 두려운 하나님, 바로 그 하나님과 함께하고 예배하며 서로 사랑을 나누고 축복하는 사람으로 바뀌게 됩니다.

죄를 범하면 죄를 범한 자는 두려워하고 무서워합니다. 에덴동산에서 아담과 하와가 하나님 말씀에 불순종하고 죄를 범했을 때 그들은 하나님이 두려웠습니다. 무서웠습니다. 그래서 동산 숲에 숨었습니다. 이 죄의 문제를 해결하기 전에는 우리에게 하나님은 두려운 하나님, 공포의 하나님, 심판의 하나님이십니다.

우리가 이 말씀을 묵상할 때 광야의 이스라엘 백성들을 생각하게 됩니다. 이스라엘 백성들이 홍해를 건너 시내 광야에 이르렀습니다.

하나님께서는 이스라엘 백성들을 왜 애굽에서 건져내어서 나오게 하시고 가나안 땅에 들어가게 하시는지, 그 이유를 출애굽기 19장에서 분명하게 밝혀주고 있습니다.

"모세가 하나님 앞에 올라가니 여호와께서 산에서 그를 불러 말씀하시되 너는 이같이 야곱의 집에 말하고 이스라엘 자손들에게 말하라 내가 애굽 사람에게 어떻게 행하였음과 내가 어떻게 독수리 날개로 너희를 업어 내게로 인도하였음을 너희가 보았느니라 세계가 다 내게 속하였나니 너희가 내 말을 잘 듣고 내 언약을 지키면 너희는 모든 민족 중에서 내 소유가 되겠고 너희가 내게 대하여 제사장 나라가 되며 거룩한 백성이 되리라 너는 이 말을 이스라엘 자손에게 전할지니라"(출 19:3-6).

여호와 하나님께서 이스라엘을 건지신 이유와 출애굽하게 하신 이유, 홍해를 건너게 하시고 가나안 땅에 들어가게 하신 이유는 열국 중에서 하나님의 소유가 되고 제사장 나라가 되며 거룩한 백성이 되게 하시겠다는 것입니다. 모세가 하나님의 지시대로 그것을 백성에게 알리고 나서 하나님은 다시 모세에게 말씀하셨습니다.

이스라엘 백성들로 하여금 옷을 다 빨게 하고 삼 일을 성결하게 구별하게 한 후에 시내 산, 하나님께서 강림하셔서 모세를 만나 율법을 주실 그 산 앞으로 나오게 했습니다. 그러나 사방으로 지경을 정해 주시고 백성들이 그 지경을 넘어서 산에 오르지 않도록 하라고 하셨습니다. 정해준 그 지경을 범하여 죽임을 당하지 말고, 그곳 시내 산 위에 강림하셔서 모세를 만나주시는 그 하나님에게 참여하라는 것입니다. 이스라엘 백성들이 옷을 빨았습니다. 삼 일을 거룩하게 구별했습니다. 그리고 여호와 앞에 나아갑니다. 시내 산 주변에 정해준 지경 안에 다 모였습니다. 하나님 여호와께서 모세를 부르셨습니다. 하나님께서는 이스라엘 백성들이 여호와께서 어떻게 말씀하시는가를 보게 하시지만 가까이 나아오게 하지 않으십니다. 그들의 죄악 때문입니다.

하나님께서 시내 산에 나타나실 때에 우레와 번개와 빽빽한 구름이 산 위에 있고 나팔소리가 심히 크고 모든 백성들이 떠는 그 가운데 하나님께서 강림하십니다. 백성이 감히 두려워서 죽을까 하여 가까이 가지 못하는 그곳입니다.

죄를 지은 인간에게 하나님은 두려운 존재입니다. 무서운 분이십니다. 그런데 그 하나님께서 이스라엘 백성을 당신의 소유가 되게 하시고 제사장 나라가 되게 하시고 거룩한 백성이 되게 하시겠다고 말씀하십니다.

"모세가 하나님을 맞으려고 백성을 거느리고 진에서 나오매 그들이 산 기슭에 서 있는데 시내 산에 연기가 자욱하니 여호와께서 불 가운데서 거기 강림하심이라 그 연기가 옹기가마 연기같이 떠오르고 온 산이 크게 진동하며 나팔 소리가 점점 커질 때에 모세가 말한즉 하나님이 음성으로 대답하시더라 여호와께서 시내 산 곧 그 산 꼭대기에 강림하시고 모세를 그리로 부르시니 모세가 올라가매 여호와께서 모세에게 이르시되 내려가서 백성을 경고하라 백성이 밀고 들어와 나 여호와에게로 와서 보려고 하다가 많이 죽을까 하노라 또 여호와에게 가까이하는 제사장들에게 그 몸을 성결히 하게 하라 나 여호와가 그들을 칠까 하노라"(출 19:17-22).

"그러나 너희는 택하신 족속이요 왕 같은 제사장들이요 거룩한 나라요 그의 소유가 된 백성이니"(벧전 2:9).

즉 하나님 앞에 참 예배자로 나아갈 수 있는 사람이 되게 하신다는 것입니다. 그런데 하나님께서 이 일을 행하실 때 시내 산에서 두려움 가운데 율법만 주신 것이 아닙니다. 출애굽기 24-25장에 가면 다시 한 번 모세를 또 시내 산으로 부르십니다. 그리고 그 깼던 두 돌판을 다시 주시면서 성막을 주십니다. 율법을 우리에게 주신 것은 하나님의 법을 우리에게 주셔서 우리가 죄인이다, 죄인은 멸망한다, 심판받는다는 사실을 일깨우기 위함입니다.

하나님의 말씀은 거룩하고 생명이고 의로운 것이지만 그러나 죄인에게 거룩한 생명인 의로운 하나님의 법이 적용될 때에는 모두 죽을 자들입니다. 그래서 하나님은 말씀을 주시면서 우리 자신을 보게 하십니다. "너희는 죄 때문에 죽을 자며, 내 앞에 나올 자가 아니다. 또한 너의 죄 때문에 내가 너에게 갈 수가 없다."

그러나 하나님께서는 사랑의 하나님이시기 때문에 그 말씀을 주시고 난 다음에, 우리에게 오실 수 있고 우리가 하나님께 나아갈 수 있는 성막을 주셨습니다. 성막을 주셔서 우리를 대신해 송아지, 양 혹은 염소의 피를 흘리게 하고 그 피의 제사를 하나님 앞에 올려드릴 때 하나님께서 그곳에 임재하시고, 우리를 만나주시고, 우리의 죄를 없다고 여겨주시며 화해하시는 하나님, 그 하나님을 보여주시는 것입니다.

성막에는 뜰이 있고, 성소가 있고, 지성소가 있습니다. 지성소 안에는 법궤가 있고, 그곳에 시은좌가 있습니다. 우리의 죄를 용서하시는 속죄소입니다. 대제사장이 일 년에 한 번 그곳에 피를 뿌리고 백성들의 죄를 하나님 앞에 고백하게 될 때에 하나님께서는 그 죄를 용서하시고 백성들의 죄를 사하셨습니다. 그리고 그곳에 임하신 하나님께서 백성을 만나주셨습니다.

놀라운 하나님, 무서운 하나님, 심판의 하나님, 그 하나님께서 피 가운데 임재하셔서 백성과 화해하시고 그들을 품으시고 거룩한 백성, 제사장 나라가 되게 하셔서 그분을 섬기고 예배할 수 있는 자가 되게 하셨습니다.

죄인인 우리는 두려워 벌벌 떨면서 그분에게 가까이 나아갈 수도 없는 존재인데 우리가 하나님 앞에 나아갈 뿐만 아니라 새롭게 살 길을 열어주셨고, 그분이 임재하시고 나에게 다가오셔서 나와 함께하시는 것입니다.

하나님은 예배자를 찾으신다

본문에서는 앙숙 관계에 있던 라반과 야곱이 주님으로 말미암아서 화해하게 됩니다. 화해한 그들은 제단을 쌓고 예배를 드리고 서로 축복합니다.

예배라는 것은 우리의 죄를 담당하신 예수 그리스도로 인해 도저히 용서받을 수 없는 우리와 하나님과의 관계가 화해 관계로 이루어지는 것입니다. 그래서 화해가 없는 예배는 상상할 수가 없으며, 화해가 없는 예배는 하나님께서 받으실 수가 없습니다. 예수님께서도 친히 말씀하시기를 "예물을 제단에 드리다가 거기서 형제에게 원망 들을 만한 일이 있는 줄 생각나거든 예물을 제단 앞에 두고 먼저 가서 형제와 화목하고 그 후에 와서 예물을 드리라"(마 5:23-24)고 하셨습니다. 예배는 화해자들이 하나님 앞에 올려드리는 경배입니다.

예배를 드릴 때는 신령과 진정으로 드리라고 했습니다. 신령이라는 것은 영으로 예배를 드린다는 것입니다. 우리가 예배를 드릴 때 영이신 그분 앞에 생명을 얻은 우리의 산 영이 예배드리는 것입니다.

하나님께서는 우리를 영과 혼과 육으로 창조하셨습니다. 죄를 지음으로 말미암아 우리의 영·혼·육에 사망이 임했고, 하나님과의 교제가 끊어졌습니다. 그렇기 때문에 우리는 영·혼·육으로 하나님을 예배할 수가 없는 자가 되었습니다. 우리가 참으로 예배할 수 있는 자가 되기 위해서는 우리 죄의 문제를 해결해야 합니다. 그렇기 때문에 하나님께서는 독생자 예수 그리스도를 보내셔서 내가 갚을 수 없는 죄의 값을 대신 담당하시고 우리 대신 정죄와 심판을 받으셨습니다. 우리가 그분을 믿을 때에 우리의 죄를 사해 주시고 용서하시는 속죄를 이루십니다.

그래서 예수님을 영접할 때에 죄 사함을 받는 동시에 주님과 나 사이에 깨어졌던 관계, 사망 가운데 있던 관계, 생명에서 떠났던 관계가 회복되는 것입니다. 회복이 된다는 것은 내 영이 생명을 회복한다는 것입니다. 죄 때문에 깨어졌던 관계, 사망 가운데 있던 관계가 죄 사함을 받음으로 회복이 됩니다. 이것이 바로 거듭남입니다. 주님의 생명을 받는 것입니다.

참 예배를 드릴 수 있는 사람은 이 관계가 회복된 사람들입니다. 이들은 신령한 사람이며, 영의 사람입니다. 하나님은 영이시기 때문에 이 영을 회복한 사람들이 예배를 드려야 하나님께서 받으시는 것입니다. 그래서 화해함이 없이, 즉 하나님과 우리 사이에 깨어졌던 관계가 회복됨이 없이는 하나님께서 예배를 받으실 수가 없다는 것입니다.

죄악의 관계도 마찬가지입니다. 깨어진 인간관계는 이 죄 때문에 깨어진 것입니다. 그래서 회복이 일어나고 화해가 일어나야 하는 것입니다. 십자가는 하나님과 나와의 관계의 화해요, 나와 이웃과의 화해가 이루어진 그 만남의 자리입니다. 이렇게 화해가 이루어진 사람만이 참 예배를 드릴 수 있습니다.

하나님께서 이스라엘 백성을 택하셔서 가나안 땅에 들어가게 하시는 이유는 그들로 하여금 참으로 예배하는 자들이 되게 하기 위함입니다.

"아버지께서는 자기에게 이렇게 예배하는 자들을 찾으시느니라"(요 4:23) 하신 말씀처럼 참으로 예배하는 자들이 되게 하기 위해서 하나님께서는 영광의 보좌를 버리시고 독생자 예수로 오셔서 고난과 고통을 당하셨고, 십자가에서 죽임을 당하셨습니다.

하나님께서 소원하시는 것은 예배자를 만드는 것입니다. 우리가 예배자가 될 뿐만 아니라 열방으로 하여금 예배자가 되게 하는 것을 원하십니다.

미스바는 '나와 너 사이를 감찰하시느니라', 즉 지켜보시고 함께하시는 하나님, 임재의 하나님인 것입니다. 야곱과 라반이 벧엘에서 경험했던 이것은 자기 자신을 벗고 죄악을 벗고 세상을 벗고 어떻게 하면 하나님 앞에 참으로 예배하는 자가 될까, 그 아름다운 관계를 지금 우리에게 보여주고 있는 것입니다. 그렇게 야곱을 이용했고 또 그를 만나서 해하려고 했던 라반이 현존하신 하나님을 만나게 될 때에 이렇게 변화되었음을 기억해야 합니다.

마찬가지로 오늘 우리가 하나님을 믿는다고 할 때 그 하나님은 어디에나 계시는 하나님입니다. 다시 말하면 편재하시는 하나님을 우리가 믿는다는 것입니다. 그러나 중요한 것은 어디에나 계시지만 나와 함께하시는 하나님, 우리와 함께하시는 하나님, 나를 지금 만나주셔서 현존하시는 하나님, 임재하시는 하나님으로 지금 이 자리에 계시는 하나님을 체험해야 하는 것입니다.

우리의 예배도 그렇습니다. 하나님의 임재하심과 현존하심을 체험하는 사람들이 그 하나님 앞에 찬양하고 경배할 수밖에 없어 주님 앞에 드리는 것이 예배입니다. 요한 웨슬리 목사님 같은 분은 원래 종교인으로서 종교예식 가운데에 아주 경건한 분이셨습니다. 옥스퍼드에서 홀리 클럽을 만들어서 기도 생활과 말씀 생활로 정기적으로 섬기며 다른 어떤 사람과도 비교할 수 없는 경건 생활을 한 사람이었습니다. 그런데 1738년 5월 24일 가슴이 뜨거워지고 마음이 뜨거워지는 주님과의 만남을 경험한 후 그는 그 이전과는 다른 예배 생활을 하게 되었습니다. 정말 하나님 앞에서, 감찰하시는 그 하나님이 현존하시는, 미스바의 하나님 앞에서 행하는 사람이 되어 완전히 다른 삶을 살게 되었습니다.

바울 사도도 마찬가지였습니다. 다메섹 도상에서 영으로 예수님을 만난 후 완전히 다른 삶을 살았습니다. 그는 율법에 완전한 자와 같이 하나님 말씀을 머리와 지식으로는 아주 잘 알고 있었지만 다메섹 도상에서 하나님을 영으로 만난 것은 전혀 다른 세계였던 것입니다.

"아브라함의 하나님, 나홀의 하나님, 그들의 조상의 하나님은 우리 사이에 판단하옵소서"(창 31:53).

여기 야곱과 화해의 예배를 드릴 때에 라반이 고백하는 하나님은 우리를 판단하시는 공의의 하나님을 말씀하고 있습니다. 그러니까 야곱이 "그 아비 이삭의 경외하는 이를 가리켜 맹세하고 야곱이 또 산에서 제사를 드리고 형제들을 불러 떡을 먹이니 그들이 떡을 먹고 산에서 밤을 지내고" 할 때 이 미스바 돌을 세운 것은 공의와 사랑의 하나님을 만난 장소, 라반이 고백했던 그 두렵고 무서운 판단의 하나님을 만나는 장소, 바로 그 화해의 장소, 증거의 장소가 예배의 장소였다는 것입니다. 너와 나 사이에 현존하시고 감찰하시는 그분 앞에서 드리는 예배입니다.

우리가 하나님 앞에서 섬기며 살아갈 때 화목하지 못하는 행위는 하나님을 무시하는 것입니다. 지금 감찰하시고 내 안에 계시고 나를 돌보시고 감싸시는 그 하나님을 무시하는 것입니다.

예배의 삶은 하나님을 경외하고 경배하는 것입니다. A. W. 토저 목사님께서는 예배는 어떤 환경이나 조직 개편이나 체제 속에서 나오는 것이 아니라, 그분의 현존 속에서 영이신 하나님과 교제를 하면서 감탄이 일어나는 것이고 거기서 존경이 우러나는 것이라고 했습니다. 그러기 때문에 거기에서 매혹감이 나오는 것이고 거기에서 사랑의 관계가 우러나오는 것이라고 했습니다. 감탄 없이 예배를 드린다면 진정한 예배자들이 아니라는 것입니다. 하나님에 대한 그 사랑의 감정이 어떻게 내 마음 가운데 없을 수 있느냐는 것입니다. 토저 목사님의

《참 예배인가? 쇼인가?》라는 책은 오늘날 많은 사람들이 쇼, 엔터테인먼트 하는 식으로 예배에 임하고 있다고 지적하고 있습니다.

중요한 것은 예배 인도자가 주님의 임재하심 가운데 모든 회중들을 이끌고 갈 수 있어야 하는 것입니다. 그래서 인도자들을 위해서 기도해야 합니다. 주님의 현존하심 가운데 인도자들을 통해서 임재하고 계신 그 하나님께로 우리 모든 사람들을 이끌고 가야 하기 때문입니다. 그래서 그분을 만나고 체험하고 참으로 예배하는 자로 인도해가야 하기 때문입니다.

우리는 예배에 성공해야 합니다. 예배의 성공자는 모든 것에 성공이요, 예배의 실패자는 모든 것에 실패입니다. 우리가 찬양할 때 그 찬양이 정말 그 좋으신 하나님, 위대하신 그 하나님 앞에 올려드리는 것이라 믿는다면 감격이 있고 감탄이 나오면서 그분에 대한 사랑의 고백이 나와야 합니다.

미스바로 모이라

본문을 읽으면서 라반이 하나님의 말씀을 받고 야곱과 화해자가 되게 하시고, 화해자가 된 그들이 제단을 쌓고 하나님 앞에 예배를 드리고, 그리고 마지막 절에 "라반이 아침에 일찍이 일어나 손자들과 딸들에게 입 맞추며 그들에게 축복하고 떠나 고향으로 돌아갔더라"

는 것은 라반이 축복자가 되게 하신 것입니다. 하나님께서 받으시고 기뻐하시는 예배를 드리는 자들은 원수와도 화해가 되고 그들을 축복하는 자로 바뀌어진다는 것입니다.

그렇습니다. 예배하지 못하던 자들, 하나님과 원수 되었던 우리, 대적 관계에 있던 우리입니다. 그런데 예수님께서 오심으로 말미암아 내가 갚을 수 없는 죗값을 갚아 주셨고, 내가 그분을 믿음으로 말미암아 죄 사함을 받고 내 영이 회복되고 내 삶이 회복되었습니다. 또한 그분을 사랑하게 되고 그분을 존경하게 됨으로 감격 속에 예배를 올려드릴 뿐만 아니라, 내 이웃과의 관계가 회복될 수 있고 이제는 그들을 축복할 수 있는 축복자가 될 수 있다는 것입니다.

다른 아무 이유가 없이 원수 된 우리를 위해 십자가를 져주신 예수님, 독생자를 아끼지 아니하시고 보내주신 하나님 아버지의 그 사랑, 오늘도 성령님께서 내 속에 계셔서 이 놀라운 사실을 깨닫게 하시고 고백하게 하시는 성령님의 임재하심과 역사하심 때문에 내가 참으로 예배하는 자가 될 수 있다는 놀라운 사실입니다.

하나님께서 이스라엘 백성들을 출애굽시키셔서 가나안 땅에 들어가게 하신 이유는 거룩한 백성, 하나님의 대제사장의 사명을 감당하게 하기 위해서 하나님께서 그 백성을 이끌어 내신 것입니다. 참으로 예배하는 자가 되게 하기 위해서 그들을 불러내신 것입니다. 하나님께서 저와 여러분들을 구원하신 이유와 하나님의 말씀을 주신 이유는, 주님과 화목하고 이웃과 화목하고 아직도 예배자가 되지 못한 수많은 영혼들을 주님 앞으로 인도하고 그들로 하여금 예배자가 되게 하는 것, 즉 전도하고 선교하라는 것입니다. 우리의 가정과 일터에서 이웃을 섬기고 주님이 그곳에 임재하신다면 그곳이 화해의 장소가 되고, 그곳이 예배의 장소가 되는 것입니다. 또한 이러한 사람들이 모여서 주일 예배를 드릴 때에 주일 예배는 축제가 됩니다.

미스바의 놀라운 일입니다. 사무엘상에 보면 미스바의 하나님과 깨어진 이스라엘의 관계 회복을 위하여 사무엘 선지자가 "너희는 다 미스바로 모이라" 하고 소집하여 회개를 선포하고 금식을 선포하는 모습을 봅니다. 하나님 앞에 회개하고 금식하고 하나님 앞에 기도하고 돌아오게 될 때에, 블레셋과의 전쟁에서 그들이 우렛소리 가운데 블레셋을 멸망시키고 승리하게 하시고 여호와 하나님이 이곳까지 인도하셨습니다, 에벤에셀의 놀라운 하나님을 찬양하고 경배한 곳, 그곳이 미스바요, 미스바로 모이게 해서 에벤에셀이 된 것입니다.

하나님은 우리와 함께하십니다. 미스바가 없이 에벤에셀이 되지 않습니다. 화해 없이는 승리할 수 없습니다. 오늘 하나님의 놀라운 일, 우리에게 선포하신 바로 이 귀하고 놀라우신 주님의 선포가 여러분과 저에게 임하고, 우리 모두 임재하시는 하나님을 경배하고 찬양하는 참된 예배자가 되기를 예수님의 이름으로 축원합니다.

하나님의 군대가 둘러 진치다

창세기 32:1 - 12

야곱이 길을 가는데 하나님의 사자들이 그를 만난지라 야곱이 그들을 볼 때에 이르기를 이는 하나님의 군대라 하고 그 땅 이름을 마하나임이라 하였더라 야곱이 세일 땅 에돔 들에 있는 형 에서에게로 자기보다 앞서 사자들을 보내며 그들에게 명령하여 이르되 너희는 내 주 에서에게 이같이 말하라 주의 종 야곱이 이같이 말하기를 내가 라반과 함께 거류하며 지금까지 머물러 있었사오며 내게 소와 나귀와 양 떼와 노비가 있으므로 사람을 보내어 내 주께 알리고 내 주께 은혜 받기를 원하나이다 하라 하였더니 사자들이 야곱에게 돌아와 이르되 우리가 주인의 형 에서에게 이른즉 그가 사백 명을 거느리고 주인을 만나려고 오더이다 야곱이 심히 두렵고 답답하여 자기와 함께 한 동행자와 양과 소와 낙타를 두 떼로 나누고 이르되 에서가 와서 한 떼를 치면 남은 한 떼는 피하리라 하고 야곱이 또 이르되 내 조부 아브라함의 하나님, 내 아버지 이삭의 하나님 여호와여 주께서 전에 내게 명하시기를 네 고향, 네 족속에게로 돌아가라 내가 네게 은혜를 베풀리라 하셨나이다 나는 주께서 주의 종에게 베푸신 모든 은총과 모든 진실하심을 조금도 감당할 수 없사오나 내가 내 지팡이만 가지고 이 요단을 건넜더니 지금은 두 떼나 이루었나이다 내가 주께 간구하오니 내 형의 손에서, 에서의 손에서 나를 건져내시옵소서 내가 그를 두려워함은 그가 와서 나와 내 처자들을 칠까 겁이 나기 때문이니이다 주께서 말씀하시기를 내가 반드시 네게 은혜를 베풀어 네 씨로 바다의 셀 수 없는 모래와 같이 많게 하리라 하셨나이다 우리는 믿음의 조상들이 걸어간 믿음의 길들을 통해서 하나님께서 우리에게 걸어가게 하시는 길이 어떤 길인가를 배우게 됩니다. 한 인생이 어린 아기로 태어나 자라고 성년이 되어 맡겨진 임무를 다하기까지에는 여러 과정들이 있습니다. 우리 신앙인들도 마찬가지입니다. 신앙의 생명이 탄생되었을 때 탄생된 영적 생명이 자라고 성장하면서 하나님 앞에 쓰임 받고 영광을 돌리기까지 수많은 과정들을 겪어가게 됩니다.

줄곧 함께하셨던 하나님

야곱은 이십 년 만에 약속의 고향으로 다시 돌아오게 됩니다. 자의가 아니라 "너는 일어나 벧엘로 가라" 하시는 하나님의 말씀을 듣고 떠나게 됩니다. 식구들과 더불어 그의 길을 계속해서 가게 됩니다.

32장 1절에는 야곱이 길을 가는데 하나님의 사자들을 만나자 야곱이 그들을 보고는 하나님의 군대라며 그 땅 이름을 마하나임이라 하였습니다. 야곱이 그 길을 진행하여 요단 강의 상류인 얍복 강가에 이르렀습니다. 점점 가나안 땅에 가까워집니다. 가나안 땅이 가까워 온다는 것은 그의 형 에서를 만날 시점이 가까워진다는 것입니다. 에서를 만난다는 것은 쉬운 일이 아니었습니다. 이십 년의 고생스럽고 파란만장한 삶을 살았던 이유는 바로 형 에서 때문이었습니다. 물론 야곱 자신이 저지른 일들이지만 하나님의 계획 가운데 이루어진 모든 일, 이 일 때문에 이십 년이라는 세월을 보내며 준비했던 그 일이지만 막상 당하게 될 때에 야곱의 마음이 편치 못했던 것이 사실입니다. 자기 인생의 최대의 큰 변화가 있을 때 벧엘에서 만나주셨던 하나님, 그리고 하나님의 군대, 하나님의 천사, 바로 그들이 다시 그를 만나주는 겁니다. 어쩌면 야곱에게는 지금이 일생일대 최대 위기의 순간입니다. 이십 년 동안 외삼촌 집으로 피해 가서 살았고 가정을 이루었지만, 하나님께서 약속의 말씀을 주신 대로 다시 돌아가야 하는 길이었습니다.

그는 늘 마음에 품은 것이 있었습니다. '나는 돌아가야 한다.' 돌아간다는 것은 형 에서를 다시 만나야 한다는 것입니다. 죄를 지은 사람은 그 마음에 부담을 갖게 되고 마음의 부담을 가진 사람은 억눌리게 됩니다. 그의 생애 가운데 이십 년이라는 세월이 자식도 낳고 가족을 이루고 양 떼를 늘리고 재산이 증식되는 축복을 받았지만, 한편으로는 늘 마음 한가운데 해결되지 못한 문제가 있었는데 그것은 언제고 형을 대면해야 한다는 사실입니다.

야곱이 그 길을 진행해서 내려갈 때에 벧엘에서 만나주셨던 하나님의 사자, 바로 그가 다시 이 야곱을 만나주십니다.

"야곱이 그들을 볼 때에 이르기를 이는 하나님의 군대라 하고 그 땅 이름을 마하나임이라 하였더라"(창 32:2).

사실은 벧엘에서 만나주셨던 이 하나님의 군대, 야곱을 지키고 보호한다고 했던 하나님의 군대, 그가 그곳에 20년 동안 야곱과 떨어져 있다가 지금 이곳에 나타난 것은 아닙니다. 항상 하나님께서 함께하셨습니다. “내가 너와 함께한다”고 약속하셨던 하나님입니다. 결국 하나님의 군대, 하나님의 사자, 하나님의 천사는 야곱과 늘 함께했던 것입니다. 그동안 야곱이 눈을 열어서 그 하나님의 군대를 보지 못했던 것뿐입니다.

이미 라반이 추격할 때에 하나님께서는 현몽하여 라반에게 말씀하셨습니다. 야곱과 라반 사이에 여호와 하나님께서 개입을 하셨습니다. 야곱은 그것을 보지 못했지만 라반은 주님을 만나면서 하나님의 사자의 개입을 통해서 이 놀라운 일, 선악 간에 말하지 아니하고 오히려 그를 해하려고 했던 자세가 바뀌어져서 야곱을 축복하는 자로 변하는 놀라운 일이 일어났습니다. 바로 그것도 천사를 통하여 개입하신 하나님의 역사였습니다.

어렵고 힘든 모든 기간 동안에 여호와 하나님께서는 야곱과 함께하신 것입니다. 출발할 때에 만나주시고 확인해 주셨던 그 하나님께서 20년 동안 함께하시고 이제 인생 일대의 최대 위기, 고난의 기간 동안에, 형 에서를 대면해야 하는 그에게 나타나셔서 “내가 지금까지 너와 함께했다. 그리고 앞으로도 너희 형 에서를 만날 때 내가 너와 함께할 것이다”라고 확인해 주시는 것입니다. 야곱이 그 땅 이름을 마하나임이라 했을 때, 이것은 두 떼, 두 진, 두 영, 두 진영이라는 뜻입니다. 하나님의 군대를 만난 야곱은 하나님께서 두 영으로, 두 진으로 진쳐서 지켜주신 하나님이라는 것을 확인하게 됩니다. 두 진영이라는 것은 전후좌우입니다. 하나님께서 전후좌우 진을 치신다는 것입니다. 진을 친다는 것은 어떤 한 쪽만을 치는 것을 말하지 않고 보통 전후좌우로 둘러싸서 진을 치는 것을 가리킵니다.

시편 34편 7절에 "여호와의 사자가 주를 경외하는 자를 둘러 진치고 저희를 건지시는도다"라고 했습니다. 여호와를 경외하는 자를 여호와 하나님께서 주의 사자를 보내셔서 그 사자를 통해서 둘러 진 치신다는 것입니다. 오늘도 하나님의 사자가 여러분의 가정을, 직장을, 사업을, 여러분이 어디에서 무엇을 하든지 둘러서 진치고 보호하시는 줄로 믿습니다. 하나님 여호와를 경외하는 사람은 하나님의 사자가 둘러서 진 친다는 것입니다.

사랑하는 성도 여러분, 야곱에게는 광야와 같은 밧단아람의 20년의 삶 동안에 혼자 힘쓰고 애쓴 것 같지만, 하나님의 군대가 저를 진치고 둘러 지켜 보호하셨고, 지금 에서를 만나기 위해 고향을 향하는 그와 함께하시는 하나님의 진영을 보여주시는 것입니다. 하나님의 사람들이라고 성경에 기록한 사람들은 그들만의 기록이 아니라 결국 우리의 기록입니다.

시편 34편에 말씀 드린 대로 "여호와의 사자가 주를 경외하는 자를 둘러 진치고"라고 했습니다. 주를 경외하는 모든 사람들, 예수 그리스도를 생명의 구주로 영접하고 그분을 주님으로 영접한 사람들, 하나님을 아버지로 섬기고 경외하는 모든 사람들은 하나님의 사자가 이렇게 둘러 진치고 보호한다는 것입니다. 다만 우리의 눈이 닫혀서 이 사실을 보지 못하는 것뿐입니다. 야곱은 20년 동안 이 사실을 보지 못했습니다. 그런데 인생 최대의 위기를 만난 지금, 이 사실이 보이는 것입니다. 라반도 여호와 하나님을 보지 못하다가 야곱을 추격했던 그 전날 밤 주님을 만나고 그 눈이 뜨였을 때에 그 삶이 달라졌습니다. 그들을 해하려고 했던 자가 그들을 축복하는 자로 바뀌어졌습니다. 지금 이 절체절명(絕體絕命) 위기의 순간에 여호와 하나님께서 다시 한 번 야곱의 눈을 뜨게 하셔서 하나님의 진영 군대를 보게 되는 것입니다. 그리고 그곳을 마하나임이라고 했습니다.

여러분의 가정이, 여러분이 일하는 일터가 마하나임, 하나님께서 두 진영으로 전후좌우 지키시면서 보호하시고 이끌어 가시는 하나님의 장소인 것을 믿으시길 예수님의 이름으로 축원을 드립니다.

성숙한 자의 겸손한 모습

저는 오늘 하나님께서 여러분들의 눈을 뜨게 해주시기를 원합니다. 엘리사의 종의 눈을 떠서 하나님의 진영을 바라볼 수 있게 하고 불병거와 불말을 보게 하셨던 하나님께서, 우리의 눈을 열어서 하나님이 우리를 어떻게 지키시고 보호하시는지 깨닫게 되기를 원합니다. 우리에게는 두려움도 있겠지만 하나님께서 우리를 지키시고 보호하시는 주님의 진영, 주님의 군대가 있습니다. 이 놀라운 사실을 보시고 강하고 담대한 여러분들 되시기를 예수님의 이름으로 축원을 드립니다.

이사야 선지자가 경험한 것이 무엇입니까? 이스라엘을 향해서 하나님께서 말씀하시는 것입니다.

"두려워하지 말라 내가 너와 함께함이라 놀라지 말라 나는 네 하나님이 됨이라 내가 너를 굳세게 하리라 참으로 너를 도와주리라 참으로 나의 의로운 오른손으로 너를 붙들리라"(사 41:10).

하나님 여호와를 경험한 사람들, 눈을 떠서 그분을 본 사람들의 고백입니다. 천군천사가 다 빼곡하게 둘러 진치고 있는 것을 보는 것입니다.

본문 3절 이하의 말씀을 보면 이러한 마하나임의 체험을 한 후의 모습이 그려져 있습니다.

"야곱이 세일 땅 에돔 들에 있는 형 에서에게로 자기보다 앞서 사자들을 보내며 그들에게 명령하여 이르되 너희는 내 주 에서에게 이같이 말하라 주의 종 야곱이 이같이 말하기를 내가 라반과 함께 거류하며 지금까지 머물러 있었사오며 내게 소와 나귀와 양 떼와 노비가 있으므로 사람을 보내어 내 주께 알리고 내 주께 은혜 받기를 원하나이다 하라 하였더니"(창 32:3-5).

우리 주님을 만난 사람들이, '주님이 나와 함께하셔'라고 하면서 가만히 눈감고 앉아 있기만 하면 됩니까? 아닙니다. 우리는 행동하는 크리스천이 되어야 합니다. 하나님의 말씀을 믿는 사람들, 그 확신을 가진 사람들은 행동을 해야 합니다. 형을 만나기 위한 행동을 야곱이 취하게 됩니다. 물론 부족한 것도 많습니다. 야곱의 생애 가운데 완전히 해결하지 못한 육신적인 문제들, 세상적인 것들, 정욕적인 것들, 그의 욕심의 문제들이 한꺼번에 다 해결되는 것이 아닙니다.

이러한 과정들을 통해서 주님을 만나고, 주님의 얼굴을 직접 뵈옵고, 브니엘의 체험을 하게 되고, 그러면서 이스라엘로 이름이 바뀌어지는 놀라운 일이 일어나는 것입니다. 한번 은혜를 받으면 내가 하나님이 된 것과 같이 나는 정욕적인 것, 육신적인 것, 세상 좋아하는 것들이 다 없어진 줄 알지만 그것은 순간일 뿐이지 잠시 지나고 나면 다시 다 나오는 것입니다.

그런데 본문에서 지금 이 군대를 확인하고 난 야곱이 얼마만큼 달라졌는가를 보게 됩니다. 그 형에게 사람을 보내면서 "내 주 에서에게 고하라", "내 주께 은혜 받기를 원하나이다"라고 말하는 것입니다. 여기서 '내 주'라고 부르게 될 때에 자신은 종이라는 뜻입니다. 여호와 하나님이 함께한 사람들의 마음은 겸손한 마음입니다. 교만한 마음 가운데에는 화해가 이루어지지 않습니다. 내가 이런 존재니까 너는 와서 나에게 절을 해라, 나에게 엎드려라 할 때는 절대로 화해가 되질 않습니다. 문제가 해결되지 않습니다. 문제가 해결되려면 나를 낮추어야 됩니다.

야곱은 주님을 만난 사람입니다. 또 확인을 받은 사람입니다. 그에게 변화가 일어났다면 얼마든지 교만할 수 있습니다. "외삼촌이 나를 해하려고 왔지만 여호와 하나님께서 개입하심으로 말미암아 오히려 나를 축복하고 갔다. 나는 이런 사람이다. 하나님께서 나에게 이런 약속을 하셨다, 언약을 세웠다. 하나님의 사자가 둘러 진치고 보호하는 나다. 나는 당당한 사람이다. 그러니까 너는 나에게 와서 엎드려라"는 식의 고자세를 가질 수 있는 사람입니다.

그런데 성장하고 성숙한 사람의 태도는 엎드리는 사람입니다. 자기를 비운 사람입니다. 낮아진 사람입니다. 성장한 사람들, 성숙한 사람들의 한결같은 모습이 겸손한 모습입니다. 자기를 비울 줄 아는 자입니다. 성숙한 그리스도인이 된다는 것은 종이 되기까지 섬겨주신 예수님을 우리가 닮아가는 것입니다. 그분은 죽기까지 복종하셔서 우리에게 오셔서 섬기셨습니다. 높아지고자 하면 섬기는 자가 되라고 하셨습니다. 그래서 야곱이 경험하는 것이 바로 그것입니다. 자기를 비우는 것입니다. 종으로 고백하는 일입니다.

"내 주 에서에게 고하라"

이 야곱과 에서의 관계는 형제라고 하지만 쌍둥이입니다. 야곱이 몇 분 후에 태어났을 것입니다. 다리를 잡고 나왔으니까 같이 태어난 것이나 마찬가지입니다. 시간적으로 본다고 하더라도 십 분도 넘지 않는 그런 차이입니다. 그런데 형이라고 하지 아니하고 '내 주'라고 합니다. '나는 종이다.' 하나님께서 우리를 구원하실 때 원수 된 우리를 구원하시기 위해서 어떻게 하셨습니까? 만왕의 왕, 만주의 주인, 우주만물의 주인이신 그분이 종으로 오셨습니다. 이것이 화해의 비결입니다. 우리를 구원하고 건지시는 비결입니다.

우리는 당당하고 고자세로는 영혼을 구원하지 못합니다. 낮춰야 됩니다. 겸손해야 합니다. 비울 줄 알아야 합니다. 야곱은 당당할 수 있는 사람이었지만 종으로 비우게 됩니다. 지금 에서의 은혜를 입기 원한다고 하는 전갈을 보내는 것입니다.

그런데 대답은 의외의 반응이었습니다.

"사자들이 야곱에게 돌아와 이르되 우리가 주인의 형 에서에게 이른즉 그가 사백 명을 거느리고 주인을 만나려고 오더이다"(창 32:6).

지금 그들을 만나서 이 전갈을 했을 때 벌써 그 종은 에서의 얼굴 표정과 그 분위기를 파악한 상태입니다. 절대로 호의적인 상태가 아닌 것을 알았습니다. 사백 명을 동원해서 야곱을 맞으러 나오게 될 때에는 저를 영접하러 나왔는지, 아니면 대적하기 위해서 나왔는지 직접 본 종들이 왜 모르겠습니까?

이 소식을 들은 야곱은 심히 두렵고 답답했습니다. 20년 동안 준비하고 닦아왔던 그의 마음입니다. 결심도 하고 작심도 했을 것입니다. 또 여호와 하나님께서 저를 만나주시고 하나님의 군대가 확인해 주셨기 때문에 강하고 담대한 그런 마음을 갖기 원했지만, 그러나 실제적으로 사백 명이라고 하는 사병을 이끌고 저에게 온다는 소식이 들렸을 때 심히 두려웠습니다. 답답하고 떨렸습니다.

우리가 믿음을 가지면, 하나님께서 함께하십니다. '하나님은 나의 아버지이십니다' 하면서도 실제 현장에서는 그렇게 되지 않습니다. 답답하고 두렵습니다. 떨릴 일만 생깁니다. 여러분에게 답답한 일이 무엇이었습니까? 두려운 일이 있습니까? 한 단계에서 그 다음의 일들을 직면한다는 것이 쉬운 일이 아니고 답답하고 두려운 순간들입니다. 그런데 하나님께서 그런 순간을 만나게 하신 이유가 무엇입니까? 9절은 야곱의 간구입니다. 주님 앞에 엎드러집니다.

"야곱이 또 이르되 내 조부 아브라함의 하나님, 나의 아버지 이삭의 하나님 여호와여 주께서 전에 내게 명하시기를 네 고향, 네 족속에게로 돌아가라 내가 네게 은혜를 베풀리라 하셨나이다"(창 32:9).

지금 야곱은 자기를 해하려고 사백 명이나 되는 군사를 데리고 형

에서가 다가온다는 소식을 들었을 때, 하나님께서 약속하셨고 또 하나님의 군사가 자기와 함께한다는 것을 알고는 있지만 눈에 보이는 현상이 답답하고 두렵기 때문에 결국은 엎드리는 것입니다.

본문에서 야곱의 기도를 통해, 아무리 두렵고 답답하고 위기에 처했다고 하더라도 우리의 기도가 어떠해야 하고, 우리의 자세가 어떠해야 하는지 생각해보도록 하겠습니다.

"내 조부 아브라함의 하나님, 내 아버지 이삭의 하나님 여호와여 주께서 전에 내게 명하시기를"(창 32:9).

'할아버지와 아버지에게 함께하셨던 그 하나님께서 전에 벧엘에서 저에게도 말씀하셨지 않습니까?'라는 말입니다. "네 고향 네 족속에게로 돌아가라 내가 네게 은혜를 베풀리라" 하셨던 하나님의 약속의 말씀을 붙들고 기도한다는 것입니다.

우리의 기도는 나의 소원풀이 하는 것이 아닙니다. 정욕으로 하는 기도는 응답을 받지 못한다고 했습니다. 그러나 하나님께서 우리에게 약속의 말씀을 주신 언약을 붙들고 기도하는 간절함에 응답하십니다. 그래서 우리는 하나님께서 우리에게 주신 말씀들을 붙들고 기도하는 것입니다. 그 다음 10절은 "나는 주께서 주의 종에게 베푸신 모든 은총과 모든 진실하심을 조금도 감당할 수 없사오나"라고 기도함으로써, 야곱은 자기가 누군지 알고 있어서 주님께서 은총을 많이 베풀어 주셨는데, 주님의 진실하심을 조금도 감당할 수 있는 사람이 아니라고 고백합니다. 주님을 경험하면 경험할수록 우리는 자신을 비우고 부족한 존재인 것을 깨닫게 됩니다. 물론 우리가 영적으로 하나님 앞에서 당당한 존재인지, 하나님의 사람으로서 당당한 존재인지 자기의 주체성을 깨닫게 됩니다만, 그것은 교만한 의미가 아니라 자기를 비우는 겸손한 자세로 들어가는 것입니다.

야곱이 지금 고백하면서 기도하는 것은, "하나님 나에게 약속하셨지 않습니까? 나에게 고향으로 돌아가게 하시겠다고 말씀하시지 않았습니까? 저는 주님의 그 베푸신 은혜를 조금도 감당할 길이 없습니다. 내가 집을 떠날 때, 벧엘에서 주님을 만날 때에는 내 지팡이 하나만 가지고 이 요단을 건넜으나 지금은 두 떼나 이루게 되었습니다. 이것은 하나님의 은혜입니다. 하나님께서 함께하신 것입니다."

그냥 처음부터 '주님 내가 간구합니다. 이 문제 해결해 주세요' 라고 하지 않고 하나님이 어떤 하나님이신지, 그 베풀어 주신 은혜가 어떠하였는지, 내가 어떤 신세였는데 하나님이 나에게 어떻게 은혜를 주셨는지를 먼저 고백하는 것입니다. 11절에 와서 "내가 주께 간구하오니 내 형의 손에서 에서의 손에서 나를 건져내시옵소서 내가 그를 두려워하옴은 그가 와서 나와 내 처자들을 칠까 겁냄이니이다"라고 솔직하게 "여호와 하나님께서 저에게 함께하신다고 했지만 그래도 저는 두려워요. 떨리고 겁이 납니다"라고 고백하는 것입니다. 하나님 앞에서는 아닌 척 가장할 필요가 없습니다.

"주께서 말씀하시기를 내가 반드시 네게 은혜를 베풀어 네 씨로 바다의 셀 수 없는 모래와 같이 많게 하리라 하셨나이다"(창 32:12).

"그런데 주께서 이미 말씀하시지 않았습니까? 내게 은혜를 베풀어서 네 씨로 바다의 셀 수 없는 모래와 같게 하시리라고 약속하시지 않았습니까? 그러니 도와주십시오"라고 간구합니다.

하나님께서는 이렇게 약속하시고 언약하시고 하나님의 군대까지 보내셔서 확인해 주셨지만, 그러나 이루시는 것은 기도를 통해서입니다. 하나님 여호와께서 우리와 함께하시는 것은 하나님을 믿는 사람들에게는 당연한 일이지만 구체적인 삶 가운데 정말 승리자로서 우리를 이기게 하시는 것을 경험하는 것은 우리의 기도를 통해서입니다. 아무리 약속을 했다고 하더라도 그 약속을 이루실 때는 하나님은 이루시는 채널, 통로인 기도를 통해서 하게 하셨습니다. 이것은 성경이 우리에게 말씀하고 있는 사실입니다.

마하나임의 주님, 브니엘의 주님, 바로 그 주님이 여러분의 주님이고 나의 주님입니다. 바로 나, 우리를 위해 오신 그 주님께서 나와, 우리와 함께하신다는 것입니다. 하나님 여호와께서 지금 이 시간에도 둘러 진치고 계십니다. 다만 우리의 눈이 감겨서 보지 못할 뿐입니다.

하나님의 사람들은 두려워하지 말고 놀라지 마십시오. 야곱의 하나님이 우리 하나님이십니다. 야곱의 그 기도, 두렵고 떨리는 가운데 여호와 하나님 앞에 솔직하게 간구했을 때, 얍복 강가에서 환도뼈가 부러지는 그 기도를 통해서 에서가 바뀌어지고 야곱이 변하여 이스라엘이 되는 놀라운 하나님의 역사가 일어나는 것입니다. 사람이 할 수 없는 일을 하나님께서 하십니다. 여러분, 답답한 일이 있습니까? 인간의 생각으로 해결할 수 없습니까? 하나님께 맡기시기 바랍니다. 하나님 앞에 부르짖으시기 바랍니다.

"너는 내게 부르짖으라 내가 네게 응답하겠고 네가 알지 못하는 크고 은밀한 일을 네게 보이리라"(렘 33:3).

"아무것도 염려하지 말고 다만 모든 일에 기도와 간구로, 너희 구할 것을 감사함으로 하나님께 아뢰라"(빌 4:6).

약속의 말씀을 붙들고 기도하십시오. 원수가 변해서 친구가 되고 대적자가 변해서 축복하는 자가 됩니다.

야곱과 같이 솔직하게 도움을 청하십시오. "나는 두렵습니다. 떨립니다. 내 힘으로 안 됩니다. 그러나 주님 약속하시지 않았습니까? 주님께 의탁합니다. 주님께서 응답하실 줄 믿습니다."

절망과 위기에 찾아오신 하나님

창세기 32:13-23

야곱이 거기서 밤을 지내고 그 소유 중에서 형 에서를 위하여 예물을 택하니 암염소가 이백이요 숫염소가 이십이요 암양이 이백이요 숫양이 이십이요 젖 나는 낙타 삼십과 그 새끼요 암소가 사십이요 황소가 열이요 암나귀가 이십이요 그 새끼 나귀가 열이라 그것을 각각 떼로 나누어 종들의 손에 맡기고 그의 종에게 이르되 나보다 앞서 건너가서 각 떼로 거리를 두게 하라 하고 그가 또 앞선 자에게 명령하여 이르되 내 형 에서가 너를 만나 묻기를 네가 누구의 사람이며 어디로 가느냐 네 앞의 것은 누구의 것이냐 하거든 대답하기를 주의 종 야곱의 것이요 자기 주 에서에게로 보내는 예물이오며 야곱도 우리 뒤에 있나이다 하라 하고 그 둘째와 셋째와 각 떼를 따라가는 자에게 명령하여 이르되 너희도 에서를 만나거든 곧 이같이 그에게 말하고 또 너희는 말하기를 주의 종 야곱이 우리 뒤에 있다 하라 하니 이는 야곱이 말하기를 내가 내 앞에 보내는 예물로 형의 감정을 푼 후에 대면하면 형이 혹시 나를 받아 주리라 함이었더라 그 예물은 그에 앞서 보내고 그는 무리 가운데서 밤을 지내다가 밤에 일어나 두 아내와 두 여종과 열한 아들을 인도하여 얍복 나루를 건널새 그들을 인도하여 시내를 건너가게 하며 그의 소유도 건너가게 하고

기도할 때 우리에게 믿음이 있고 주님이 함께하심을 확인하고, 예배드릴 때 주님의 임재하심을 체험하면서 확신할 수 있는 것은 귀하

고 복된 일입니다. 그러나 우리의 삶이 어려움과 위기에 직면했을 때 그 현장에서도 믿음이 역사하고 믿음의 능력이 발휘될 수 있는가, 예배드릴 때 기도할 때와 마찬가지로 위기의 상황 가운데서도 여전히 믿음이 역사할 수 있는가가 문제입니다.

위기에도 믿음대로 의지하는가?

우리 인생은 이 땅에 태어나서 다시 돌아가기까지 과정 과정이 다릅니다. 어린아이의 때가 있고 소년기, 청년기, 장년기, 노년기의 단계가 있습니다. 하나님께서 우리을 구원하시고 자녀 삼으시고 하나님나라를 위하여 선포케 하는 하나님의 도구로 쓰임 받게 하실 때 하나님께서는 우리도 여러 신앙 성숙의 단계를 거쳐가면서 주님의 사람으로 변화되고 쓰임 받기를 원하십니다.

앞에서 우리가 다급한 상황에 닥쳤을 때 믿음을 지킬 수 있는가 반문을 드렸습니다. 야곱은 이제 다시 고향에 돌아가는 축복을 받습니다. 그러나 인생의 최대 문제인 형 에서를 만나야 하는 과제가 앞에 놓여 있습니다. 이십 년 동안 밧단아람 외삼촌 집에서 마치 종과 같은 삶을 살면서 열심히 살고 열심히 가족들과 더불어 가산을 늘리는 일을 하고 지금은 거부가 되었습니다만, 여전히 해결되지 못한 문제가 바로 그것이었습니다.

쌍둥이 형 에서에게서 장자권을 빼앗았고 축복권을 빼앗은 이유 때문에 형의 분노를 사서 자기를 죽이려고 하는 형을 피해 이십 년이라는 긴 세월을 그곳에서 보냈습니다. 하나님의 약속이 있고 하나님의 말씀이 주어졌지만 여러 가지 어려움과 고난이 많았고 현실은 현실이었습니다. 눈앞에 다가온 현실이 괴로움을 주고 근심을 주었습니다. 불안을 안겨주고 위기의식을 느끼게 했습니다. 그리고 인생 일대에 피할 수 없는 최대의 위기를 만났습니다. 형을 대면하여 그와의 문제를 해결해야 했습니다. 하나님의 말씀의 위로가 있었지만 아직 성숙해야만 하는 야곱은 완전히 하나님 앞에 삶을 맡기는 인생이 되지 못하고 있습니다. 현실 앞에 좌절하고 있는 야곱, 그래서 그 문제를 안고 하나님과 씨름하고 기도할 수밖에 없는 야곱입니다.

어려움은 그를 기도하게 만들고 기도를 배우게 하고 기도로 주님 앞에 나아가는 계기를 만들었습니다. 물론 하나님 앞에 피할 수 없는 우리의 상황이 있습니다. 나는 피하고 싶고 거절하고 싶고 인정하고 싶지 않지만 그러나 여전히 따라다니는 문제들, 해결하지 않고는 견딜 수 없는 문제들이 있습니다. 오늘 말씀을 통해서 여러분과 저에게도 성령님께서 말씀을 주시고 이러한 문제들이 해결되고, 야곱이 이스라엘이라고 칭함을 받고 가나안의 그 안식을 소유한 자가 되는 것처럼 바로 그런 축복이 임하기를 예수님의 이름으로 축원 드립니다.

야곱의 조부 아브라함 그리고 아버지 이삭은 하나님의 사람들이었습니다. 기도의 사람이었습니다. 주님만을 의지하는 표상이었습니다.

그러나 야곱은 달랐습니다. 지금까지의 야곱은 아브라함이나 이삭과 같은 그런 신앙의 소유자가 되지 못했습니다. 절망에 빠집니다. 그가 이십 년 동안 한 번도 기도했다는 말이 없습니다. 하나님 앞에 예배의 단을 쌓았다는 말도 없었습니다. 그러나 절체절명의 위기가 그를 기도하게 만들었습니다.

인간의 절망은 하나님을 찾는 계기가 됩니다. 기도가 하나님을 움직이는 길임을 믿으시기 바랍니다. 하나님을 움직이는 길은 바로 이 방법밖에는 없다는 것을 마지막 순간에 깨닫습니다. 하나님 앞에 엎드리고 씨름할 수밖에 없는 그로 만들어가는 것을 봅니다.

우리는 때로 이 야곱의 기사들을 묵상하면서 조급하고 성급한 마음이 들 때가 참 많습니다. 사실은 우리가 흠모하는 믿음의 조상 야곱인데, 빨리 하나님의 사람으로 완전히 거듭나고 하나님의 사람이 되는 그 과정을 보고 싶은데, 과정 과정을 보면 인간적인 냄새, 인간적인 방법과 수단이 따르는 안타까운 모습들을 보게 됩니다.

그러나 이 야곱의 모습은 바로 나의 모습입니다. 하나님을 믿고 하나님의 약속의 말씀을 받았음에도 불구하고, 눈감고 기도할 때는 살아계신 하나님이시고 전능하신 하나님이시고 나를 지키고 보호하시고 나와 함께하시는 하나님이십니다. 그러나 어떤 위기가 오고 어려운 환경이 다가왔을 때는 하나님은 간 곳 없어지고 내 생각, 내 뜻으로 내가 결정하고 기도하지 않습니다. 생각할 겨를도 없습니다. 내가 판단합니다.

과연 이러한 우리가 하나님의 사람입니까? 예배드릴 때의 거룩한 모습, 기도할 때의 거룩한 모습은 다 어디 가고 어려운 상황에 직면했을 때 그 상황 가운데서 내 감정대로, 내 생각대로, 내 뜻대로 반응하고, 내 마음대로 내뿜는 이런 성격과 성품, 모습들……. 야곱의 그 모습이 곧 나의 모습임을 깨닫고 부끄러워지게 되었습니다.

본문 말씀의 13절에서 15절까지의 말씀을 보면 야곱이 가나안의 형을 대면해야 하는데, 형 에서가 사백 명이나 되는 군사를 이끌고 대적해서 치기 위해서 온다는 소식에 야곱은 인생 최대의 위기를 만나게 되었습니다. 거기서 야곱의 옛 성품이 나오고 세속적이고 인간적인 방법이 동원됩니다.

"야곱이 거기서 밤을 지내고 그 소유 중에서 형 에서를 위하여 예물을 택하니 암염소가 이백이요 숫염소가 이십이요 암양이 이백이요 숫양이 이십이요 젖 나는 낙타 삼십과 그 새끼요 암소가 사십이요 황소가 열이요 암나귀가 이십이요 그 새끼 나귀가 열이라"(창 32:13-15).

엄청난 숫자의 염소, 양, 송아지, 낙타, 나귀입니다. 이것을 준비하고 이것들을 떼로 만듭니다. 사람이 마음이 불안하고 위기에 처하면 궁여지책을 마련하게 됩니다. 16절을 보십시오.

"그것을 각각 떼로 나누어 종들의 손에 맡기고 그의 종에게 이르되 나보다 앞서 건너가서 각 떼로 거리를 두게 하라"(창 32:16).

각 떼로 이것을 나누었다고 했습니다. 한꺼번에 이것을 가게 하는 것이 아니라 떼로 맡겼다는 것입니다. 그리고 종들에게 그 떼들을 맡기는 것입니다. 계산 빠르고 용의주도한 계획을 세우는 야곱의 본연의 모습입니다. 인간의 방법으로 빠져나갈 길을 상세하게 계산하는 야곱입니다. 17-18절에 보면 좀 더 자세하게 이 종들에게 부탁을 합니다.

"그가 또 앞선 자에게 명령하여 이르되 내 형 에서가 너를 만나 묻기를 네가 누구의 사람이며 어디로 가느냐 네 앞의 것은 누구의 것이냐 하거든 대답하기를 주의 종 야곱의 것이요 자기 주 에서에게로 보내는 예물이오며 야곱도 우리 뒤에 있나이다 하라 하고"(창 32:17-18).

이 말씀을 보면 이제 야곱이 그 종들에게 훈련을 시키고 있습니다. 만약에 에서를 만났을 때 묻거든 "당신의 동생 야곱의 것인데, 지금 주인의 종 야곱이 주인 되시는 당신에게 보내는 예물입니다." 이렇게 말하라는 것입니다. 야곱이 자기 자신은 '종'이요, 자기 형 에서는 '주'라는 것입니다. 이십 년 동안 낮에는 뙤약볕에서 밤에는 추위를 무릅쓰고 고난과 고통 속에서 그 모든 어려움과 수모와 수치를 다 감당하면서 수고하고 애써서 얻은 생축들과 가축들입니다. 그는 장자권을 가지고 있습니다. 또한 축복권을 가진 자입니다. 그러기 때문에 그는 그 자신을 얼마든지 '나는 이런 부자다. 나는 가지고 있다' 하고 생각하고, 또 지금까지 경험한 것처럼 라반의 위협에서도 건져주신 하나님이시기 때문에 자신을 건져주실 것이라는 확신을 가질 수 있는 사람이었습니다. 하지만 이런 위기를 당했을 때 야곱은, 인간적인 방법을 내세우면서 자기의 목숨을 부지하기 위해서 형을 '주'라고 하고 자기는 '종'으로 내려놓는 지경에 이르게 됩니다.

어떻게 보면 하나님께서 우리에게 피할 수 없는 어려움과 위기를 직면하게 해주실 때에 우리는 인간적인 수단과 방법을 통해서 해결하려 하지만, 하나님께서는 그 과정을 통해서 우리에게 무엇인가를 하기 원하십니다. 하나님의 계획하시는 과정 속에서 하나님께서는 완전히 내려놓게 하시고 그것을 주관하시고, 섭리하고 계시는 하나님 여호와, 그분만이 내 인생의 문제를 해결할 수 있는 분이라는 것을 깨닫게 하시고 체험케 하시는 것입니다.

오늘 모든 것을 아끼지 아니하시고 우리 모든 사람을 위해서 내어주신, 하나님의 독생자까지도 우리를 위해서 내어주신 하나님 아버지께서 오늘 여러분과 저에게 원하고 계신 것이 무엇인가 깨닫게 되는 은혜가 있기를 예수님의 이름으로 축원합니다.

자신을 내어놓는 연습

19, 20절을 보면 계속해서 야곱은 자기의 생각, 자기의 방법을 펴나가고 있습니다.

"그 둘째와 셋째와 각 떼를 따라가는 자에게 명령하여 이르되 너희도 에서를 만나거든 곧 이같이 그에게 말하고 또 너희는 말하기를 주의 종 야곱이 우리 뒤에 있다 하라 하니 이는 야곱이 말하기를 내가 내 앞에 보내는 예물로 형의 감정을 푼 후에 대면하면 형이 혹시 나를 받아 주리라 함이었더라"(창 32:19-20).

야곱은 생각했습니다. '이 예물로 형의 감정을 푼 후에 형을 대면하면 혹시 형이 나를 받으리라' 하는 생각에서 바로 이 일을 행하게 되었습니다. 사실은 인간적인 방법이 인간 세상에서 전혀 통하지 않는 것은 아닙니다. 인간적인 방법들이 통하는 경우가 많습니다.

"사람의 선물은 그의 길을 넓게 하며 또 존귀한 자 앞으로 그를 인도하느니라"(잠 18:16).

정말 좋은 선물, 사랑의 선물, 감사의 선물을 준다고 하는 것은 사람의 마음을 넓게 한다는 것입니다. 그리고 내 마음을 줄 수 있는 선물, 이것은 사람을 좋아하게 만들고 친구가 되게 만든다고 말하고 있습니다. 때로는 사람이 주는 선물이 분노를 쉬게 하는 그런 경우도 있습니다. 사람의 마음을 일시적으로 풀 수 있는 도구가 되기도 합니다. 그런데 문제는 그것들이 우리 인생의 근본적인 문제들을 다 해결하지는 못한다는 사실입니다. 이런 선물은 자기 자신을 내놓는 연습이요 표현입니다. 야곱이 어떻게 모으고 어떻게 이룬 부인데 이것을 다 내어놓습니까? 위기가 오고 어려움이 올 때, 고난과 절망이 오게 될 때에는 사실 자기 생명이라는 것, 이것을 보존하기 위해서 하나하나 내려놓지 않을 수 없는 그런 상태가 있습니다. 실제로 나에게 어떤 어려움과 고난, 정말 내 힘으로는 감당할 수 없는 일이 있을 때, 내 생명과 관련된 일이 있을 때에는 절대로 내려놓을 수 없었던 것들을 하나하나 내려놓게 됩니다.

우리의 생명이, 내 목숨이 천하보다 귀하다고 했습니다. 예수님께서도 부자 청년에게 말씀하셨습니다. "네 목숨, 생명이 무엇이냐? 네가 가지고 있는 그것이 다 무엇이냐?"라는 것입니다. 오늘 밤 내가 네 생명을 취하면 네 가진 것, 모든 것이 다 뉘 것이 되겠느냐?" 사실 생명이 그렇게 중하다는 것을 말씀하십니다.

야곱도 마찬가지입니다. 야곱이 지금까지 부를 이루어서 그것을 이끌고 가고 있지만 형이 자기를 쳐서 죽이면 그 모든 것이 다 누구의 것이 되겠습니까? 지금 이 절대 위기의 순간에 그는 내려놓고 있습니다. 다 비우고 있습니다. 그런데 아직은 자기 자신의 생명을 부지하기 원하는 인간적인 방법을 버리지 못하고 있습니다.

오늘 하나님께서 우리에게 자신을 내려놓고 자신을 부정하게 만드는, 부인할 수밖에 없고 내려놓을 수밖에 없는 그런 상황으로 몰아가고 있고, 계속적으로 나에게 문제가 될 수 있는, 내가 직면할 수밖에 없는 위기에는 뭔가 있다는 것입니다.

왜, 하나님께서는 이것을 없애주지 아니하시고 계속 나에게 허락해 주시는가 하는 의문이 있습니다. 그러나 때로는 하나님께서 사랑하는 자를 징계하신다고 했습니다. 히브리서에 분명히 말씀하고 있습니다. 내가 잘못을 행하고 있는데도 징계가 없으면 사생자나 마찬가지라고 했습니다. 사랑하지 않는 증거라는 것입니다. 결국 우리가 어려움을 당할 수 있다는 것은 '아직도 나를 사랑하고 계시고 나로 하여금 깨닫기를 원하고 계시는 하나님, 나를 변화시키기를 원하시는 하나님이시구나'라는 것을 알 수 있습니다.

야곱은 그렇게 귀하게 여기던 것들을 다 내려놓습니다. 내가 주인이 되고 모든 것을 갖기 원해서 그것을 가졌을 때 이십 년 도피 생활을 했는데 결국 다시 만날 때 그것들을 내려놓아야만 했습니다. 인간적인 방법과 인간적인 수단이라는 것은 끝까지 붙들 수 있는 것이 아닙니다. 내려놓을 수밖에 없는 문제입니다. 종으로 내려놓고 '당신이 주입니다'라고 인정하는 것이 필요합니다.

그런데 우리가 영적인 의미에서, 야곱이 형을 위해서 자기의 전 재산을 다 앞서 보내기까지 한다고 할 때, 오늘 20절의 표현을 보십시오.

"야곱이 말하기를 내가 내 앞에 보내는 예물로 형의 감정을 푼 후에 대면하면 형이 혹시 나를 받아 주리라 함이었더라"(20절).

그의 생각에 형이 그 예물들을 받고, 감정을 푼 후에 만난다면 혹시 자신을 받아들이지 않을까 하는 것입니다. 사실 이것을 영적으로 환원해서 우리에게 적용해 보면, 우리에게 선물로 주신 예수 그리스도의 화목제물 때문에 하나님께서는 진노를 푸시고 우리를 받아주시고 우리를 용서하시는 것입니다. 그런 의미에서 하나님께서 우리에게 주신 선물들이 있습니다. 이것을 하나님의 영광을 위해서 이 영적인 회복을 위해서 쓰임을 받을 수 있다면 얼마나 좋겠습니까?

예수님께서는 화목제물이십니다. 화목제물이신 바로 그분 때문에 하나님은 인간에 대한 죄의 진노를 푸신 것입니다. 오늘 하나님 앞에 영원한 선물이신 주님 때문에 우리가 감사를 드리고 그분으로 인해서 하나님과 원수 되었던 우리 사이가 하나가 되게 하시는, 그러한 평화와 평강을 누리게 하신, 그분을 위해서라면 우리의 모든 것을 다 내려놓는 연습뿐만 아니라 실제적으로도 우리가 그렇게 내려놓아져야 한다는 것입니다.

하나님께서는 야곱에게 이 위기를 만나서 자기를 종으로 내려놓고 자기의 가진 모든 것들을 다 내려놓는 야곱이 되게 하십니다. 완전히 다른 야곱입니다. 지금까지는 모든 것이 다 자기 것이었습니다. 남에게 질 수가 없었고 양보할 수가 없었습니다. 남에게 나눠줄 수도 없었습니다. 다 내 것이 되어야 속이 시원한 사람이었습니다. 내가 높아지고 장자가 되어야 했습니다. 장자의 축복권을 내가 소유해야 합니다. 그런데 하나님께서는 가나안의 사람으로 가게 하실 때에 이것들을 다 내려놓게 만드십니다.

아직은 자기라고 하는 것이 남아 있고 옛사람이 남아 있어서 성숙한 단계에 온전히 이르지 못했기 때문입니다. 이런 위기에 인간적인 수단과 방법이 동원되지만 그 수단과 방법을 동원하는 것을 통해서 나를 깎여 내려가게 하시고 나라고 하는 것을 포기하는 연습을 하게 만드십니다. 그리고 모든 것을 얍복 강을 건너 보내게 되었을 때에 자기 홀로 남습니다.

사건은 홀로 남았을 때 일어납니다. 다 건네 보내고서도 두려움이 여전하고 외롭기 짝이 없습니다. 하나님께서는 때론 여러분과 저를 이렇게 혼자 남게 만드시어 외로움 가운데 두시는 때가 있습니다. 그러나 그 외로움이 결코 죽음이나 사망은 아닙니다. 하나님께서 주신 은혜로 축복이 되고, 하나님의 위로와 영원한 것을 얻을 수 있는 기회가 됩니다. 여러분, 주님과 나와의 문제 속에서 '나'라고 하는 존재가 완전히 해결을 보지 못하면 여전히 불안합니다.

얍복 강가의 경험

어떻게 보면 야곱은 참 대단한 사람입니다. 자기의 생명을 부지하기 위해서 자신의 물질을 아낌없이 투자합니다. 자기 아내들도 자기의 자식들도 방패막이로 내보내고 홀로 빠지는 이기적인 사람입니다. 여러분, 정말 하나님의 영광을 위해서 영혼들을 구원하기 위해서 전도하고 선교하기 위해서 우리가 물질을 아낌없이 바쳤다면 얼마나 영광이겠습니까? 그런데 어떤 상황을 틀어막기 위해, 즉 내 생명을 위해서 재산을 투자하고 내어주면서도 나를 버리는 훈련을 해야만 했습니다.

아브라함과 이삭과 야곱의 하나님이라고 할 때 아브라함의 하나님을 통해서 창조주 하나님, 모든 것의 근원이신 하나님 아버지, 그분을 경험하게 되는 것입니다. 그분은 우리에게 모든 것을 공급하시는 분입니다. 약속의 아들 이삭은 아버지만 믿으면 되었습니다. 아버지에게서 모든 것을 다 허락받았습니다. 여호와 이레의 축복을 받습니다. 그래서 성부 하나님, 성자 하나님의 표상을 보게 됩니다.

끈질기게 자신의 문제들을 해결해야 하는 야곱의 생애를 통해서 우리가 배우는 것이 있습니다. 성령님의 인도, 성령님의 통제, 성령님의 역사를 통해서 나 자신을 성화시켜 가는 과정을 우리에게 보여주십니다. 그러므로 벧엘의 경험은 필수적인 것입니다. 외삼촌 집에서의 경험도 사실은 필요한 것입니다. 지금 형을 대면해야 하는 이 과정, 그리고 얍복 강가의 하나님과 씨름해 환도뼈가 부러지는 그 경험도 필요합니다.

이스라엘 백성이 광야에서 불순종했기 때문에 사십 년을 헤매면서 하나님의 주인 되심을 삶으로 훈련받았고, 훈련 기간을 늘어나게 한 것처럼 행여나 여러분과 제가 하나님의 말씀에 불순종하면서 그로 인해서 훈련하는 기간으로 우리의 일생을 탕진하다가 간다면 얼마나 억울한 인생입니까? 그래서 좀 더 빨리 주님의 세계를 깨닫고 좀 더 빨리 내려놓을 수 있다면 얼마나 좋겠습니까? 하나님께서 우리를 치시기 때문에, 이런 원수가 우리에게 달려오기 때문에, 그것을 막기 위해서 가산을 탕진하고 자식과 아내까지도 방패로 사용해야 하는 비참한 인간이 되지 아니하고 정말로 주님 앞에 엎드릴 수 있고 주님 앞에 우리 자신들을 내놓을 수 있는 변치 않는 믿음이 있다면 얼마나 좋겠습니까? 환경 때문에 바뀌는 그런 믿음이 아닌 진정한 믿음이 있으면 얼마나 좋겠습니까?

야곱이 자기의 불안함과 초조함, 당면한 어려움을 해결하기 위해서 모든 것을 하고 있지만, 그러나 그것이 그의 불안을 근본적으로 해결해 주는 것은 아닙니다. 홀로 남아 있는 야곱, 그는 하나님과 더불어 그 일로 씨름을 해야만 했습니다. 혹시 여러분 중에 '내가 돈을 벌면 안정을 얻을 것이다. 어려운 문제들이 해결될 것이다'라고 믿고 계신 분들이 계십니까? 우리는 대부분 이 세상에 성을 쌓고 이 세상에서 영토를 늘려갈 때 그것이 참 평안이 될 것이라고 기대하고 소망합니다. 그러나 야곱이 그런 모든 것을 얻었지만 여전히 불안이 다가왔고 해결되지 않았습니다. 수단과 방법을 총동원했지만 해결되는 것이 아니었습니다. 근본적인 해결은 주님과의 씨름을 통해서 우리의 옛사람인, 환도뼈 처리하는 과정을 통해서 이루어집니다. 오늘 하나님께서 여러분과 저에게 끊임없이 어떤 상황에 직면하고 어려움에 직면하게 될 때에 하나님 대신에 내미는 도구, 방법, 수단, 꾀가 무엇입니까?

야곱은 욕심이 많은 사람입니다. 야곱은 그 이름대로 형 에서의 발뒤꿈치를 붙들고 나온, 그래서 형의 것을 자신의 것으로 삼는 인물이었기 때문에 물질적인, 외적인 이런 요소가 참 많습니다. 그러니까 나중에는 그 요소를 가지고 이 문제를 해결하려고 하지만 그것이 참 해결은 아니었다는 사실입니다. 영원한 화목제물이 되어 주신 예수님, 오늘 그분을 사모하시기 바랍니다.

여러분 가운데 물질을 사모하는 분들 계십니까? 그것이 하나님 사모로 바뀌어야 합니다. 하나님께서 기뻐하시는 일을 위해서 정말 쓰임 받기를 원하는 것이 진정한 고백이고, 그것이 내 삶의 현장에서, 실제로 내가 돈을 사용할 때에도 그것을 위해 사용하고 있습니까? 그냥 그렇게 말을 하지만 현실에 직면하면 너무도 아깝고 너무도 인색하고 하나님을 위해서, 영혼 구원을 위해서 쓰자고 하면 호주머니가 벌벌 떨립니다. 과연 나는 얍복 강을 통과한 야곱입니까?

왜 하나님께서는 야곱이 형을 직면하게 될 때 사백 명의 군사를 이끌고 와서 위기 의식을 느낄 수밖에 없게 만드셨습니까? 오늘 우리는 평강의 왕으로 오신 주님, 화목제물로 오신 주님을 의지해야 하겠습니다. 인간의 방법으로가 아니라 하나님의 방법으로 우리의 영육의 모든 문제들이 해결되는 은혜가 임하기를 바랍니다.

환경 때문에 우리의 믿음이 흔들리는 것이 아니라 그런 환경 속에서도, 위기 속에서도 오직 하나님, 오직 주님, 바로 그분이 인정되어야 합니다. 그래서 약속의 말씀으로 주신 "내가 너를 이곳에 돌아오게 할 때까지 나는 너의 보호자가 될 것이고 너를 지킬 것이며 내가 너와 함께하리라"고 하시는 그 말씀이 계속 우리 삶을 이끌어 가고, 주께서 우리 삶의 전부가 되어주시는 바로 그런 축복이 있기를 예수님의 이름으로 축원합니다.

홀로 남아 씨름하는 야곱

창세기 32:24-32

야곱은 홀로 남았더니 어떤 사람이 날이 새도록 야곱과 씨름하다가 자기가 야곱을 이기지 못함을 보고 그가 야곱의 허벅지 관절을 치매 야곱의 허벅지 관절이 그 사람과 씨름할 때에 어긋났더라 그가 이르되 날이 새려 하니 나로 가게 하라 야곱이 이르되 당신이 내게 축복하지 아니하면 가게 하지 아니하겠나이다 그 사람이 그에게 이르되 네 이름이 무엇이냐 그가 이르되 야곱이니이다 그가 이르되 네 이름을 다시는 야곱이라 부를 것이 아니요 이스라엘이라 부를 것이니 이는 네가 하나님과 및 사람들과 겨루어 이겼음이니라 야곱이 청하여 이르되 당신의 이름을 알려주소서 그 사람이 이르되 어찌하여 내 이름을 묻느냐 하고 거기서 야곱에게 축복한지라 그러므로 야곱이 그곳 이름을 브니엘이라 하였으니 그가 이르기를 내가 하나님과 대면하여 보았으나 내 생명이 보전되었다 함이더라 그가 브니엘을 지날 때에 해가 돋았고 그의 허벅다리로 말미암아 절었더라 그 사람이 야곱의 허벅지 관절에 있는 둔부의 힘줄을 쳤으므로 이스라엘 사람들이 지금까지 허벅지 관절에 있는 둔부의 힘줄을 먹지 아니하더라

신앙인들에게는 하나님을 체험하는 경험이 필요합니다. 야곱 인생에 여러 체험들이 많이 있었지만 우리는 가장 중요한 두 가지 체험을 기억해야 합니다. 하나는 벧엘의 체험이고, 다른 하나는 브니엘의 체

험입니다. 벧엘의 체험을 통해서 야곱은 하나님을 만납니다. 또한 브니엘의 체험을 통해서 하나님의 주인 되심과, 왕 되심을 확인하고 바로 그분의 지배하심과 다스림, 통치하심을 받게 됩니다. 여러분도 벧엘에서 주님을 만나는 경험과 브니엘의 체험을 통해 하나님의 주인 되심과 왕 되심을 확인하시고, 그분의 통치하심을 받게 되는 은혜가 충만하시길 예수님의 이름으로 축원 드립니다.

하나님께서는 이삭과 리브가를 통해서 야곱을 탄생하게 하시고, 야곱이 형과의 복잡한 관계 속에서 장자권과 축복권을 얻은 후 형의 분노를 피해서 밧단아람의 하란이라는 곳에 가서 이십 년이라는 긴 세월을 보내게 하셨습니다. 그곳에서 결혼하여 자식을 낳고 또 재산을 늘리고 이제 다시 약속한 곳으로 돌아가게 하시는 놀라운 일을 이루어 주셨습니다. 이십 년의 하란 땅, 외삼촌 집에 살면서 그 모든 일을 청산하고 하나님의 약속 가운데 가나안 땅으로 다시 돌아오는 그 과정에서 하나님께서는 그를 다루시고 그를 통해서 일하셨습니다. 하나님께서는 야곱을 통해서 하나님의 사건들을 이루시고 또 어떻게 하나님의 사람으로, 하나님을 예배하는 자로 그가 쓰임을 받고 주님과 교제하는 삶이 되게 하시는지, 우리에게 그 모든 과정을 보여주십니다.

야곱을 다루시기 원하는 하나님

"야곱은 홀로 남았더니 어떤 사람이 날이 새도록 야곱과 씨름하다가 그 사람이 자기가 야곱을 이기지 못함을 보고 그가 야곱의 허벅지 관절을 치매 야곱의 허벅지 관절이 그 사람과 씨름할 때에 어긋났더라"(창 32:24-25).

홀로 남았다는 지금 상황이 야곱에게는 얼마나 위기의 급박한 순간인지 모릅니다. 이십 년이라는 세월을 자기 고향집을 떠나, 외삼촌 집에서 살았던 이유는 형 에서를 피하기 위함이었습니다.

이십 년 전 피해서 도망 나온 형을 다시 대면해야 한다는 것은 하나님께서 그에게 계획하신 일이었고 그렇게 의도하신 것입니다. 이 일을 앞두고 그가 발걸음을 옮기고 있습니다. 아내도 있고 자식도 있고 많은 재산도 가졌으니 인생이 가져야 할 모든 것을 다 가진 것처럼 보이지만 그러나 형을 대하는 문제는 두려움, 바로 그것입니다.

우리도 믿음 생활 잘하고 구원의 확신도 있고, 천국의 소망도 있으며, 하나님의 약속의 말씀도 받았고, 은혜도 받았고, 가정도 이루어 많은 것을 누리며 살고 있습니다. 야곱도 마찬가지 입장이었습니다. 그럼에도 불구하고 그에게 해결하지 못하는 어렵고 힘든 문제가 형 에서의 문제였습니다. 더욱이 지금 펼쳐진 상황은 그가 사백 명이나 되는 사병을 이끌고 야곱을 향해서 오고 있습니다. 야곱은 이미 종들을 보내서 그 상황을 살폈고 소식을 들었습니다. 사백 명의 군사를 이끌고 온다는 것은 분명히 심상치 않은 일임을 감지하고 있습니다. 위기의 순간이며 무서운 순간입니다. 야곱은 이 소식을 접하고 철저한 계획을 세웁니다. 자기의 독특한 방법, 남에게 지지 않는 꾀, 남이 미처 생각하지 못하는 것까지도 생각해 내는 철저한 계획과 방법을 세운 것입니다. 그는 인생의 최대 위기를 맞아 나름대로 최선의 방법을 동원했습니다. 이때 일어난 사건이 브니엘의 사건입니다.

본문이 어떻게 시작되고 있습니까? "야곱은 홀로 남았더니"입니다. 어떻게 하면 형 에서의 복수심으로부터 용서받아 그의 마음을 누그러뜨리고 이 위기에서 벗어날 수 있을까 골똘히 생각하여 짐승도 떼로 나누고 자식도 떼로 나누고 아내들도 나눴습니다. 그래서 세 무리로 나누어 에서를 향해 가게 했습니다. 가축과 자식들과 아내들이 모두 밤중에 얍복 강을 건넜습니다.

그리고 맨 나중에 야곱 홀로 남은 것입니다. 우리가 흔히 말하는 대로 '자식과 아내가 다 죽어도 좋다. 가산을 다 버려도 좋다. 어쨌든 나는 살고 보자'는 심보일 수도 있습니다. 홀로 남아 건너야 할 강을 바라보고 있습니다. 얼마나 외롭습니까? 우리가 인생에서 심각한 위기를 당할 때 이 우주에 혼자 있는 것 같은 절대적인 고독에 빠질 때가 있습니다.

여러분도 인생을 살면서 고달프고 힘들고 어려운 시기를 지나고 있습니까? 밤이 맞도록 수고하고 힘씁니까? 힘들고 어려울 때 푸념하듯 "하나님 왜 이러십니까? 왜 나는 이렇습니까? 왜 밤이 끝나지 않습니까?" 하고 외쳐 보지만 여전히 고난이 다가오고 있는 우리 인생을 보게 됩니다. 때로는 좌절하고 낙망하게 됩니다. 그래도 포기하지 않고 자기 힘, 자기 능력으로 이루어 보려고 노력하는 우리네 인생살이 모습입니다.

그런 때에 찾아오신 분이 하나님이셨습니다. 24~25절에 '어떤 사람'이라고 했습니다. 그 사람이 날이 새도록 야곱과 씨름하다가 그를 이기지 못함을 보고 야곱의 허벅지 관절을 쳤다고 했습니다.

우리는 이 구절을 일반적으로 야곱이 홀로 남아서 하나님께 간구하고 기도하고 부르짖고 하나님과 씨름을 했다고 이해했습니다. 물론 하나님과 씨름했습니다. 그런데 이 씨름을 걸어온 것이 야곱입니까? 하나님입니까? 본문은 분명히 "어떤 사람이 날이 새도록 야곱과 씨름하다가"라고 했습니다. 씨름을 걸어오신 분은 하나님이었습니다. 하나님께서는 수단 방법을 동원해서 다 보내고 난 다음에 홀로 남아 있는 야곱에게 찾아오신 것입니다.

벧엘, 그가 홀로 외롭게 이슬을 맞으면서 돌을 베고 누웠던 그때 찾아오셨던 그 하나님이 또 찾아오신 것입니다. 두려움 가운데 자기의 방법을 다 동원하고도 이제 어떻게 될지 가늠할 수 없어 떨고 있는 바로 그에게 찾아오셨습니다. 날이 새도록 '어떤 사람이' 야곱과 씨름을 했다는 것, 그래서 우리가 확인하기 원하는 것은 야곱이 하나님과 씨름한 것이 아니라, 하나님께서 야곱에게 오셔서 씨름한 것이고 하나님께서 야곱을 눌러놓기 원하셨다는 사실입니다.

여러분 씨름은 무엇 때문에 하는 것입니까? 상대방의 힘을 누르기 위해서, 상대방을 나에게 굴복시키기 위해서 하는 것이 아닙니까? 져 주기 위해서 하는 씨름이 있습니까? 누구든지 씨름을 할 때에는 젖 먹던 힘까지 다해서 상대방을 굴복시키기를 원하는 것입니다.

위기를 주시는 이유

그런데 하나님께서 야곱을 이기지 못했다는 것이 무슨 뜻이겠습니까? 여기에 오늘 말씀의 초점이 있습니다. 야곱은 하나님을 만난 사람입니다. 약속의 말씀을 받은 사람이고 위기에서 그를 건져주신 놀라운 하나님을 경험한 사람입니다. 그는 하나님의 약속의 말씀대로 약속의 땅으로 지금 출발해서 가고 있는 중입니다. 그럼에도 불구하고 지금 그가 굴복되어야 하고 엎드러져야 되고 부서져야 하는 부분이 있다는 것입니다. 하나님께서는 홀로 남은 야곱에게 그것을 다루시기를 원하시는 것입니다.

천국에 대한 소망도 있고 구원의 확신도 있습니다. 하나님을 믿습니다. 약속의 말씀도 받은 우리입니다. 그런데 아직도 어떤 위기가 올 때에 하나님을 의지하기보다는 내 생각과 판단으로 온갖 수단과 방법을 동원하지는 않습니까? 지금 하나님께서 나를 이기지 못하는 그 부분이 무엇입니까? 끈질기게 붙들고 있는 그런 것 때문에 그 밤이 더욱 깊어가고 있는지 모릅니다.

사도행전을 보십시오. 하나님의 부름을 받은 사도 바울이 긴긴 재판의 기간을 갖는 것을 볼 수 있습니다. 결국 그의 재판이 끝나는 것은 가이사 앞에 호소를 하게 될 때입니다. 그것이 상징하는 것은 절대적인 권세인 하나님 아버지 앞에 손을 들고 항복하는 바로 그 모습입니다.

야곱에게 지금 인생 최대의 위기가 왔는데 그것을 눈앞에 두고 의지할 하나님, 함께해 주시겠다고 약속하신 하나님은 어디로 가셨습니까? 지금 보이는 것은 자신을 죽이려고 오고 있다는 에서뿐입니다. 그러자 본능적으로 반응하는 것이 자기의 수단과 방법을 동원하는 것입니다.

여러분은 지금까지의 생애 가운데 어려운 문제들에 직면하게 될 때 어떻게 헤쳐 나왔습니까? 하나님께서 우리에게 위기를 주시는 이유가 무엇입니까? 그 문제를 통해서 하나님은 여러분과 저를 다루시기 원하십니다. 그런데 우리는 자신이 아니라 문제만 다루려 합니다. 그래서 때로는 문제를 놓고 기도하면서도 그 문제 자체를 우리가 해결하려고 안간힘을 씁니다. 나는 변하지 않고 그 문제만 해결하려고 하니 그것이 신앙의 경력이 될 뿐입니다. 그 경력이 쌓이게 되어 나중에는 '나'라는 존재는 여전히 남아 있으며, 오히려 신앙의 교만이 쌓여 우리의 허벅지 관절이 될 수 있습니다.

우리의 자랑이 무엇입니까? 하나님께서는 그 자랑을 깨뜨리십니다.

그래서 그 자랑하던 그것을 입 밖에도 내지 못하도록 우리의 입을 막으십니다. 그리스도로 자랑할 수 있고 우리의 약한 것을 자랑할 수 있도록 만드십니다. 이것이 바로 하나님께서 허벅지 관절을 치시는 이유입니다.

"네 이름이 무엇이냐?"

"야곱입니다."

"너 지금까지 네 힘으로 살았느냐? 나하고 이렇게 오랫동안 씨름을 하고도 너는 나를 이기려고 했고 절대로 너 자신을 놓지 않는, 그것이 바로 너의 모습이다. 그러나 환도뼈가 위골된 너, 나를 붙들고 놓아주지 않으려는 너, 이제 너는 네 힘으로 사는 것이 아니다. 너는 이스라엘이야. 이제는 전능하신 하나님 내 힘으로 사는 자야. 내 능으로 사는 자야."

이스라엘로 이름이 바뀌었습니다. 이스라엘이라고 할 때 이것은 '사라'라고 하는 '힘, 능력' 플러스 '엘, 하나님'입니다. 히브리어 가운데 동사가 있고 뒤에 명사가 붙어 있으면 그 명사가 주어가 됩니다. 결국 이스라엘은 '하나님께서 지배하시고 통치하시고 다스린다'는 뜻입니다.

"이제 너는 이스라엘이다. 너는 지금까지는 야곱이었어. 그래서 지금까지는 네가 너를 통치하고 자신을 다스리고 네가 스스로 주인이었지만, 이제부터는 이스라엘, 내가 너를 다스린다. 너의 힘은 나 하나님이다. 너는 나만을 의지해야 살 자이다. 이스라엘이다" 하고 바꿔주시는 것입니다. 그래서 우리에게 반드시 필요한 것은 벧엘의 경험, 즉 주님을 만나는 경험입니다. 우리 영혼이 구원받는 바로 그 경험이 있어야 합니다. 또한 브니엘의 경험이 있어야 합니다. 결국은 주인이 바뀌지 않으면 우리의 삶이 하나님을 기쁘게 해드리는 참 예배자가 되지 못하는 것입니다. "야곱아, 네 삶을 주관하고 너를 붙들고 너를 인도해 가는 것이 누구냐? 나, 하나님 여호와다. 내가 너의 주인이다."

이름은 삶과 신분과 인격을 대표하는 것입니다. 이름을 바꿨다는 것은 그의 삶, 신분, 그의 인격에 극적인 변화가 일어났다는 뜻입니다. 우리가 자식을 잉태하게 되면 먼저 생각하는 것이 아이의 이름입니다. 부모에게 자식의 이름 지어주는 것은 영적인 의미에서는 '내 소유권은 아니지만 하나님께서 나에게 맡기셨기 때문에 내가 이름을 짓고 그리고 그를 보호하고 이끌어가는 책임 맡은 존재가 된다'는 것입니다.

창세기 2장에 보면 에덴동산에서 생물들의 이름을 하나님이 짓지 않으셨습니다. 모든 동물들을 아담 앞을 지나게 하면서 아담에게 이름을 짓게 만드셨습니다. 그것은 하나님께서 아담과 하와로 하여금 이 세상을 다스리는 권세를 주셨다는 것입니다. 그러니까 아담에게 이름을 짓게 해서 사자, 호랑이와 같은 맹수들도 사람의 주도권, 지배권 아래에 들어올 수 있도록 하신 것입니다.

하나님께서 지금 야곱의 이름을 이스라엘로 바꾸신다는 것은 이제 하나님의 소유권, 통치권, 지배권을 말하는 것입니다. 삶의 주도권이 하나님께 있다는 말씀입니다.

여기서 이름을 바꿔주시고 나중에 하나님께서 야곱의 이름을 부르실 때에 어떻게 부르셨는가 하면 어떤 때는 '야곱아' 부르시고, 어떤 때는 '이스라엘아' 하고 부르셨습니다. 야곱이라고 부를 때는 자기 힘으로 사는 것과 같이 하나님 말씀에 불순종하고 자기 길을 가는 이스라엘을 그렇게 부르셨습니다. 그리고 하나님의 말씀을 순종할 때는 이스라엘이라고 부르셨습니다.

우리에게도 이 야곱과 이스라엘이 교차되는 삶이 끊임없이 계속됩니다. 창세기 35장을 보십시오. 그가 벧엘에 이르렀을 때에 하나님께서 야곱을 이스라엘이라 부르셨습니다.

여러분, 우리가 크리스천이 되었어도 정말 예수님이 나의 주인이신지, 그가 내 삶을 통치하시고 다스리는 분이신지, 브니엘의 이 경험이 있어야만 참으로 예배하는 자, 가나안 땅에 들어가서 벧엘에 이르러 그분에게 경배하는 참 경배자가 된다는 것입니다.

우리가 복음을 제시할 때 흔히 원 안에 의자를 그려놓고, 전에는 '나'라고 하는 주인이 앉았는데 '나'는 원 밖으로 나가고 대신 거기에 앉으신 예수님을 보여주며, 이것이 예수님을 영접한 자라고 전합니다. 그렇습니다. 내가 예수님을 영접하고 예수님이 나의 주인이 되었습니다. 그래서 나는 주인 되신 예수님의 지배를 받는 자라는 말을 쉽게 합니다. 그런데 정말로 예수님이 여러분의 주인이십니까? 순간순간마다 어려움과 위기가 있을 때에 내가 그분을 의지하고, 그분 앞에 부르짖고, 나의 모든 것을 맡겨드리고, 그분의 지혜를 받아서 해결하려고 노력합니까? 아니면 지금 야곱과 같이 인생의 최대 위기를 만났는데, 인간적인 지혜를 총동원하고 있습니까?

믿음은 내가 주인인지 하나님이 나의 주인인지에서 판가름이 납니다. 아직 야곱의 주인은 자기 자신입니다. 어려움과 위기를 당한 지금 자기 방법으로 자기가 처리하고 있기 때문입니다. 홀로 남았을 때 하나님께서는 그것을 다루시기를 원하는 것입니다.

나의 환도뼈를 처리하라

그런데 오늘 본문 말씀을 보니 놀라운 일이 있습니다.

"자기가 야곱을 이기지 못함을 보고"(창 32:25).

나의 방법, 나 자신을 의지하는 것이 얼마나 끈질기고 힘이 센지 하나님이 이기지 못했다고 하십니다.

우리가 신앙생활을 해오면서 나는 순종하고 무릎 꿇고 깨졌다고 하는 부분들이 많이 있을 텐데, 그럼에도 불구하고 나의 중심에 깨지지 못하고 끊어지지 못한 한 부분, 굴복시키지 못한 부분이 있다는 것입니다. '이것만은 절대 안 됩니다' 하는 그것 때문에 하나님도 이기지 못하는 부분들이 있다는 것입니다. 어떤 때는 '이것은 타고난 성격이야. 성격은 하나님도 어쩌지 못해' 하면서 아예 접어두고 오히려 그것을 더 키우면서 자기 뜻대로 고집하여 하나님을 의지하지 않는 허벅지 관절이 된다는 것입니다.

야곱은 인생의 최대 위기를 만나서 인간의 지혜로 철저한 계획을 세우고 모든 방법을 동원했습니다. 하나님께서는 그것을 다루시기 원하셔서 씨름을 걸어오셨습니다. 야곱이 자기를 의지하는 것, 자기의 방법을 완전히 포기하게 만들고 부러뜨리기 원하시는 것입니다. 그래서 하나님이 "이기지 못함을 보고 야곱의 허벅지 관절을 치매"라고 하였습니다. 우리 말로 허벅지 관절을 쳤다는 것이 영어성경에는 "He touched socket of his thigh", 엉치 뼈가 있는 대퇴부와 넓적다리, 허리와 엉덩이뼈를 연결하는 부분이 있는데, 이곳에서 힘을 받쳐주어서 우리가 걷기도 하고 행동하고, 앉고 일어서기도 하는, 활동하는 힘의 근원이 되는 곳입니다.

하나님께서 이 부분을 터치하셨습니다. 그래서 이것이 빠져나왔으니 어떻게 제대로 활동을 할 수 있겠습니까? 야곱은 평생을 저는 자가 되었습니다. 하나님께서 이 허벅지 관절을 왜 만드셨겠습니까? 주석을 정리하면 허벅지 관절은 '사람의 몸을 받쳐주는 물리적 힘의 생성 부분으로 종종 생명과 힘의 근원을 상징하는 것으로 사람의 몸을 받쳐주는 곳'이라고 합니다. 생명과 힘의 근원, 우리 힘의 중심을 상징합니다. 태어날 때부터 우리가 의지하는 힘, 내가 자랑할 수밖에 없는 힘, 나를 지탱하고 버티는 바로 그 힘입니다.

야곱은 남에게 지지 않습니다. 남의 것도 내 것이 되고 남을 이겨야 직성이 풀리는 사람입니다. 그는 태어날 때부터 형의 발뒤꿈치를 붙들고 경쟁하며 나왔습니다. 끈질긴 승부욕, 자기 스스로를 의지하는 것, 하나님을 믿으면서도 해결하지 못하는 그것들을 그 형 에서를 만나는 순간에 다시 동원하는 것입니다. 그것이 바로 그의 허벅지 관절입니다. 그래서 하나님은 그것을 치기 원하시는 것입니다.

본문에 하나님께서 야곱과 씨름하여 이기지 못했다고 했지만 하나님이 이기지 못하는 분입니까? 그분은 전지전능하신 분으로 허벅지 관절도 한 번 딱 터치하신 결과 그의 힘의 근원이 위골되어 버렸고 힘을 쓸 수 없는 자가 되어 버린 것입니다. 인생의 최대 위기에서 버티는 허벅지 관절로 등장한 그때, 하나님은 그 허벅지 관절을 치셔서 만지시는 역사가 일어나는 것입니다.

오늘 하나님께서는 여러분과 저의 허벅지 관절도 만지기를 원하시는데, 먼저 씨름을 해서 그것을 위골시키지 않고 굴복시키시기 원하십니다.

부숴야 할 부분을 예습하라

신앙이 있는 가정에서 모태 신앙으로 태어나는 것은 부모님들의 신앙을 태중에서부터 본받고 신앙생활을 할 수 있는 계기가 되므로 참 좋은 것입니다. 그런데 바로 그런 것이 하나님을 더 의지하고 주님을 본받는 신앙으로 성장해 가면 좋은데, 어렸을 때부터 말씀을 듣고 읽으면서 교회에 다닌 경험이 때로는 다른 사람들과 비교하여 자신과 같지 않을 때 정죄하고 판단하는 식으로 바뀌는 경우가 많습니다. 그래서 모태 신앙인의 신앙이 뜨겁게 바뀐다든지, 어떤 경험적인 신앙이 되기가 힘든 경우가 많습니다. 자기 나름대로 쌓아온 신앙의 선입견이 있어서 그것이 허벅지 관절의 힘줄같이 되어버릴 수 있기 때문입니다. 모태 신앙은 좋은 것이지만 그것이 신앙의 교만이 되어버릴 수 있기 때문입니다.

영적 체험도 마찬가지입니다. 우리는 반드시 영적 체험을 해야 합니다. 그런데 영적 체험을 함으로 말미암아 나를 더 겸손하게 만들고, 나를 비우고 주님의 세계를 더 깊이 깨달아가면서 주님 앞에 순종하는 사람으로 섬기는 자가 되어야 합니다. 그런데 때로는 어떤 영적인 경험을 했다는 것이 오히려 자신을 영적으로 교만한 자로 만들어 버릴 수 있습니다. 이러한 경우에도 그것이 허벅지 관절을 형성할 수 있습니다.

에서를 맞닥뜨리는 것 같은 위기의 순간을 통해서 하나님께서 우리에게 다루시기 원하는 것이 있습니다. 바로 하나님만 의지하라는 것입니다. 그러나 나를 꺾지 못할 때 허벅지 관절 부러지는 사건이 일어난 후 에서를 만나게 하시는 것입니다.

브니엘의 얍복 강가에서 하나님이 야곱에게 씨름을 걸어오시고 그에게 이스라엘이라는 이름을 주시고 그를 축복하십니다. 형 에서를 만나 이십 년 만에 화해하게 하시고 그 벧엘로 다시 돌아가게 하는 이 과정을 보면서 저는 하나님의 계획하심과 그 사랑에 너무도 놀랐습니다. '이런 하나님 앞에 우리가 우리 자신을 온전히 드려야 하는데, 아직도 나의 힘줄 환도뼈를 붙들고 있구나'라고 깨닫고 회개하게 되었습니다.

저도 여러분도 이 문제를 해결하기를 원합니다. 성령님께서 도와주셔서 나의 허벅지 관절이 무엇인지, 나에게 있어서 부서져야 할 부분이 무엇인지, 하나님이 지금도 나에게 다루고 계시는 것이 무엇인지 깨닫게 되기를 바랍니다. 우리는 신앙의 선배들이 걸어간 그 길을 통해서 미리 예습할 수 있고 또 그들의 경험을 내 것으로 삼을 때 많은 시간을 절약할 수 있습니다. 세월을 건질 수 있는 것입니다.

중요한 것이 무엇입니까? 앞으로도 주님이 나에게 씨름을 걸어오시고 때로는 내가 주님 앞에 매달리면서 씨름해야 하는 일이 또 있을 수 있습니다. 허벅지 관절이 위골되기 전에 자신을 하나님 앞에 복종하시기 바랍니다. 그렇지 못했기에 자기 허벅지 관절이 위골되어서 힘이 다 빠졌지만 "이제는 주님밖에 없습니다. 내가 살 길은 주님밖에 없습니다" 하면서 그 주님을 붙잡고 놓지 않는 것입니다.

강하고 담대하게 약속의 주님과 더불어 승리하는 우리 교회와 우리의 가정과 우리 자녀들이 되기를 바랍니다. 벧엘에서 이스라엘에게 약속하신 하나님의 그 놀라운 능력이 함께하는 사람이 되려면 전심을 다하여 기도하는 삶을 살아야 하겠습니다. 브니엘의 경험을 간직하며 언제나 하나님만을 의지하며 살아가는 우리 모두가 되기를 바랍니다.

화평을 청하는 자의 자세

창세기 33:1-11

야곱이 눈을 들어 보니 에서가 사백 명의 장정을 거느리고 오고 있는지라 그의 자식들을 나누어 레아와 라헬과 두 여종에게 맡기고 여종들과 그들의 자식들은 앞에 두고 레아와 그의 자식들은 다음에 두고 라헬과 요셉은 뒤에 두고 자기는 그들 앞에서 나아가되 몸을 일곱 번 땅에 굽히며 그의 형 에서에게 가까이 가니 에서가 달려와서 그를 맞이하여 안고 목을 어긋맞추어 그와 입맞추고 서로 우니라 에서가 눈을 들어 여인들과 자식들을 보고 묻되 너와 함께 한 이들은 누구냐 야곱이 이르되 하나님이 주의 종에게 은혜로 주신 자식들이니이다 그 때에 여종들이 그의 자식들과 더불어 나아와 절하고 레아도 그의 자식들과 더불어 나아와 절하고 그 후에 요셉이 라헬과 더불어 나아와 절하니 에서가 또 이르되 내가 만난 바 이 모든 떼는 무슨 까닭이냐 야곱이 이르되 내 주께 은혜를 입으려 함이니이다 에서가 이르되 내 동생아 내게 있는 것이 족하니 네 소유는 네게 두라 야곱이 이르되 그렇지 아니하니이다 내가 형님의 눈앞에서 은혜를 입었사오면 청하건대 내 손에서 이 예물을 받으소서 내가 형님의 얼굴을 뵈온즉 하나님의 얼굴을 본 것 같사오며 형님도 나를 기뻐하심이니이다 하나님이 내게 은혜를 베푸셨고 내 소유도 족하오니 청하건대 내가 형님께 드리는 예물을 받으소서 하고 그에게 강권하매 받으니라

신앙생활에는 필수적인 요소가 있습니다. 야곱이 벧엘의 경험을 했고 브니엘의 경험을 한 것처럼 우리에게도 이러한 경험이 꼭 필요

합니다. 벧엘의 경험이란 주님을 만나는 경험입니다. 브니엘의 경험은 주인이 바뀌어지는 것입니다. 나 중심으로 살던 사람이 완전히 주님 중심으로, 주님에게 인도함을 받는 사람이 되는 것입니다. 물론 주님을 만나는 경험을 했을 때 예수님이 구주시고 주님이신 것을 우리가 고백하지만 우리가 단번에 완전히 바뀌면 얼마나 좋겠습니까? 우리의 육이라는 것은 여전히 그대로 남아 있어서 주님을 만난 벧엘의 경험 후에도 끊임없이 변화되어야 하는 우리 모습을 보게 됩니다. 벧엘의 체험으로써 믿음이 있게 되고 브니엘의 체험을 통하여 거룩한 삶으로 하나님 앞에 드리는 삶이 이루어지게 됩니다.

"먼저 화목하고 와서 예물을 드리라"

용서를 받은 사람은 용서할 줄 압니다. 용서받은 경험이 없는 사람은 용서하지 못하는 것을 많이 봅니다. 용서할 사람을 용서하지 못할 때 결국 아픔과 상처를 받는 것은 용서받지 못하는 사람보다 용서하지 않는 사람입니다. 그러나 용서할 때 거기에 주님의 평강이 임하는 것을 보게 됩니다. 용서하지 못하는 마음이 도리어 자신을 서서히 죽여가는 것입니다.

여러분, 어떤 문제 때문에 잠을 못 이루고 두통이 생기고 소화가 되지 않고 고통이 뒤따릅니까? 무엇 때문입니까? 혹시 용서할 자를 용서하지 못하는 것이 아닙니까? 분노는 타인을 파멸시킬 뿐만 아니라 자신을 먼저 파멸시킨다는 것을 알아야 합니다.

예수님께서 친히 말씀하셨습니다.

"그러므로 예물을 제단에 드리다가 거기서 네 형제에게 원망 들을 만한 일이 있는 것이 생각나거든 예물을 제단 앞에 두고 먼저 가서 형제와 화목하고 그 후에 와서 예물을 드리라"(마 5:23).

예배의 요소입니다. 우리가 주님 전에 나와서 찬송하고 기도하고 말씀 받고 성도의 교제가 일어나는 것은 정말 좋은 일입니다. 그런데 이러한 예배에 반드시 필요한 것은 용서하는 것입니다. 하나님으로부터 용서받은 자들이 하나님 앞에 감사하면서 드리는 것이 예배입니다. 하나님으로부터 용서받은 사람들은 이웃을 용서할 줄 알고 또 실천해야 합니다. 주님이 친히 말씀하셨습니다.

"너희가 사람의 잘못을 용서하면 너희 하늘 아버지께서도 너희 잘못을 용서하시려니와 너희가 사람의 잘못을 용서하지 아니하면 너희 아버지께서도 너희 잘못을 용서하지 아니하시리라"(마 6:14).

예배자가 된다는 것은 먼저 우리가 하나님으로부터 용서함을 받았다는 것을 전제로 하고 있습니다. 하나님으로부터 용서함을 받은 사람들도 후에 여러 가지 죄를 짓고 허물이 생깁니다. 다시 하나님 앞에 용서를 구합니다. 그런 사람들은 남에게 허물된 것이 있을 때, 혹은 남이 나에게 허물을 범했을 때 그것을 용서할 줄 아는 자가 되어야 됩니다.

구원의 결과는 용서받는 일이요 용서하는 일입니다. 우리가 용서받기를 원하지만 남을 용서하지 못한다면 이것은 하나님이 원하시는 것이 아닙니다. 하나님께 용서를 받고 나면 다른 사람들도 용서할 수 있는 사람이 믿음의 사람입니다.

오늘 본문 말씀의 야곱, 그는 용서받지 못한 고통과 두려움으로 이십 년이라는 세월을 보냈습니다. 그 동안에 그는 아내를 얻었고 자식을 두었고 또 많은 재물이 증식되었습니다. 소위 세상 사람들이 말하는 성공, 부러워하는 모든 것을 다 갖추었습니다. 그럼에도 불구하고 그 마음 가운데 항상 해결되지 못한 두려운 마음이 있었습니다.

그가 집을 떠날 때에 벧엘에서 하나님을 만났습니다. 그를 지키고 보호하겠다는 약속의 말씀까지 받습니다. 그러나 그의 마음 한편에는 자기가 범한 죄악 때문에 형을 피해서 도망 나왔다는 사실이 끊임없이 누르고 있었습니다. 이제 이 얍복 강가에서 그가 하나님과 더불어 씨름하는 브니엘의 체험을 하고 하나님이 그의 허벅지 관절을 위골시켰을 때, 지금까지 의지했던 모든 것이 다 분쇄되었을 때, 오직 하나님만 붙들고 '이제 하나님 아니면 나는 죽습니다. 나를 도와주세요'라고 매달리는 야곱의 모습을 보게 됩니다.

본문 말씀의 1절 이하를 보면 야곱이 대오를 세 부류로 나눕니다. 아내 중에서도 종이었던 자들과 그 자식들은 맨 앞에 세웁니다. 그리고 레아와 그를 통해서 난 자식들을 그 다음에 세웁니다. 그리고 세 번째에는 가장 사랑하는 라헬과 그가 낳은 요셉을 맨 뒤에 두게 됩니다. 아마 사백 명의 군사를 이끈 형 에서가 와서 앞을 치면 가장 사랑하는 라헬과 요셉은 도망칠 수 있다는 계산이 있었을 것입니다. 그런데 본문 말씀에서 중요한 것은 야곱이 변한 모습입니다. 브니엘의 체험이 있기 전에는 모두 강을 건너게 하고 혼자 뒤에 남았습니다. 어떻게 보면 두려움 가운데 혼자 살아남을 수 있는 방법을 구했을 것입니다.

그러나 브니엘의 체험을 하고 난 다음에는 그가 맨 앞자리로 갔습니다. 두려워 떨던 그가 담대한 자가 되었습니다. 브니엘의 체험은 지금까지는 내 힘으로, 내 능으로 살았으나 이제는 하나님의 능으로 산다, 지금까지는 내가 주인이었고 내가 책임을 져야 했으나 이제는 하나님이 주인이시고 하나님이 이끌어가신다는 것입니다. 완전히 주인이 바뀌어졌습니다. 두려워 떨던 그가 강해졌습니다.

또 한 가지 이상한 현상이 일어났습니다. 그는 앞으로 가면서 형 에서에게 일곱 번 절했습니다. 그가 일곱 번 절하면서 다가가는 행위는 한 자리에 엎드려서 일곱 번 절했다는 것이 아니라 다가가면서 했다는 것입니다. 멀리 형 에서가 오자 가다가 엎드려 절합니다. 그리고 조금 더 가까이 가다가 또 엎드려 절합니다. 또 조금 가다가 엎드려 절합니다. 그렇게 일곱 번을 땅에 엎드려 얼굴이 땅에 닿도록 절한다는 것은 팔레스타인 중동지방에서 전쟁에 패한 자가 승리자 앞에 '내 목숨이 당신에게 달려 있습니다' 하면서 나아가던 모습입니다. 죽을 죄인이 생명을 구해줄 것을 요청하는 행위 가운데 자기 자신을 완전히 내어버린 행위가 일곱 번 절하며 나아가는 것입니다.

겸손이 능력이다

야곱과 에서의 관계는 쌍둥이 형제입니다. 쌍둥이는 시간적으로 볼 때 아마 몇 분 후에, 길면 몇 시간 후에 태어납니다. 형, 아우라고 하지만 몇 분 일찍 나왔다는 사실 그것뿐입니다. 그런데 지금 야곱이 형 에서에게 나아갈 때 전쟁의 패배자가 엎드리는 것같이 절하며 나아갔다는 것입니다.

야곱이 어떤 사람입니까? 절대로 자기를 낮추지 않는 사람입니다. 남에게 지지 않는 사람입니다. 남의 것을 내 것 삼아야 하고, 꼭 이겨야만 하는 그였습니다. 그런데 야곱이 브니엘의 체험, 환도뼈가 위골되는 그 체험을 한 후 자기를 낮출 수 있었다는 것입니다.

겸손은 비굴한 것이 아니라 능력입니다. 자기 자신에 대해서 자신이 없는 사람은 결코 자신을 낮출 수가 없습니다. 우리 인간에게는 자존심이 있습니다. 우리 자존심이 우리를 참 힘들게 만들 때가 많습니다. 세상에서도 실력이 있는 사람이 오히려 남을 포용하고 남을 안을 수 있습니다. 속이 빈 사람은 절대로 그것을 드러내지 않습니다. 오히려 강하게 보이려고 합니다. 양보를 안하려고 합니다. 지지 않으려고 한다는 것은 약하다는 징표입니다.

여러분, 아직 어떤 자존심과 어떤 힘이 우리에게 남아 있나요? 내가 남에게 양보하지 못하고 내가 엎드리지 못하게 하는 그런 어떤 요소, 정말 허벅지 관절과 같은 그것은 무엇입니까?

자동차 판매왕으로 등극한 사람의 인터뷰가 어느 신문에 나왔습니다. 어떻게 해서 전국에서 최대의 판매왕이 됐느냐는 물음에 그가 답했습니다.

“나는 출근할 때 내 신발 끈을 매면서 내 자존심을 집에다 내려놓고 갔습니다.”

신발끈을 매면서 자존심을 내려놨다. 그가 고백하는 것 가운데 판매하시는 분들은 명함을 주는데, 어떤 분들은 판매원을 너무 무시하기 때문에 명함을 쳐다보지도 않고 던져버리고, 어떤 사람은 심지어 명함을 받아서 그것으로 손톱을 후비는데 얼마나 수치감을 느끼는가 말했습니다. 명함을 중요하게 여기지 않는다는 것은 그만큼 명함 주인을 멸시했다는 뜻입니다. 그래서 그는 신발끈을 맬 때 “자존심 내려놓았어. 이것은 단순히 종이조각에 불과해. 나는 자동차를 팔려고 여기에 온 것이지 내 자존심을 확인하려고 여기에 온 것이 아니야”라며 다짐했다는 것입니다. 그에게는 자동차를 파는 것이 목적이니 창피를 당해도 좋은 것입니다. ‘자존심을 세우고 자동차를 팔지 못하면 무슨 소용입니까? 자존심의 고비를 넘기고 나니 판매가 늘었습니다’라는 고백이었습니다.

‘자존심이 지나치게 강하다’라는 것은 무엇을 표현하는지 아십니까? 나는 약하다. 심리적으로 불안하다는 반증입니다. 바로 그것 때문에 나를 강하게 나타내려고 하는 것입니다. 실제적으로 강한 사람은 모욕을 받아도 공격을 당해도 흔들리지 않습니다. 왜입니까? 자신이 있으니까요. 그러나 내가 말 한 마디에 흔들리고 말 한 마디에 민감하게 느껴진다면 그만큼 약하다는 징조입니다. 자존심의 문제, 나의 인간적 주인됨의 문제, 자기의 허벅지 관절을 내려놓지 못하는 바로 그것입니다.

우리는 너무도 외적으로 나 자신을 포장한 사람이 되기 쉽습니다. 진정한 리더는 자신도 열심히 할 뿐만 아니라 자식들에게 그 열심을 보여줍니다. 우리가 이 험난한 세상을 살아갈 때에 자존심이 상하는 경우가 얼마나 많습니까? 직장생활이나 사업을 운영하면서 얼마나 자존심을 상하게 만드는 일이 많습니까? 뿐만 아니라 교회에서 사역하는데도 자존심 상하는 일들이 있을 것입니다.

우리가 브니엘의 체험과 같이 주님이 주인 된 사람이 되어야 영적으로 정말 강한 사람이 되고 그래야 겸손한 자가 되는 것입니다. 그래야 섬길 수 있는 자가 되고 엎드릴 수 있는 것입니다. 여러분들이 하루에도 몇 번 사표 쓸 마음이 있어도 막상 쓰지 않고, 힘듦에도 불구하고 참고 일하는 이유가 무엇입니까? 가정을 부양하는 책임이 있기 때문이지 않습니까? 그래서 브니엘의 체험을 해야 합니다. 주인이 바뀌어야 된다는 것입니다. 한 가지 일을 하더라도 억지로가 아니라 시켜서가 아니라 책임감, 의무감 때문이 아니라 하나님이 주신 사명 때문이어야 합니다. 그 일을 통해서 자식들을 키우고, 하나님의 사람을 만들고, 그것을 통해서 복음을 전할 수 있는 하나님의 사람이 된다는 것입니다.

나 자신을 어떻게 나타내고 비울 수 있느냐는 문제입니다. 저도 솔직하게 마음으로는 사표를 몇 번 냈습니다. 많은 비난을 받기도 하고 많은 오해도 받고 문득문득 '나 이 사역 그만둬!' 이렇게 내려놓고 싶을 때가 많습니다. 여러분이 이 교회 아니면 신앙생활 못하나, 그런 생각 한두 번 하는 것이 아닌 것과 마찬가지입니다. 그러나 정말 우리가 주님 앞에 기도하고 자신이 깨어지고 주인이 바뀌고, 정말 이것이 하나님이 주신 사명이고 주님이 나를 붙들어주시고 인도하신다는 것을 생각하면 그렇게 쉽게 사표 쓰고 던질 수 있는 것은 아니지요.

여러분, 만왕의 왕 만주의 주이신 예수님이 십자가를 지시기 위해서 걸어가신 길은 정말 조롱과 수치, 수모가 이루 말할 수 없었습니다. 옷을 벗기고 침을 뱉고 머리에 가시로 관을 씌우고 하는 조롱, '성전을 헐고 사흘에 짓는 자여 네가 만일 하나님의 아들이어든 자기를 구원하고 그 십자가에서 내려와라. 저가 남은 구원하였으되 자기는 구원하지 못하는구나' 얼마나 조롱했습니까? 생각해 보십시오. 전지전능하신 주님이시니 '그래', 하시며 십자가에서 탁 내려와서 이놈들아 하고 뺨을 한번씩 때려주고 다시 십자가에 올라서서 그 능력, 권위, 그 힘을 사용하실 수도 있었습니다.

여러분, 힘이 있을 때 그 힘을 조심해야 합니다. 세상에서도 그렇습니다. 관직에 있는 사람들이 힘을 잘못 써서 후에 몇십 배 추락하는 경우가 많습니다. 주님 사역하면서도 마찬가지입니다. 예수님이 능력이 없으셔서 그 조롱 다 받으시고 십자가에 죽으신 것입니까? 죽을 줄도 알고, 비울 줄 알고, 엎드릴 줄 알고, 절할 줄 아는 사람 그것이 능력입니다.

우리가 교회에서 섬기면서 참 가슴 아픈 것은, 예를 들어서 성도들 간에 서로 안 지겠다는 것입니다. 예수님이 십자가를 지러 가시면서 제자들을 향해서 가슴 아팠던 것은 서로 '누가 크냐, 누가 높은 자리 차지하겠느냐' 다툼을 한 것입니다. 하나님의 교회에서 지체 된 우리가 누가 높으냐 양보하지 못하고 그것 때문에 다투고 싸운다는 것은, 가정에서 자녀들이 부모님 앞에서 서로 낫다고 싸우는 것과 마찬가지입니다. 부모의 마음이 얼마나 아프겠습니까?

엎드리는 것이 힘이라는 것입니다. 섬길 수 있으려면 힘이 있어야 하는데 이것은 육신의 힘, 내 힘이 아니라 엎드릴 수 있는, 섬길 수 있는, 포기할 수 있는, 정말 나를 깨뜨릴 수 있는 힘이 있어야 합니다. 예수님이 자신을 죽음에까지 온 인류를 위해서 내놓을 수 있었기 때문에, 하나님 앞에 굴복하는 그만큼 하나님의 능력이 임하는 것입니다.

남을 돕는 것도 쉬운 일이 아닙니다. 요즘에는 도움받는 사람들이 자존심이 너무 강해서 남을 도우려면 자존심을 죽여야 합니다. 제가 선교지에 갈 때마다 느끼는 것은 우리가 남을 섬기고 도울 때도 우리는 이렇게 가졌기 때문에 돕는다는 태도면 거절당합니다. 그런 도움 필요 없다는 것입니다. 아마 친구 간에도 어려움을 당하고 정말 곤궁 가운데 있는데 도우려고 하면 전혀 티도 안 내며 어렵지 않다, 힘들지 않, 나를 뭐로 보느냐고 할 수 있습니다. 자존심 때문입니다. 그래서 예를 들어 구제부에서도 참 조심할 것이 그런 자존심을 건드리지 않고 상하지 않게 도울 수 있는 방법들을 기도하면서 찾아내야 합니다.

우리가 도울 수 있을 때 돕고, 도움이 필요할 때 도움받는 이런 마음들이 준비되어 있다면 얼마나 좋겠습니까? 우리가 브니엘의 과정을 겪지 못했기 때문에 아직 내가 나의 주인이고 내 자존심이 강해서 받아들이지 못하는 경우가 너무 많습니다. 지극히 작은 것에 우리가 민감하고 공격적일 수 있는 것은 아직 깨어지지 못한 부분들, 나의 허벅지 관절이 그대로 있기 때문입니다. 수용하지 못하고 받아들이지 못하는 것입니다.

어떤 사람이 강한 의지를 가지고 있어서 아주 빈틈없는 사람이라고 해도 그 사람은 강한 것이 아니라 약할 수 있습니다. 어머니의 사랑이 위대한 것은 자식들의 모든 것을 다 끌어안는 것이 힘이기 때문입니다. 우리의 주장, 우리의 고집을 내려놓을 수 있어야 합니다. 그것도 내 힘으로가 아니라 십자가의 능력, 보혈의 능력, 성령님이 주시는 그 놀라운 능력으로 말미암아 내가 분쇄되어야 합니다. 거기서 원수를 안는 능력이 나오는 것입니다.

로마서 5장은 '내가 약할 때, 죄인되었을 때, 원수 되었을 때에 예수님이 나를 사랑하셔서 나를 위해 죽으셔서 나를 구원하셨다'라고 바울 사도를 통해 말씀하십니다. 바로 그것이 능력입니다. 자격이 다 갖추어져 있기 때문에, 조건이 다 되었기 때문에, 정말 사랑받을 만하기 때문에 내가 사랑했다면 그것은 누구나 다 할 수 있는 것입니다.

그래서 예수님이 "사랑하는 사람을 사랑하는 것은 이방인들도 할 수 있는 일이다. 너희 원수를 사랑하라. 너희를 저주하는 자를 축복하라. 너희를 미워하는 자를 선대해라. 너희를 모욕 주는 자를 위해 기도하라"고 하신 것입니다.

우리 그리스도인의 능력, 권세가 어디에 있습니까? 내가 나를 양보하지 못하고 내 뜻을 주장하고 내 것을 관철해서 그것이 이루어졌기 때문에 능력 있는 사람입니까? 그것은 패배자입니다. 우리는 흔히 지는 자가 이기는 자라고 얘기합니다. 그렇습니다. 양보하는 자, 내려놓는 자가 이기는 자입니다.

주는 자의 행복

본문 말씀 4절에 보면 야곱이 그렇게 엎드린 결과 놀라운 일이 일어났습니다.

"에서가 달려와서 그를 맞이하여 안고 목을 어긋맞추어 그와입맞추고 서로 우니라"(창 33:4).

에서가 사백 명 군사를 이끌고 올 때 무엇 때문에 왔습니까? 이미 야곱은 정탐꾼들을 보내서 보고를 받았습니다. 적대 감정을 읽었으니 "예, 사백 명을 이끌고 옵니다"라고 보고했고 비상이 걸린 것 아닙니까? 그런데 야곱이 브니엘의 경험을 통해서 자신을 낮추고 엎드리고 절하는 그 자세가 되었을 때, 하나님께서는 원수라고 하면 이상하지만 그를 죽이려고 하던 에서가 달려와서 그를 맞아 끌어안고 피차 울게 하셨습니다. 신기한 하나님의 능력입니다. 내가 부숴질 때, 나의 주인이 바뀌어질 때 하나님의 능력이 나타나는데, 이렇게 나만 바뀌는 게 아니라 상대방의 마음도 바뀌는 일이 일어났습니다.

잠언 16장 7절에 "사람의 행위가 여호와를 기쁘게 하면 그 사람의 원수라도 그로 더불어 화목하게 하시느니라"고 했습니다. 원수와도 더불어 화목하게 하는 능력을 하나님이 주신다는 것입니다. 지금 야곱이 하나님과 더불어 화목하게 하는 브니엘의 이 체험을 겪고 보니, 원수인 형의 마음이 녹아지고 바뀌는 역사가 일어나서 화목하고 하나가 되게 하셨다는 것입니다.

내가 하나님 앞에서 바른 행위를 하고, 하나님과 화평하고, 하나님과의 관계가 이렇게 성립되면 하나님께서는 나에게 원수 되고 과실이 있는 사람, 깨어진 관계에 있는 사람이라도 회복시켜주시는 능력이 있다는 것입니다. 이 일이 야곱에게 일어난 것입니다.

야곱은 절대 우는 사람이 아니었습니다. 그런데 지금 두 번째 웁니다. 29장 11절에 보면 그가 처음에 밧단아람에 가서 라헬을 만나 자기 자신을 고백할 때 라헬과 함께 입맞추고 울었습니다. 사랑하는 사람을 만났을 때 한 번 울었습니다. 야곱이 얼마나 지독한 사람인지 '철면피' 라고 하잖습니까? 울지 않는 사람인데 본문 말씀에 "피차 우니라"고 했습니다. 하나님의 사랑으로 피차 우는 역사가 일어났습니다. 그리고 그 다음 말씀을 보면 자기의 있는 것을 형에게 내어줍니다. 그러자 형은 “아니다. 나에게 있는 것도 풍족하다. 네가 가져라” 하고, 야곱은 다시 형님에게 드리는 양보의 싸움이 벌어집니다.

원래 야곱이 어떤 사람입니까? 남의 것 뺏는 사람, 탈취하는 사람이었습니다. 형의 것을 빼앗았기 때문에 지금 문제가 된 것 아닙니까? 그런데 주는 자가 되었습니다. 브니엘의 경험을 하면서 야곱은 주는 사람으로 바뀌었습니다. 지금까지는 계속 내 것을 움켜쥐는 자였으나 브니엘 후에 다 내어줍니다. 주는 자로 바뀝니다. 어떻게 탈취하고 어떻게 벌고 어떻게 소유한 것인데 내어주느냐는 것입니다.

이십 년 밧단아람의 그 낮에는 뙤약볕에 밤에는 찬이슬 맞으면서 수고하고 애쓰면서 재산을 증식하던 야곱이 인생의 말년에는 다 내어줍니다.

여러분, 우리가 오십 넘어서도 내 것 따지면서 양보 못하면 하나님의 만진 바가 되어야 합니다. 내어 주어야 합니다. 마음도 주고 가진 것도 주고 자식들에게도, 교회에서도 내어 주어야 합니다. 우리에게 이렇게 바뀌어진 인생 되어지기를 바라고, 주님이 지금 여러분들에게 ‘내가 내려놓을 점이 무엇인가? 나의 분쇄할 점이 무엇인가? 내가 엎드릴 점이 무언인가? 용서해야 할 사람이 누군가?’ 음성 주실 것을 기대하며 그것을 빨리 행하시기 바랍니다. 주님이 여러분들에게 놀라운 변화를 주실 줄로 믿고, 이제는 주는 자의 그 행복을 서로 양보하는 자의 행복으로 바꾸게 되면 주님의 평화를 누리는 놀라운 은혜가 임할 줄로 믿습니다.

판 권
소 유

창세기(3)

벧엘로 돌아가라

2013년 10월 10일 인쇄
2013년 10월 15일 발행

지은이 | 장동찬
발행인 | 이형규
발행처 | 쿰란출판사

주소 | 서울시 종로구 이화동 184-3
TEL | 745-1007, 745-1301~2, 747-1212, 743-1300
영업부 | 747-1004, FAX/745-8490
본사평생전화번호 | 0502-756-1004
홈페이지 | http://www.qumran.co.kr
E-mail | qrbooks@gmail.com
qrbooks@daum.net
한글인터넷주소 | 쿰란, 쿰란출판사

등록 | 제1-670호(1988.2.27)

책임교열 | 오완, 신영미

값 12,000원

ISBN 978-89-6562-505-6 93230